無期転換申込権への
対応実務と労務管理

布施 直春 著

経営書院

はじめに

　本書の第1部では、平成24年に改正され、25年4月から施行されている改正労働契約法、とくに、「有期契約労働者の無期転換申込権」について、各企業がどのように対応したらよいかについて具体策と実践のしかたを解説しました。

　平成25年4月から施行された改正労働契約法の第18条により、有期契約労働者（雇用契約期間を定められている契約社員、有期契約パートタイマー（短時間労働者）、登録型派遣労働者等）に対して、無期労働契約（正社員等の定年年齢まで引き続き雇用が保障される契約）への転換を申し込む権利が与えられました。

　これを「無期転換申込権」といいます。

　この権利は、有期契約労働者が契約を更新し、通算雇用期間が5年間を超えると労働者に発生します。

　権利が発生した労働者が会社（使用者）に口頭または書面で申し込むと、自動的に（会社が拒絶しても）、有期契約労働者が無期契約労働者に転換されます。

　無期契約労働者になると、会社はその労働者を定年年齢（60歳など）まで雇用を継続しなければならなくなります。

　現在の労働法制（裁判例等）では、途中で解雇することはほとんど認められません。

　このため、例えば、平成25年4月1日に契約社員やパートタイマーを1年契約で採用し、その後、平成30年4月1日以降まで5年間を超えて継続雇用していると、その契約社員等は自動的に無期契約労働者となり、会社は、以後60歳まで雇い続けなければならないことになります。

　あなたの会社では、契約社員、パートタイマー等に無期転換申込権

が発生した場合、どのように対応していますか。

　本書を読んで対応策を検討してください。

　また、第2部では、平成26年4月に改正され、27年4月に施行されたパートタイム労働法に対応するための実務について述べています。

　パート専用就業規則例を掲載し、ポイント解説をしています。

　さらに、第3部では、契約社員・パートタイマーの労務管理全搬について解説しています。

　本書を、あなたの会社の契約社員・パートタイマーの労務管理改善にお役立てください。

　ところで私事ですが、筆者は、平成28年11月に瑞宝小綬章を授与されました。生涯にわたり労働行政を通して国、社会、国民生活に貢献したというのが勲章授章の理由です。

　妻周子と同伴で、平成28年11月11日午前に厚生労働大臣から授与され、午後皇居豊明殿で天皇陛下に拝閲してまいりました。

　今回の受章を自分へのはげましとして、今後とも社会のニーズに応えるタイムリーな実務書を執筆するように努めてまいりたいと存じます。

平成29年3月

著者　布施直春

目　次

序章　非正規社員の種類・雇用状況・問題点……………… 1

1	労働者の雇用・就労形態名と定義は…………………… 2
2	労働契約の期間の定め方は……………………………… 4
3	労働者の雇用期間の有無・長さのルールは…………… 6
4	パートタイム労働者とは………………………………… 8
5	自社パートの名称・定義の決め方は………………… 10
6	非正規社員の増加状況は……………………………… 11
7	パートタイム労働者の増加状況は…………………… 13
8	パートタイム労働者の不安・不満内容は…………… 15

第1部　平成24年改正労働契約法と平成30年にむけての企業の検討・準備のしかた……………… 17

第1章　無期転換申込権と企業の対応実務……… 18

1	労働契約法の概要……………………………………… 18
2	平成24年改正労働契約法の改正内容、施行期日……… 30
3	有期契約労働者の無期転換申込権…………………… 32
①	無期転換申込権とその成立4要件とは…………… 32
②	制度対象労働者の範囲と特例処置………………… 38
③	無期転換による労働者のメリットは……………… 41
④	使用者による労働者が無期転換できなくする方法は……… 44
⑤	労働者の無期転換の申込みと使用者の受理通知は………… 51
⑥	無期転換後の労働条件はどうなるのか…………… 56
⑦	無契約期間とクーリング・オフ………………… 59
4	無期転換申込みに関する企業の検討・準備のしかた………… 63

i

目　次

　　⑤　無期転換後の労働者の労働条件の決め方······················ 69

　　⑥　無期転換後に限定正社員等にする場合の就業規則例··········· 77

第2章　無期転換ルール（改正労契法18条）の特例············ 82

　　①　無期転換ルール（改正労契法18条）の特例の対象者・根拠法

　　　　は··· 82

　　②　有期雇用特別処置法のあらましは····························· 82

　　③　高度専門職の対象範囲と特例の内容は························· 84

　　④　定年後継続雇用高齢者の範囲と特例の内容は··················· 87

　　⑤　有期契約特別処置法による計画（第一種・第二種）認定・変更

　　　　の手続きは··· 88

　　⑥　高度専門職に係る計画（第一種計画）とは····················· 89

　　⑦　定年後継続雇用の高齢者に係る計画（第二種計画）とは······ 92

　　⑧　特例に関する労働条件の明示とは····························· 95

　　⑨　大学等の研究者・技術者、教員等の特例とは··················· 95

第3章　雇止め法理の条文化、不合理な労働条件の禁止········ 98

　　①　雇止め法理の条文化（改正労契法19条）······················· 98

　　②　契約期間の定めのあることによる不合理な労働条件の禁止

　　　　（改正労契法20条）··· 108

第2部　平成26年改正パート労働法とパート専用就業規則·································· 111

第1章　平成26年改正パート労働法の規定内容·················· 112

　　①　パート労働法の全体像······································· 112

　　②　平成26年改正後のパート労働法の規定内容··················· 117

第2章　パート専用就業規則の作成と変更····················· 138

　　①　パート専用就業規則の作成・変更のしかた··················· 138

　　②　パート専用就業規則のモデル例とポイント解説··············· 148

第3部　契約社員・パートの労務管理················· 163

第1章　総括事項·················· 164

第2章　賃金·················· 170

 ① 最低賃金·················· 170

 ② 休業手当·················· 175

 ③ 賃金支払いの5原則·················· 177

 ④ その他·················· 182

 ⑤ 同一労働同一賃金指針（案）·················· 186

第3章　労働時間、休日、年休·················· 187

 ① 労働時間、休憩、休日·················· 187

 ② 年次有給休暇·················· 217

第4章　服務規律等と懲戒処分・配置転換·················· 226

 ① 服務規律・企業秩序維持と懲戒処分·················· 226

 ② 配置転換·················· 232

第5章　セクハラ・パワハラ対応·················· 237

 ① セクハラ·················· 237

 ② パワハラ·················· 244

第6章　安全衛生、妊産婦等の健康管理、仕事と育児・介護の両立支援制度·················· 252

 ① 安全衛生·················· 252

 ② 妊産婦等の健康管理·················· 256

 ③ 仕事と育児・介護の両立支援制度·················· 260

 ④ 不利益取扱いの禁止と防止処置·················· 264

第7章　社会・労働保険、税金·················· 267

 ① 社会・労働保険·················· 267

 ② パートの税金、社会保険の取扱い·················· 283

第8章　社員の活性化・戦力化·················· 286

目　次

第9章　退職・解雇、雇止め（契約不更新）··············· 294

- ① 基本ルール································· 294
- ② 有期契約労働者の退職・解雇・雇止め·············· 305

凡　例

■主な法令名等の略称

安衛法……労働安全衛生法

育介法……育児休業、介護休業等育児又は家族介護を行う労働者
　　　　　の福祉に関する法律（通称　育児介護休業法）

均等法……雇用の分野における男女の均等な機会及び待遇の確保
　　　　　等に関する法律（通称　男女雇用機会均等法）

高年法……高年齢者等の雇用の安定等に関する法律（通称　高年
　　　　　齢者雇用安定法）

最賃法……最低賃金法

職安法……職業安定法

派遣法……労働者派遣事業の適正な運営の確保及び派遣労働者の
　　　　　保護等に関する法律（通称　労働者派遣法）

労基監督官……労働基準監督官

変形制……変形労働時間制

みなし制……みなし労働時間制

フレックス制……フレックスタイム制

パート……パートタイム労働者（短時間労働者）

労基署（長）……労働基準監督署（長）

労基法……労働基準法

労契法……労働契約法

労組法……労働組合法

労基則……労働基準法施行規則

パート労働法……短時間労働者の雇用管理の改善等に関する法律

序　章

非正規社員の種類・雇用状況・問題点

序章　非正規社員の種類・雇用状況・問題点

序章

非正規社員の種類・雇用状況・問題点

1 労働者の雇用・就労形態名と定義は

労働者には**図表1**のようにさまざまな雇用・就労形態があります。

それぞれの雇用・就労形態が、有期労働契約の労働者か、または無期労働契約の労働者であるかは、**図表2**のとおりです。

図表1　さまざまな雇用・就労形態の名称と定義

名　称	定　義
① 正社員 （正規労働者）	期間の定めのない労働契約（無期労働契約）で雇用され定年までの雇用が予定されている者。
② 非正規社員 （非正規労働者）	正規労働者（正社員、常用労働者）以外の労働者全体をさしていうもの。
③ 有期契約労働者	期間を限った労働契約（有期労働契約）で雇用される者のことをいう。有期契約パート、契約社員（期間雇用者）、登録型派遣労働者等がこれに該当する。
④ パートタイム労働者 （短時間労働者）	同じ会社の通常の労働者（正社員等）よりも、1日または1週間の所定労働時間が短い者のことをいう。有期契約パート（有期労働契約のパート）と無期契約パート（無期労働契約のパート）とがある。
⑤ 契約社員 （期間雇用者）	一般には有期労働契約で1日8時間週40時間勤務する者をさすが、会社によっては雇用関係のない業務処理委託就業者、在宅就業者を契約社員とよぶ場合もある。本書では前者のことをいう。
⑥ 派遣労働者 （派遣社員）	人材派遣会社（派遣元）と労働契約を結び、別の勤務先（派遣先会社）で働く労働者。
⑦ 在宅勤務者	労働基準法の適用される労働者で、主に自宅等で勤務する者。

2

⑧ 日雇労働者	1日ごとの労働契約により雇用される者。
⑨ アルバイター	副業として雇用労働に従事する者の通称。
⑩ フリーター	長期の常用労働者にならずに（なれずに）、パートタイム労働者、派遣労働者、日雇い労働者などを繰り返す者の通称。

図表2　有期契約労働者に該当する者と無期契約労働者に該当する者

	A　有期契約労働者	B　無期契約労働者
1　正社員	×	○
2　パートタイム労働者 （短時間労働者）	○（大多数）	○（一部）
3　契約社員 （期間雇用者）	○	×
4　派遣労働者	○（大多数）	○（一部）

(注) ○印は該当する者、×印は該当しない者

序章　非正規社員の種類・雇用状況・問題点

2 労働契約の期間の定め方は

1　労働契約の期間の定め方は３種類

　労働契約とは、使用者が労働者を雇い入れて使用し、賃金を支払うことを約束し、他方、労働者は使用者の指揮命令に従って労働することを約束する契約のことです。

　労働契約の雇用期間の定め方については、労基法14条１項により**図表３**の３種類が認められています。

　しかし、実際に用いられている契約期間の定め方は、主に**図表３**の①の有期労働契約と同図表の②の無期労働契約の２つです。

2　有期労働契約とは

　有期労働契約とは、例えば、６カ月間、１年間といったように契約期間を限定した労働契約のことをいいます。パートタイム労働者の大多数（有期契約パート）、期間雇用者（契約社員）、登録型派遣労働者、アルバイターなど非正規労働者のほとんどの労働契約がこれに該当します。

　有期契約労働者は、その契約期間が終了した場合、契約更新されなければ、自動的に会社を退職させられることになります。

3　無期労働契約とは

　他方、無期労働契約（期間の定めのない労働契約）は、文字通り、契約期間が限定されていません。判例等により解雇が制限されているため、使用者がこの無期契約労働者を解雇することは非常に困難です。労働者が辞職するという意思表示を特にしなければ、いつまでも両者の雇用関係が続きます。

　正社員、限定正社員、準社員、無期労働契約のパートタイマーの契約形態がこれです。

　ただし、正社員等のほとんどには定年退職制が設けられています。

4

図表3　労働契約の期間の定め方

定め方	例	留意点
①　労働契約の期間を定める契約（有期労働契約）	「臨時・属託社員、有期契約パートとして1年間雇用する」といった形	①　1回の最長契約期間は原則3年（特例5年：図表4の①参照）。 ②　契約期間中の解雇は原則として不可。 ③　契約期間が満了すれば、労働者は自動的に退職になる。 ④　使用者と労働者が合意すれば契約は何回でも更新できる。
②　労働契約の期間をとくに定めない契約（無期労働契約）	正社員、常用労働者、限定正社員準社員、無期契約パートの場合	①　元々契約期間は無期（無制限）であるが、別に、定年退職年齢を設けている場合がほとんどである。 ②　使用者が労働者を解雇することは、判例等による規制のため、非常に困難である。
③　一定の事業の完了に必要な期間を定める労働契約	「Ａビル建築工事のため4年ないし4年半雇用する」といった形	①　「いつ終わるかわからない工事の終了まで」といった形は不可。 ②　契約期間は3年を超えてもよい。

　定年退職制とは、一定の年齢（ほとんどが60歳）に達した時点で自動的に退職させられる制度です。定年退職制は、定年退職年齢到達前の退職や解雇がとくに制限されない点で、「契約期間の定め」とは異なるものです。

序章　非正規社員の種類・雇用状況・問題点

３　労働者の雇用期間の有無・長さの ルールは

1　ポイントは

　有期契約労働者（有期契約パート、契約社員（期間雇用者）、登録型派遣社員等）を雇う場合の雇用期間は、原則として、契約１回につき最長３年までです。

2　雇用期間についての労基法の規定内容は

　労働者の雇用期間（労働者が、１回の労働契約で会社（使用者）に雇用されて働くことができる期間）について、労基法は次のように定めています。

　「労働契約は、期間の定めのないものを除き、一定の事業の完了に必要な期間を定めるもののほかは、３年（特例５年）を超える期間について締結してはならない」（労基法14条１項）。

　有期契約のパートタイマー（パートタイム労働者）や期間雇用者、登録型派遣労働者等と契約を結ぶ際には、雇用期間の限度（最長３年）に注意が必要です（**図表４の①**）。

　労働者は、この契約期間中、原則として契約を解約できず、ただ「やむをえない事由」があるときに限って即時解約できます。しかし、その事由が労働者の過失によって生じたときは、使用者に対して損害賠償の責を負います（民法628条）。このように民法の有期雇用契約の規定は、労働者に対する拘束力が強いので、労基法14条の規定は使用者の労働者に対する長期足止め防止のために設けられているものです。

　３年を超える労働契約を結んだ場合は、労基法の効力により、期間３年の契約に短縮されます。なお、例えば「期間５年」としていても、その間の労働者の解約の自由を留保した契約や、３年後は労働者に解約の自由の生ずる労働契約は、足止めの弊害がないので、労基法14条違反となりません。

6

3　労働者の雇用期間の有無・長さのルールは

　他方、正社員として雇う場合には、期間の定めのない労働契約（無期労働契約）を結ぶのが一般的です。労基法では、無期労働契約を結ぶことについては、何の制限もありません。

図表４　雇用期間を定める労働契約は２タイプ

① 　一定の期間を定める労働契約（有期労働契約）
　　→有期契約パート、契約社員（期間雇用者）、登録型派遣社員（スタッフ）等、「１年契約の臨時・嘱託職員」「６カ月間のパートタイマー」などとして雇うもの。原則として１回の契約期間は最長３年だが、契約更新は問題なく行える。次の場合には、特例として最長５年の契約が認められる。

▼５年間の労働契約が認められるケース

　① 　使用者が高度に専門的な知識・技術・経験を有する労働者と結ぶ労働契約
　　イ 　博士の学位（外国において授与されたこれに該当する学位を含む）所有者
　　ロ 　公認会計士、医師、歯科医師、獣医師、弁護士、１級建築士、薬剤師、不動産鑑定士、弁理士、技術士、社会保険労務士、税理士の資格所有者
　　ハ 　情報処理技術・年金数理関連試験合格者
　　ニ 　特許発明の発明者、登録意匠の創作者または登録品種の育成者
　　ホ 　一定の専門業務従事者で、年収1,075万円以上の者
　　ヘ 　厚生労働省労働基準局長が前各号に準ずると認める者
　② 　使用者が60歳以上の労働者と結ぶ労働契約

② 　一定の事業の完了に必要な期間を定める労働契約
　　→６年間で終了予定の大型建設工事で、技術者を６年間雇い入れるような契約のしかた

契約期間は原則３年（特例５年）を超えてもかまわない。「６年ないし６年半」というように、ある程度不定期でも認められる。	「工事（工期未定）の終了まで」といった形のものは不可。このような場合は、期間の定めのない契約にするか、３年（または５年）までの期間を定める契約にするしかない。

序章　非正規社員の種類・雇用状況・問題点

4 パートタイム労働者とは

1　ポイントは

　一般的に、パートタイム労働者とは、短時間労働者のことです。つまり、同じ会社の正社員等の通常労働者（1日8時間、1週40時間勤務のフルタイマー）よりも、所定労働時間が短い労働者のことです。

2　法律上の定義・通称・会社内の定義の違いは

　パートや短時間労働者の名称や定義を決めたり、用いたり、理解したりする場合、それがどの法律に用いられているものか、通称なのか、それとも特定の会社で用いられているものかを分けて考えないと混乱します。

　本書では、短時間労働者のことを「パート」と呼ぶことにします。

3　法律上の用例・定義は

　法律上は、パート・パートタイマーという用語は用いられていません。それぞれの法律が、その目的に応じ、短時間労働者（パート労働法）、期間雇用者（育介法）等の名称と定義を定め、通常労働者（フルタイマー、雇用期間の限定されていない労働者）と異なった取扱いをしています。

4　パート労働法の適用される「短時間労働者」というのは

　パート労働法の対象となる「短時間労働者」とは、1週間の所定労働時間が同一の事業所に雇用される通常の労働者よりも短い労働者のことをいいます（パート労働法2条）。

5　一般的にパートというのは

　通称でパートとは、短時間労働者のことをいい、パートタイマー・パートタイム労働者とも呼ばれます。パートタイマーは、フルタイマー（正社員、通常労働者）に対比される言葉です。

　「パート」とは「部分的」、「フル」とは「め一杯」の意味です。パー

8

トとは、もともと**図表5**の人たちのことをいいます。

図表5　パートとは

① 毎日働く人については、1日の契約労働時間が正社員よりも短い人
　（例：1日に4時間、1週間に5日間勤務の人）
② 1週または1カ月の間に反復して働く人については、1日の契約労働時間の長短を問わず、1週間または1カ月間の所定労働時間が正社員よりも短い人
　（例：毎週月、火曜日に8時間勤務の人）

6　呼称パートというのは

前述のほか、労働時間は正社員と同じくフルタイム（1日8時間、週5日勤務）ですが、社内の区分取扱い上、パートと呼ばれ、臨時的な労働力として扱われているパートもいます。

このパートは、「呼称パート」と呼ばれています。

7　パートの特徴は

パートの実情をみると、おおむね**図表6**のような特徴があります。

図表6　パートの特徴

① 雇用期間が正社員に比べて短い。
② 全体のうちの8割が有期労働契約（期間を定めた契約）、2割が無期労働契約（期間の定めがない契約）となっている。
③ 家庭の主婦が多く、そのほか若年者、高齢者もいる。
④ 多くは補助的、臨時的、安価な労働力として用いられている。
⑤ 景気変動に伴う雇用調整弁として用いられている。
⑥ 社員教育と人事異動を通したキャリア形成が行われていない。

8　正社員とパートの違いは

正社員とは、期間の定めのない労働契約を結び、フルタイマー（1日8時間、週5日勤務）として働き、定年年齢までの長期雇用を前提に社員教育と人事異動を通してキャリアを形成させていく労働者のことです。

正社員の特徴は、前述したパートの特徴と大きく異なります。

序章　非正規社員の種類・雇用状況・問題点

5 自社パートの名称・定義の決め方は

1　パートの定義が必要なのはなぜか

　国が法律でパートの定義を決めるのは、パートをフルタイマー、常用労働者などほかの労働者と区分し、ほかの労働者とは異なる取扱い、特別な対策を実施するためです。

2　自社パートの定義をどうするか

　その会社・事業場として所定労働時間や所定労働日数が正社員と異なる労働者を、どのように区分し、どのように取り扱おうとするのかによって、その定義は異なってきます。**図表7**に示す留意点に注意して決めてください。

図表7　自社パートの定義・名称決定にあたっての留意点

①　自社の人事労務管理の目的にそったものとすること。
②　定義を正確にし、混乱が生じないようにすること。
③　法律の定義とは異なっても問題ないこと。
④　パート労働法等によりパートと正社員との差別禁止規定、均衡処遇の規定が設けられているので、これらの規定に抵触しないようにすること。

3　自社パートの名称をどうするか

　パートの定義・名称は、各社によって実にさまざまです。

　自社のパート社員や社外に好まれる名称であること、呼びやすいこと、覚えやすいことも必要でしょう。

6 非正規社員の増加状況は

　近年、正規雇用者数は減少傾向が続いている一方、非正規雇用者数は、特に平成15年までの間増加し、その後は緩やかであるものの依然として増加傾向が続いています。非正規雇用者が雇用者数全体に占める割合を見ると、平成15年ごろから3割を超え、直近の平成27年には、4割近くにも上ります（**図表8**）。

　非正規雇用者を雇用形態別で見ると、特にパートタイム労働者、契約社員、嘱託に増加が見られます。

　こうした非正規雇用の増加は、経済・産業構造の変化や価値観の多様化など、企業と労働者双方のニーズによりもたらされているものです。

序章　非正規社員の種類・雇用状況・問題点

図表8　正規雇用・非正規雇用労働者の推移

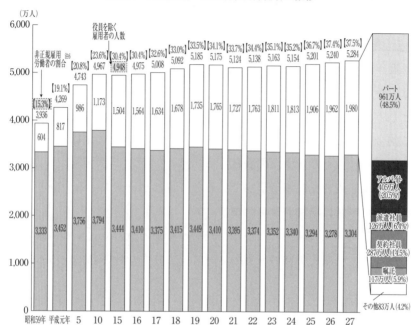

資料出所：平成10年までは総務省「労働力調査（特別調査）」（2月調査）、平成15年以降は総務省「労働力調査（詳細結果）」（年平均）

注：1．平成17年から平成23年までの数値は、平成22年国勢調査の確定人口に基づく推計人口（新基準）に切替え集計した値。
　　2．平成23年の数値、割合および前年差は、被災3県の補完推計値を用いて計算した値。
　　3．雇用形態の区分は、勤め先での「呼称」によるもの。
　　4．正規雇用労働者：勤め先での呼称が「正規の職員・従業員」である者。
　　5．非正規雇用労働者：勤め先での呼称が「パート」「アルバイト」「労働者派遣事業所の派遣社員」「契約社員」「嘱託」「その他」である者。
　　6．割合は、正規雇用労働者と非正規雇用労働者の合計に占める割合。

7 パートタイム労働者の増加状況は

　非正規雇用者数が増加する中でパートタイム労働者の数を見ると、その数は増加しており、平成26年には1,651万人（非農林業雇用者の週就業時間35時間未満の者）に達し、雇用者総数（5,432万人）の約3割を占めています。また、パートタイム労働者数1,651万人のうち約7割にあたる1,111万人が女性ですが、男性のパートタイム労働者も増加しています（**図表9**参照）。

　パートタイム労働は、子育てや介護等により時間制約のある労働者が短時間の勤務で就業するなど、柔軟で多様な働き方の一つであり、また、パートタイム労働者の中には、基幹的な業務、役割を担い、役職に就くような者も見られ、就業の実態はさまざまです。

序章 非正規社員の種類・雇用状況・問題点

図表9 パートタイム労働者数の推移（短時間雇用者数の推移）
（短時間雇用者（週就業時間35時間未満の者）数・割合の推移―非農林業―）

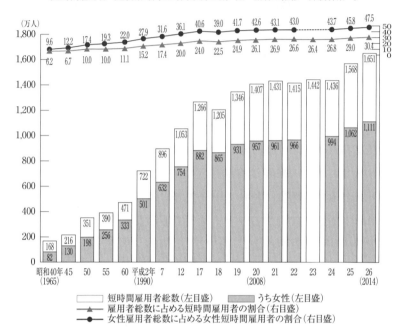

資料出所：総務省統計局「労働力調査」

注：1．「短時間雇用者」は、非農林業雇用者（休業者を除く）のうち、1週間の就業時間が35時間未満の者をいう。

2．平成23年の「短時間雇用者総数」は補完推計値であり、「雇用者総数に占める短時間雇用者の割合」は補完推計値で計算した参考値である。なお、雇用者総数（女性）および短時間雇用者（女性）については、補完推計を行っていないため、「短時間雇用者総数（うち女性）」および「女性雇用者総数に占める女性短時間雇用者の割合」については記載していない。

8 パートタイム労働者の不安・不満内容は

　厚生労働省が平成23年に実施した「パートタイム労働者総合実態調査」によれば、「現在の会社や仕事に対する不満・不安がある」と答えたパートタイム労働者は54.9％と、前回調査（平成18年）より減少しているものの、過半数が不満・不安を持っていることになります。「不満・不安がある」場合の内容を見ると、「賃金が安い」（49.6％）が最も多く、次いで「パートとしては仕事がきつい」（26.1％）、「有給休暇がとりにくい」（26.0％）「雇用が不安定」（20.6％）、「正社員になれない」（13.9％）などとなっています（**図表10**）。

図表10 パートタイム労働者の現在の会社や仕事に対する不満・不安

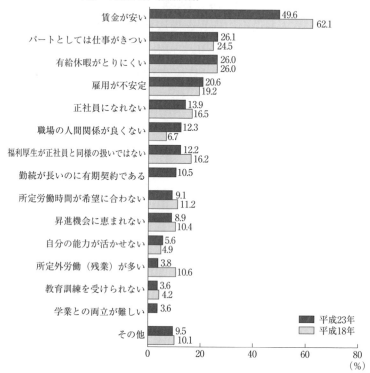

資料出所：厚生労働省「パートタイム労働者総合実態調査」（平成23年）
注：1．平成18年は「勤続が長いのに有期契約である」および「学業との両立が難しい」について調査をしていない。
2．平成23年の「職場の人間関係が良くない」は、平成18年では「正社員との間の人間関係が良くない」として調査している。

第1部

平成24年改正労働契約法と平成30年にむけての企業の検討・準備のしかた

第1章 無期転換申込権と企業の対応実務

1 労働契約法の概要

〔1〕 労働契約法の目的・全体像は

1 労働契約法が制定された理由は

労働契約法は、平成18年に成立し、平成20年3月1日から施行されています。当時、会社（使用者）と従業員（労働者）との間で、雇入れ、雇用期間、出向、懲戒、解雇等をめぐるトラブルが急増していました。

そこで、労働契約法（以下、労契法といいます）を制定して、これらについての判断ルールをはっきりと定めて、未然に労使間のトラブルを防いだり、トラブルの解決がスムーズにいくようにしようということです。

2 労契法の目的は

労契法は、①労働者及び使用者の自主的な交渉の下で、②労働契約が労使の合意により成立・変更されるという合意の原則、③労働契約と就業規則との関係等を定めることにより合理的な労働条件の決定や変更が円滑に行われるようにすることを通じて、④労働者の保護を図り、個別の労働関係の安定に資することを目的としています（労契法1条）。

1　労働契約法の概要

3　労契法の全体像は

労契法の全体像は、**図表1**のとおりです。

図表1　労契法の全体像
アンダーラインのあるのは、平成24年8月に改正、25年4月に施行された規定

第1章　総則
　第1条　この法律の目的
　第2条　労働者と使用者の定義
　第3条　労働契約の5原則
　　第1項　労使の対等立場の合意
　　第2項　就業実態に応じた労働契約
　　第3項　仕事と生活の調和に配慮
　　第4項　労働契約の遵守及び信義誠実の原則
　　第5項　権利濫用の禁止
　第4条　労働契約内容の理解の促進
　第5条　労働者の安全への配慮義務
第2章　労働契約の成立及び変更
　第6条　労働契約の成立
　第7条　労働契約の内容と就業規則との関係
　第8条　労働契約の内容の変更
　第9条・10条　就業規則による労働契約の内容の変更
　第11条　就業規則の変更手続
　第12条　就業規則違反の労働契約の効力
　第13条　法令・労働協約と就業規則との関係
第3章　労働契約の継続及び終了
　第14条　権利濫用である出向の無効
　第15条　権利濫用である懲戒の無効
　第16条　権利濫用である解雇の無効
第4章　期間の定めのある労働契約
　第17条第1項　契約期間途中の解雇の禁止
　　　第2項　必要以上に短期の契約更新をしない配慮
　　<u>第18条　有期労働契約の期間の定めのない労働契約への転換</u>
　　<u>第19条　有期労働契約の更新等</u>
　　<u>第20条　期間の定めがあることによる不合理な労働条件の禁止</u>
第5章　雑則
　第21条　船員についての特例
　第22条　適用除外
附則
施行期日ほか

19

第1章　無期転換申込権と企業の対応実務

4　労契法の特色は

　労契法は、使用者と労働者との間の労働契約の締結・継続・終了についての自主的なルールを定めたものです。民事上の効力を持つ法律です。つまり、法違反があった場合には、民事訴訟の手続きにより裁判所の判決が出された場合には、その法律行為が無効、取消しになったり、損害を与えた使用者が労働者に対して損害賠償を支払うことになります。

　しかし、使用者が労契法に違反しても、労基法や最賃法のように労基署（労基監督官）が対象事業場に監督指導（立入調査）を行って同法を守るように改善指導を行うことはありません。

　また、労契法には罰則規定がありませんので、労基署（労基監督官）が悪質な法違反を地方検察庁に送検し、裁判で有罪判決を下すということもありません。

　労契法の施行を担当する労働行政機関（都道府県労働局、労基署等）の役割は、この法律のねらい・内容を広報・周知することです。

〔2〕　従来からの労契法の規定のポイントは

　従来からの労契法（平成24年8月の法改正前からの法規定）のポイントは次のとおりです。

　ほとんどの法規定が、裁判例で積み上げられてきた考え方を制定法（条文）の規定として明文化したものです。

1　労働契約の原則に関する法規定のポイントは

　労働契約の原則（第1章）として、**図表2**のことが定められています（労契法3条～5条）。

1 労働契約法の概要

図表2　労働契約の原則規定

①労働契約は、労働者と使用者が対等の立場で合意に基づいて締結・変更すべきこと。
②労働者と使用者は、労働契約を順守するとともに、信義に従い誠実に、権利を行使し、及び義務を履行しなければならないこと（信義誠実の原則）。
③労働者と使用者は、労働契約に基づく権利の行使にあたっては、それを濫用することがあってはならないこと（権利濫用の禁止原則）。
④使用者は、労働者に提示する労働条件や、締結・変更した後の労働契約の内容について、労働者の理解を深めるようにすること。
⑤労働者と使用者は、労働契約の内容について、できる限り書面により確認すること。
⑥使用者は、労働契約により、労働者がその生命、身体等の安全を確保しつつ労働することができるよう、必要な配慮をすること（使用者の安全配慮義務）。

2　労働契約の成立・変更に関する法規定のポイントは

　労働契約の成立及び変更（第2章）においては、1人の労働者の労働条件の決定について、次の①～⑤のうち複数のものが適用される場合には、最上位のものが優先的に適用され、それによって労働条件が決まることを明確にするために法規定が定められています。

　まず、①労働関係法令・判例が最優先されます。いかなる労働協約、就業規則、労働契約も労働関係法令・判例に反してはなりません。違反する場合は無効になります。

　次は、②使用者と労働組合が結んだ労働協約が優先します。そして、③労働契約の特約規定（就業規則の規定内容よりも労働者にとって有利な内容のもの）、④就業規則、⑤労働契約の一般規定等の順となります（**図表3**）。

21

第1章　無期転換申込権と企業の対応実務

図表3　法令・労働協約・就業規則・労働契約等の優劣関係

区　分	説　　明
①労働関係法令	労契法、労基法、最賃法、均等法その他の法律、政令、省令が最優先します。
②判例	確立された解雇権濫用の法理などの強行法規的な判例（最高裁の判断）が法令と同様の効力をもちます。
③労働協約	労働協約とは、労働組合と使用者またはその団体との間に結ばれる労働条件その他に関する協定で、書面で作成し、両当事者が署名または記名押印したものをいいます（労組法14条）。
④労働契約（就業規則を上回る内容のもの）	その労働者にとって就業規則に定める労働条件を上回る内容を定める労働契約の規定は、就業規則に優先した効力をもちます（労契法12条）。
⑤就業規則	就業規則とは、使用者が、各事業場において労働者の守らなければならない就業上の規律、職場秩序及び労働条件についての具体的内容を文書にしたものです（労契法7条、労基法89条）。
⑥労働契約（一般条項）	個々の労働者の労働条件は、上記①〜③、⑤のものに反しない限り、労働契約による当事者（使用者と労働者）の合意によって内容が定められ、また内容が変更されます（労契法6条、8条）。
⑦民法の規定	労働契約の合意の内容をさぐったり、合意が存在しない場合にそれを補充したり、著しく不合理な合意を抑制したりするうえで、民法の規定と裁判所の法理（採用内定の法理などの任意法規的性格のもの）が用いられます。
⑧労働慣行	労働関係上の慣行（労働慣行）も、当事者間の「黙示の合意」の内容になることによって法的な意味をもつことになります。 　例えば、その職場で長年続いてきた取扱いがその反復・継続によって労働契約の内容になっていると認められている場合には、その取扱いは労働契約としての効力が認められます。

3　「就業規則の変更による労働条件の不利益変更」という意味は

　その事業場の就業規則の規定が、使用者により一方的に変更されることにより、従業員の労働条件が切り下げられる場合、変更された就業規則の規定がこの変更に反対する従業員に適用されるか否かという問題があります。

そこで、労契法では、判例法理（これまでに裁判例で積み上げられた考え方）にそって、その就業規則の変更に「合理性」があれば、反対する従業員にも適用されると定めています。ただし、使用者は、個々の労働者と合意すれば、就業規則を不利益変更することができます。（労契法9条、10条）。

4 労働契約の継続・終了に関する法規定のポイントは

すでに判例で考え方が確立されている出向（在籍型出向）、懲戒、解雇について、**図表4**のように法規定を設け、使用者を規制しています。

図表4　出向・懲戒・解雇に関する法規定

項　目	説　　明
①出向（在籍型出向）	使用者が労働者に在籍型出向を命じることができる場合において、出向の必要性、対象労働者の選定その他の事情に照らして、その権利を濫用したものと認められるときは、出向命令は無効とする（労契法14条）。
②懲戒	使用者が労働者を懲戒することができる場合に、その懲戒が、労働者の行為の性質、態様その他の事情に照らして、客観的に合理的な理由を欠き、社会通念上相当であると認められないときは、懲戒の権利を濫用したものとして、無効とする（労契法15条）。
③解雇	解雇は、客観的に合理的な理由を欠き、社会通念上相当であると認められない場合は、その権利を濫用したものとして、無効とする（労契法16条）。

5 期間の定めのある労働契約に関する法規定は

期間の定めのある労働契約（有期労働契約）について、有期契約パート・契約社員、登録型派遣労働者等を保護するために、第4章に**図表5**の法規定を設け、使用者を規制しています。

図表5　期間の定めのある労働契約（有期労働契約）に関する法規定

①使用者は、定めのある労働契約の契約期間中はやむを得ない理由がある場合でなければ、解雇することができない（労契法17条1項）。
②使用者は、その労働契約の締結の目的に照らして、不必要に短期の有期労働契約を反復更新することのないよう配慮しなければならない（労契法17条2項）。

第1章　無期転換申込権と企業の対応実務

〔3〕　労契法の適用範囲は

　労契法は、国家公務員、地方公務員および使用者と同居する親族については、適用されません。また、船員については、特例扱いとされています（労契法21条、22条）。

　労契法のすべての規定は、以上の者を除き、日本国内のすべての使用者と労働者について規定どおりに適用されます。

〔4〕　労契法を担当する労働行政機関、その権限は

　労契法を担当するのは、労基署、都道府県労働局労働基準部、および厚生労働省労働基準局です。

　労契法は、使用者と労働者との間の労働契約の締結・継続・終了等についてのルールを定めた法律です。

　労契法は、民法に優先して適用されますが、その効力は、民法と同じく民事上のものです。

　例えば、使用者が労働者と労契法に違反する労働契約を結んだ場合に、その労働者が民事訴訟で勝訴すれば、その労働契約が無効になったり、損害賠償金を受け取ることができます。

　労契法には、違反した使用者に対する罰則規定はありません。

　使用者が同法に違反しても、労基法、最賃法、安衛法等に違反した場合のように、労働基準監督官が企業等の事業場に監督指導（立入調査）を行い是正勧告書を交付することはありません。

　さらに、悪質な法違反を行った企業関係者を地方検察庁に送検し、罰則が課されることもありません。

　労基署等の役割は、労契法のねらい、規定内容を労使関係者等に対して広報、周知し、助言することのみです。

1 労働契約法の概要

〔5〕 労契法と労基法との違いは

1 ポイントは

労契法と労基法は、いずれも労働契約と就業規則について定めています。使用者は、この労働契約・就業規則についての規定を順守しなければなりません。

労契法には罰則規定はありません。他方労基法には罰則規定が設けられています。労契法と労基法の違いは、罰則規定の有無という点にあります。

2 労契法と労基法との関係は

労契法と労基法は、いずれも労働契約の基本ルール、労働契約の成立、変更、終了（解雇等）、就業規則について規定しています。

労基法の全体構成と労働契約・就業規則に関する規定部分は、**図表6**のとおりです。

図表6　労基法の全体構成と労働契約・就業規則に関する部分

①	総則
②	労働契約
③	賃金
④	労働時間・休憩・休日・年次有給休暇
⑤	安全衛生
⑥	年少者
⑦	妊産婦等
⑧	技能者の養成
⑨	災害補償
⑩	就業規則
⑪	寄宿舎
⑫	監督機関
⑬	雑則
⑭	罰則

25

第1章　無期転換申込権と企業の対応実務

　使用者と労働者は、労働契約の締結、労働契約の終了（退職・解雇等）、就業規則の作成・変更等の際は、労契法と労基法を十分理解して対応することが必要です。

3　使用者に課される義務・禁止は

　労基法では、「使用者は、○○しなければならない」と規定し、また労契法では、「使用者は○○するものとする」と規定しています。いずれの法律も、使用者に義務を課しています。

4　労契法と労基法の違いは

　労契法は、労使間の自主的ルール、民事的効力を定めたもので、労使に対する強制力、罰則規定がありません。これに対して労基法は、**図表7**のように強制力・罰則規定を定めてあります。

　つまり、両法の決定的な違いは、労契法には、労基法のような強制力・罰則規定がないことです。

〔6〕　労契法規定の「～するものとする」の意味・強制力は

1　「～するものとする」という意味は

　労契法の規定（条文）の末尾の「～するものとする」の意味は、「○○○することになっています」、「○○○してください」といった意味です。仮に名づければ、「方針規定」、あるいは「原則規定」といったことでしょうか。労契法には、**図表9**のAの刑事的効力や強制力はありません。

　しかし、労働者は、使用者の労契法違反について、損害賠償を請求することができます（**図表9**のBのハ）。

2　強行規定・努力義務規定とは

　労働法の中には、労基法のように強行規定（義務規定）であり、労基監督官が取締まりを行い、違反すると罰則を科されるものもあります（**図表7**）。

　他方、労契法・均等法や育介法の規定の多くのように、強行規定で

1　労働契約法の概要

図表7　労基法の強制力の具体的内容

特　色	説　　明
①個別の労働契約内容を直接規律	労基法には、「この法律で定める基準に達しない労働条件を定める労働契約は、その部分については無効とする。この場合において無効となった部分は、この法律で定める基準による」と規定されています（労基法13条）。 　労基法は、単に使用者に対して規定内容を守ることを強制し、それにより個々の労働者の労働条件を維持、向上させようとするだけでなく、直接個々の労働契約を規律しています。労働者が、直接、使用者に対して契約内容をこの法律どおりに変更することを求め、労基法に定める労働条件を使用者に権利として請求し、実現を図ることができるようにしています。
②労基法違反に対する刑事罰	労基法に定める労働条件は「人たるに値する生活を営むに必要な最低限のもの」（労基法1条）であり、条文は強制規定となっています。 　そして、違反した場合は、違反内容の軽重に従って「1年以上10年以下の懲役または20万円以上300万円以下の罰金」から「30万円以下の罰金」までの罰則が定められています（第13章）。
③事業主に対する両罰規定	処罰対象は、行為者処罰主義をとっています。これに加えて、両罰規定を設けて事業主にも責任を負わせています（121条）。 　つまり、法違反行為をした者が、事業主のために行為した代理人、使用人その他の従業員である場合には、事業主（法人、社長個人）にも本条の罰則が科されます。
④実効確保のための特別な労働基準監督行政組織	厚生労働省労働基準局、全国の都道府県労働局労働基準部と労基署に労基監督官が配置され、使用者に最低労働条件を守らせるための各事業場への臨検監督（立入調査）、悪質な労基法違反の送検・取締まりが行われています（第11章）。

すが取締まりの手段や罰則のないものもあります。さらに、パートタイム労働法のように、努力義務規定のある法律もあります（**図表8、9**）。

　強行規定とは、「○○しなければならない」あるいは「○○してはならない」と強制的な義務を定めている規定のことです。「理由の如何を問わず、必ず実施せよ」ということです。

　他方、努力義務規定とは、「○○するように努めなければならない」

と定めているものです。「できるだけ努力してください」ということであって、「必ず実施せよ」ということではありません。したがって、原則として法違反は生じません。

3　各企業・労働者の対応のしかたは

　各企業、労働者は、新たに法律が施行されるときには、それぞれの規定について次の点を確認してから対応のしかたを決めることが必要です。

①強行規定か努力義務規定か、または方針規定か。

②その規定を事業主、使用者に守らせるためにどのような手段が定められているか。また、その強制力、実効性はどうか。

③違反した場合の罰則規定はどうなっているか。

④違反した場合の民事上の効力、取扱いはどうなるのか（結んだ労働契約等が無効となるのか、または労働契約等を取り消すことができるか、労働者は法違反使用者に対して損害賠償請求できるかなど）。

図表8　各労働法の刑事的効力・強制力と民事的効力の違い

	法律名	罰則の有無	企業等に法律を守らせる手段	民事的効力
A	労基法 最賃法 賃金支払確保法 安衛法	有	労基監督官による臨検、尋問等、法違反の罪についての司法警察官の職務権限行使（労基法101条、102条）	労働者は法違反使用者に損害賠償請求できる。
B	職安法 派遣法	有	・行政庁の検査、事業の停止、許可の取消（職安法49条、50条） ・改善命令、立入検査（派遣法49条、51条）	
C	均等法	無	違反事業主名の公表、紛争調整委員会（均等法13〜19条、26条）	
D	育介法	無	指導、助言、勧告（育介法56条）	
E	労契法	無	紛争調停委員会の利用を予定（労契法には規定なし）	

1 労働契約法の概要

図表9　労働法令の刑事的効力・強制力と民事的効力の区分

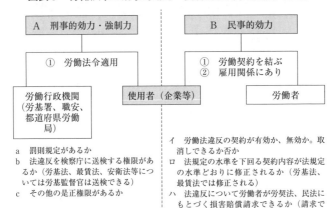

第1章　無期転換申込権と企業の対応実務

2　平成24年改正労働契約法の改正内容、施行期日

〔1〕　平成24年改正労契法の改正点と施行日は

　平成24年改正労契法の改正点は、有期労働契約に関する次の3点です。

　①2つ以上の有期労働契約が通算5年を超えて反復更新された場合における、労働者の使用者に対する申込みによる、「期間の定めのない労働契約（無期労働契約)」への転換（労契法18条）

　②有期労働契約のみなし更新等（「雇止め法理」（判例法理）の条文化）（同法19条）

　③期間の定めがあることによる不合理な労働条件の禁止（同法20条）

　平成24年改正労契法の施行日は、②については公布日（平成24年8月10日）でした。

　また、①と③については、平成25年4月1日でした。

　平成24年改正労契法の概要は、**図表10**のとおりです。

30

図表10 改正労契法の概要

　有期労働契約を長期にわたり反復更新した場合における無期労働契約への転換などを法定することにより、労働者が安心して働き続けることが可能な社会の実現を図る。

┌───┐
1　有期労働契約の期間の定めのない労働契約への転換

○　有期労働契約が5年を超えて反復更新された場合（※1）は、労働者の申込みにより、無期労働契約（※2）に転換させるしくみを導入する。

（※1）原則として、6カ月以上の空白期間（クーリング期間）があるときは、空白期間の前の契約期間を通算しない。

（※2）無期労働契約への転換後は、「別段の定め」がない限り、従前と同一の労働条件とする。

2　有期労働契約のみなし更新等（「雇止め法理」（判例法理）の条文化）

○　雇止め法理（判例法理）を制定法（条文）化する。（※）

（※）①有期労働契約の反復更新により無期労働契約と実質的に異ならない状態で存在している場合、または②有期労働契約の期間満了後の雇用継続につき、労働者の合理的期待が認められる場合には、雇止め（契約更新拒否）が客観的に合理的な理由を欠き、社会通念上相当であると認められないときは、有期労働契約が更新（締結）されたものとみなす。

3　期間の定めがあることによる不合理な労働条件の禁止

○　有期契約労働者の労働条件が、期間の定めがあることにより無期契約労働者の労働条件と相違する場合、その相違は、職務の内容や配置の変更（人事異動）の範囲等を考慮して、不合理と認められるものであってはならないものとする。

資料出所：厚生労働省「改正労働契約法の概要」を一部修正のうえ使用

第1章　無期転換申込権と企業の対応実務

3 有期契約労働者の無期転換申込権

① 無期転換申込権とその成立4要件とは

〔1〕 有期労働契約の無期転換ルールの新設とは

　無期転換ルールの新設というのは、改正労契法18条により、**図表11**の3つのことが新たに定められたことをいいます。

図表11　無期転換ルールの内容

①有期労働契約が更新されて通算契約期間が5年を超える場合は、労働者の使用者に対する「無期労働契約に変更したい」という申込みにより、自動的に（使用者が同意しなくても）無期労働契約に転換される（改正労契法18条1項前段）。
②無期労働契約に転換された場合は、原則として、労働者の申込み時点の有期労働契約と同一の労働条件となる。
　別に、就業規則、労働契約等により、有期労働契約であったときとは異なる労働条件を定めることもできる（同条1項後段）。
③原則6カ月以上の空白期間（無契約期間）がある場合は、その前のすべての契約期間は通算されない（同条2項）。

〔2〕 有期労働契約の無期労働契約への転換規定（改正労契法18条1項前段）とは

　この規定は、①同一の使用者との間に締結されている、②2つ以上の有期労働契約が、③通算して5年間を超えて反復更新された場合には、該当する労働者が使用者に「無期契約に変更したい」と申し込むことにより、有期労働契約が自動的に（使用者が承諾しなくても）、無期労働契約に転換されるということを規定したものです。そのしくみは、**図表12**のとおりです。

　つまり、有期契約労働者の無期転換申込権について定めたものです。

3　有期契約労働者の無期転換申込権

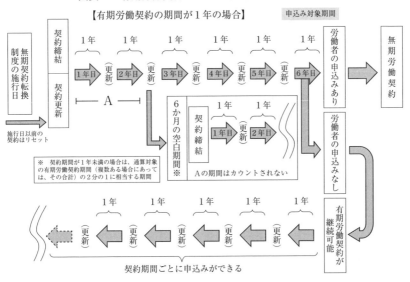

図表12　有期労働契約から無期労働契約への転換の例

〔3〕　無期転換申込権が新設された理由は

　有期労働契約の雇用形態で働く労働者の中には、正社員など無期雇用で働くことを希望していても、就職先がないなどの理由からやむを得ず一時的・臨時的に有期雇用で働いている者も少なくありません。

　一方、有期労働契約が反復更新され、通算で相当期間雇用されている実態も多くみられます。これらの人達は、有期労働契約がいつ雇止め（やといどめ：契約更新拒否）になるかもしれず、有期契約労働者は不安定な立場に置かれることになります。また、有期契約労働者であっても、法定の要件を満たせば年次有給休暇などの正当な権利が認められるはずですが、雇止めになることをおそれて、労働者が休暇の取得を申し出ることができないといった実態もあります。

　そこで、改正労契法は、使用者の都合で反復更新を繰り返し、急に雇止め（契約不更新）にするといった濫用的な利用を抑制し、不安定な立場に置かれる有期契約労働者を保護するため、有期労働契約の契

第1章　無期転換申込権と企業の対応実務

約期間を通算した期間（以下「通算契約期間」といいます。）が5年を超えて反復更新された場合は、有期契約労働者の申込みにより無期労働契約に転換させるしくみ（無期転換申込権）が新たに規定されました。

〔4〕　有期契約から無期労働契約への転換の4要件は

1　有期契約労働者の無期転換申込権発生の4要件とは

その有期契約労働者に無期転換申込権が発生する要件は、

①同一の使用者との間で締結されている、

②2つ以上の有期労働契約が、

③通算で5年を超える、

④労働者であること

という4つの要件をすべて満たしていることです。図示すると**図表13**のとおりです。この場合には、その有期契約労働者に、無期転換申込権（使用者に対して、無期労働契約への転換を申し込む権利）が発生します。

図表13　無期転換申込権の発生要件と効果

資料出所：『契約法・派遣法・高年法の改正点と実務対応』（労働調査会出版局編著）、図表14、15、17、23〜25、30〜34も同じ。

2　4要件に該当する場合・該当しない場合は

有期契約労働者とは、契約期間を限定して雇用されている、有期契約パートタイム労働者（短時間労働者）、契約社員（週40時間等の勤務の期間雇用者）、登録型派遣労働者等のことです。

前記1の①のことから、例えば、A社に3年、B社に3年、計6年間契約されていても、同一の使用者ではないので、該当しません。他方、A社のX事業所とY事業所にそれぞれ3年ずつ勤務していた場合は、A社（同一の使用者）での通算契約期間は6年となり、要件に該当します。

また、前記②のことから就業実態が変わらないのに、無期転換申込権の発生を免れる目的で、形式的に労働契約の当事者を別の使用者に切り替えるような場合（派遣や請負の形態を偽装）は、脱法行為とされ、「同一の使用者」との労働契約が継続しているものとして、その間の期間も5年の通算契約期間にカウントされます。

前記③のことから、1年間の契約をくり返した場合、6回目の契約を結ぶと「通算5年を超える」という要件に該当することになります。

前記④のことから、5年間すべて「労働者」であることが必要です。個人が会社からの委任、委託、請負等の契約により業務を処理している期間は該当しません。労契法の「労働者」とは、使用者に使用されて労働し、賃金を支払われる者をいいます（労契法2条）。労働者に該当するか否かは、労務提供の形態や報酬の労務対償性等諸般の事情を勘案して、使用従属関係が認められるか否かにより判断されます。

契約形式が委任や請負の場合であっても、また、名称のいかんにかかわらず、実態として使用従属関係が認められる場合には、労働者に該当することになります。

3 企業の合併、分割、事業譲渡により、使用者が代わった場合の通算契約期間の扱いは

合併や会社分割の場合には、法的に会社が合体したり分割し、有期契約労働者の労働契約が当然に承継されるので、通算契約期間の計算のうえで、消滅会社と存続会社は「同一の使用者」と解されます。

これに対し、事業譲渡の場合には、労働契約は当然には承継されず、

第1章　無期転換申込権と企業の対応実務

譲渡当事会社も法的に異なるので、通算契約期間の計算のうえで、譲渡会社と譲受会社を「同一の使用者」とは解されません。

〔5〕　通算契約期間を計算するときの注意点は

次の①〜⑤の場合の取扱いについて教えてください。

①同一会社でその従業員の勤務先事業所が変わった場合は通算されますか？

②出向・派遣の場合は通算されますか？

③派遣、請負を偽装した場合は通算されますか？

④育児・介護休業、休職などにより勤務していなかった期間も通算されますか？

⑤　契約期間の端数はどのように処理するのですか？

上記①〜⑤の質問についての回答は、次のとおりです。

1　通算契約期間は「同一の使用者」ごとに計算する

有期労働契約の契約期間の途中や満了後更新する際に、勤務先の事業場（事業所）が変わっても、同じ使用者（事業主）の事業場（事業所）間での異動であれば、契約期間は通算されます。

同じ使用者というのは、経営主体である法人または個人事業主が同じであるということです。

2　出向・派遣期間は契約期間として通算される

A社に雇用されていて、そこからB社に出向したり、労働者派遣されている期間については、出向元会社、派遣元会社（人材派遣会社）が雇用主（使用者）ですから、A社での契約期間として通算されます。

3　派遣・請負を偽装した期間も通算される

A社が、使用する労働者に無期契約転換申込権が発生しないようにするため、就業実態が変わらないにもかかわらず、B社に雇用させ、B社からA社に派遣・請負の形で受入れ使用し、その期間をA社での

無契約期間（クーリング期間）とすることはできません。この場合は、B社との契約期間も、A社との契約が継続しているものとして通算契約期間にカウントされます（**図表14**）。

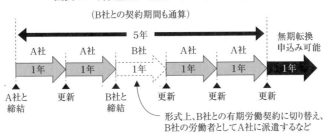

図表14　偽装派遣・請負のクーリングの取扱い

4　休業・休職期間も通算される

育児・介護休業、休職等により勤務しなかった期間があっても、労働契約関係（雇用関係）が継続しているので、その期間も通算されます。

5　契約期間の端数処理等は

有期労働契約の契約期間について「1カ月」とは、契約期間の初日から起算して翌月の応当日（月違いの同日）の前日までをいい、30日を1カ月として数処理します。また、複数の有期労働契約の契約期間に1カ月未満の端数がある場合は、その端数を合算して30日を1カ月に繰り入れます（**図表15**）。

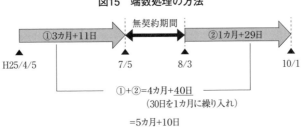

図15　端数処理の方法

第1章　無期転換申込権と企業の対応実務

②　制度対象労働者の範囲と特例措置

〔6〕　無期転換申込権の対象となる労働者の範囲は

　次の者にも無期転換申込権は発生するのでしょうか？

①　年収103万円未満の有期契約パートタイム労働者、学生アルバイター

②　労働者に該当する執行役員、社内弁護士、企業スポーツ選手

③　登録型派遣社員

1　船員、公務員等以外のすべての労働者に適用

　無期転換ルール（労契法18条）は、同法が適用されるすべての労働者に適用されます。船員や公務員等の本法の規定の適用が除外されている者（労契法21条、22条）には適用がありません。

　しかし、これら以外の労働者には、年齢や職種などを問わず、すべて適用されます。

　したがって質問にある上記①〜③のすべての者にも適用されます。

2　派遣労働者の取扱いは

　派遣労働者についても、派遣元事業主（人材派遣会社）との労働契約が有期労働契約である場合は、無期転換ルール（改正労契法18条）が適用されます（**図表16**）。この場合には、派遣労働者と労働契約を結んでいる派遣元事業主との有期労働契約について、通算契約期間を計算します。

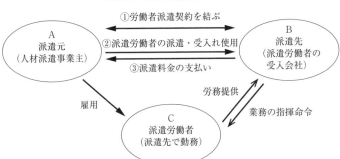

図表16　労働者派遣のしくみ

〔7〕 無期転換申込権の特例は
—①1,075万円以上の専門職、②定年退職後の再雇用者、③大学・研究機関の研究者・技術者・教員等には特例がある—

1 特別措置法による例外は

「専門的知識等を有する有期雇用労働者等に関する特別措置法」（平成27年4月1日施行）により、①有期のプロジェクト業務に就く高度な専門的知識等を有する有期契約労働者と、②定年退職後、引き続き再雇用される有期契約労働者については、改正労契法18条で「通算5年超」とされている無期転換申込権発生までの期間に特例が設けられています。

2 大学等の研究者・技術者、教員等の例外は

平成25年12月5日に「研究開発力強化法」と「大学教員等の任期に関する法律」の改正法が成立し、26年4月から施行されています。

これらの法律では、有期労働契約で働く大学・研究機関の研究者・教員等の無期転換申込権発生までの期間を、特例として、「5年超」から「10年超」に伸ばすものとなっています。

3 特例適用の対象者、適用手続きは

前記1、2の特例の詳細については、次の第2章で説明します。

〔8〕 改正労契法施行前から雇用されている有期契約労働者の取扱いは

1　平成25年4月1日以降に初日をむかえた契約が対象

「通算契約期間5年超」の起算点は、いつですか？また、改正労契法施行前から雇用されている有期契約労働者は、いつの時点から無期転換の申込みができるのでしょうか？

「通算5年を超えて契約更新された」の期間の計算は、改正労契法18条の施行日（平成25年4月1日）以後に初日をむかえた有期労働契約の締結・更新が対象になります（労契則附則2項）。

したがって、改正労契法18条の施行日（平成25年4月1日）よりも前に初日をむかえた有期労働契約の締結・更新は、通算契約期間に算入されません。

2　具体的な取扱い例は

具体的取扱い例は、**図表17**のとおりです。

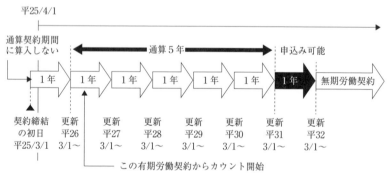

図表17　通算される契約期間の範囲

③　無期転換による労働者のメリットは

〔9〕　無期転換申込権の性質、効果は

1　無期転換に使用者の承諾は不要

　この無期転換申込権は、法的には形成権としての性格をもっています。このため、労働者の使用者に対する一方的な意思表示（申込み）によって無期労働契約に転換される効果が生じます。したがって、労働者から申込があれば、使用者が改めて承諾の意思表示をしなくても、自動的に無期労働契約に転換されます。

2　無期転換は労働者の申込み・希望を前提とする

　改正労契法18条の有期労働契約から無期労働契約への転換は、通算契約期間が5年を超えれば自動的に無期労働契約に転換するわけではありません。あくまでも、労働者の「申込み・希望」を前提とするものです。

　したがって、労働者が無期転換を希望せず、「私は、この契約期間が満了したら、会社を辞めたい」と言えば雇用関係を終了することもできます。また、労働者が今後も有期労働契約のまま雇用を継続したいと希望していれば、通算契約期間5年を超えた以降も、有期労働契約を更新することは可能です。

〔10〕　無期労働契約に転換された労働者のメリットは

1　無期転換が労使に与える影響は

　契約形態が有期労働契約から無期労働契約に転換されると、その労働者にはどのような利点が生じるのですか？また、使用者はどのような影響を受けますか？

　有期契約労働者（有期契約パート、期間雇用者、登録型派遣労働者等）の場合、使用者は、それらの労働者が必要なくなった場合等は、

第1章　無期転換申込権と企業の対応実務

契約期間終了時点でその契約は自動的に終了となり、契約更新しなければ、労働者は自動的に退職となります。

　他方、無期労働契約（正社員、常用労働者、無期契約パート等）の場合には、その労働者が不要となり、辞めさせたいときは、使用者は解雇するしか方法がありません。

　しかし、その解雇が法律上有効と認められるためには厳格な要件をすべて満たしていることが必要とされていて、非常に困難です。

　したがって、契約形態が無期労働契約に転換されると、労働者にとっては、みずから会社を辞職しない限り容易に解雇されることはなくなり、定年退職年齢（60歳以上）まで、その雇用が保障されることになります。

2　無期契約労働者の解雇の困難さとは

　使用者が無期契約労働者を解雇する場合には、**図表18および19の**要件をすべて満たすことが必要となります。これは、使用者にとって非常に困難なことです。

3　有期契約労働者の無期転換申込権

図表18　使用者の解雇の有効要件

1　普通解雇	2　1のうち整理解雇		3　懲戒解雇
1　法定の解雇禁止事由に該当しないこと（具体的内容は図表19のとおり）	1　同左		1　同左
2　30日以上前の解雇予告、または30日分の解雇予告手当（平均賃金）の支払い〔例外〕・労基署長の解雇予告除外認定・一定の臨時労働者	2　同左		2　同左
3　就業規則、労働契約、労働協約の解雇関連規定を守ること	3　同左		3、4　次の①〜⑥のすべてを守ること ①　懲戒処分の合理性・相当性の原則（非違行為が悪質・重大なこと） ②　就業規則の根拠規定とその厳守 ③　過去にさかのぼっての処分の禁止（不遡及の原則） ④　二重処分の禁止 ⑤　就業規則の規定どおりの手続き ⑥　従業員本人に弁明（説明・言いわけ）の機会を与えること
4　解雇理由に合理性、相当性があること	3　次の4要件が必要 ①　経営上の必要性 ②　使用者の整理解雇をさける努力 ③　被解雇者の選定の妥当性 ④　使用者が労働組合または従業員と協議をつくす		

43

第1章　無期転換申込権と企業の対応実務

図表19　労働法等で定められている解雇禁止事由

1　労働基準法で禁止
　a 業務上の負傷・疾病による休業期間、その後の30日間
　b 産前産後の休業期間、その後の30日間
　c 事業場の労働関係法令違反を労基署等に申告したことを理由とするもの
　d 労働者の国籍、信条、社会的身分を理由とするもの
　e 事業場の従業員の過半数代表者、労使委員会の労働者委員になること、なろうとしたこと、正当な行為をしたこと等
2　男女雇用機会均等法で禁止
　a 解雇についての男女の差別的取扱い
　b 婚姻・妊娠、産前産後休業等の請求・取得
　c 女性の婚姻・妊娠・出産を退職理由とする定め（労働協約、就業規則、労働契約等）
　d 妊娠中および出産後1年以内の女性の解雇は無効
　e 男女労働者の都道府県労働局長への紛争解決援助の申出、調停の申請をしたこと
3　労働組合法で禁止
　・労働組合の結成・加入、正当な活動
4　育児・介護休業法で禁止
　・育児・介護休業、看護休暇、介護休暇等の申請・取得をしたこと
5　公益通報者保護法で禁止
　・公益通報（内部告発）をしたこと

④　使用者による労働者が無期転換できなくする方法は

〔11〕　就業規則に通算契約年数・契約更新回数の上限規定を設けることは認められるか

①会社が今後、新たに雇用する有期契約労働者（契約社員、有期契約パート等）について、無期転換申込権の発生を妨ぐために、事前に就業規則で通算雇用契約年数を最長5年とするなどの制限規定を設け適用することは認められますか？

②すでに労働契約を締結し雇用され、旧就業規則が適用されている有期契約労働者について、旧就業規則を変更して上記①の規定を適用

することはできますか？

上記①、②の質問についての回答は、次のとおりです。

1　上記質問①についての回答は

これらは改正労契法上適法に認められます。就業規則の中に上記質問①の規定を設けることは、今後新たに有期労働契約を締結する労働者との関係では有効です。

就業規則に、通算雇用契約年数の上限を定める場合の規定例は**図表20**の①のとおりです。また、就業規則に、契約更新回数の上限を定める場合の規定例は、同図表の②のとおりです。

図表20　就業規則の通算契約年数・契約更新回数の制限規定例

①通算契約年数を制限する場合

> **（労働契約期間及び更新）**
> **第○条**　契約社員の１回の労働契約期間は、１年以内とし、個別の労働契約書に定める。
> 2　前項の契約期間満了後、契約を更新することがある。契約更新の可否は、契約期間満了時の会社の経営状況、業務量、当人の勤務成績・勤務態度・業務遂行能力・従事している業務の進捗状況等を総合的に考慮して判断する。
> 3　前項にかかわらず、労働契約の通算期間が５年を超えることとなる場合は、契約を更新しない。

②契約更新回数を制限する場合

> **（労働契約期間及び契約更新）**
> **第○条**　契約社員の１回の労働契約期間は、１年以内とし、個別の労働契約書により定める。
> 2　前項の期間満了後、労働契約を更新することがある。契約更新の可否は、契約期間満了時の会社の業務量、当人の勤務成績・勤務態度・業務遂行能力・従事している業務の進捗状況等を総合的に考慮して判断する。
> 3　前項にかかわらず、契約更新は４回までとする。

2　上記質問②についての回答は

―就業規則の不利益変更の問題はないか？―

上記質問②のように、すでに労働契約を結び、勤務している者に就

第1章　無期転換申込権と企業の対応実務

業規則の改正規定を適用する場合には、「就業規則の不利益変更」が問題となります。

　例えば、就業規則の中に、通算雇用契約期間の上限を5年とする制限規定を設け、現在5年目の有期契約労働者に対して、同規定に基づき現行の有期労働契約を更新せずに契約終了（自動退職）とすることは、その契約が最終契約であることをすでに合意していたといった特段の事情がない限り、「就業規則の不利益変更」となります。

　「就業規則の不利益変更」は、原則として、労働者の同意がなければ無効であり（労契法9条本文）、例外的に同変更が合理的なものであり、就業規則が周知されている場合は、特約等がある場合を除き、有効となります（同法10条）。

　そして、合理性の有無については、①労働者の受ける不利益の程度、②労働条件の変更の必要性、③変更後の就業規則の内容の相当性、④労働組合等との交渉の状況、⑤その他の就業規則の変更に係る事情を総合的に考慮して判断されます。

　そこで、前記制限規定の新設に対する対象労働者の同意が得られない場合には、このような規定を設けることに合理性が認められるか否かが問題となります。

　この点、前述したとおり、無期労働契約への転換申込権が発生する「5年」は、平成25年4月1日以降に契約期間の初日がある有期労働契約からカウントされることになり、実際に無期労働契約への転換申込権が発生するのは1年後のことですので、現在締結している有期労働契約に制限規定を直ちに適用しなくてはならない必要性は、通常はないものと考えられます。

　したがって、契約期間途中から前記制限規定を適用することは、特段の事情のない限り、合理性を肯定できず、同規定を不同意者に適用することはできないと考えられます。

46

3　有期契約労働者の無期転換申込権

〔12〕　労働契約条項で通算契約期間を「最長5年まで」とすることの可否は

①使用者が有期契約労働者と結ぶ労働契約書の中に「通算契約期間は最長5年までとする」条項を盛り込むことは認められますか？

②前記①のような上限規制の契約をしないで、契約更新を重ねた場合、どのような問題が生じますか？

上記①、②の質問についての回答は、次のとおりです。

1　労働契約による上限規制の可否と規定例は

有期労働契約の更新の有無についていかなる合意をするかは、基本的には、使用者と労働者の自由です。したがって、労働契約書の中に、例えば、**図表21**のように規定することは認められます。

図表21　労働契約書の規定例

1　労働契約期間とその更新
(1)　1回の労働契約の期間は、1年間とする。
(2)　会社は、自社の業績、経営状況、業務量の増減、その従業員の健康状態・能力・勤務態度等を総合的に勘案して、契約更新の有無を決定する。
(3)　通算雇用期間が1年を超える従業員について、契約更新をしない場合には、契約期間満了の30日前までに本人にその旨を通知する。
2　契約期間満了後、契約更新をする場合であっても、通算契約期間は5年を上限とし、5年を超えることとなる契約の更新は行わない。

2　上限規制を設けていない場合の問題点は

一方、質問②のように、前記①のような特約をしないで、かつ、雇止め法理の適用がある場合、すなわち改正労契法19条各号のいずれかに該当する場合において、有期契約労働者から労働契約の更新の申込みがあれば、「客観的に合理的な理由を欠き、社会通念上相当である」といえない限り、使用者は、雇止め（契約更新拒否）をすることはで

第1章　無期転換申込権と企業の対応実務

きず、有期労働契約は更新されることになります。

　また、通算契約期間が「5年超」となれば、その有期契約労働者に無期転換申込権が発生します（改正労契法18条1項）。

〔13〕　労働者の無期転換申込権を放棄させる契約は認められるか

1　事前の無期転換申込権の放棄は

　使用者が有期契約労働者と結ぶ労働契約書の中に「労働者は、無期転換申込権を行使しない」という規定を盛り込むことは認められるでしょうか？

　労働契約書の中に、あらかじめ労働者に無期転換申込権を放棄させる条項を盛り込むことは、原則として認められません。仮に盛り込んでも無効となり、労使当事者はこれに拘束されないと解されます。

　厚生労働省通達（平成24年8月10日基発0810第2号）では、次のように記述されています。

　オ　無期転換申込権が発生する有期労働契約の締結以前に、無期転換申込権を行使しないことを契約締結の条件とする等有期契約労働者にあらかじめ無期転換申込権を放棄させることを認めることは、雇止めによって雇用を失うことを恐れる労働者に対して、使用者が無期転換申込権の放棄を強要する状況を招きかねず、改正労契法第18条の趣旨を没却するものであり、こうした有期契約労働者の意思表示は、公序良俗に反し、無効と解されるものであること。

　しかし、労契法は民事法のため厚生労働省には有権解釈権限はなく、前記の可否は今後の判例の積み上げの中で判断されます。また、大多数の事案は、前記1の判断になると思われますが、一部労働者の真意にもとづく場合には有効とされる事案もあると思われます。

48

2　すでに発生した無期転換申込権の放棄は有効

　いったん無期転換申込権が発生したあとに、使用者と該当労働者との間でその無期転換申込権を放棄する旨の合意をすることは有効です。

〔14〕　使用者が無期転換申込権が発生することとなる有期労働契約を終了させることは認められるか

　使用者が次の①、②のことを行うことは、認められますか？
①現に締結している有期労働契約の満了日をもって、その労働者との雇用関係を終了させようとすること
②現に締結している有期労働契約の満了前に、労働者との雇用関係を終了させようとすること

1　上記質問①についての回答は

　無期転換申込権が発生することとなる有期労働契約の契約期間が満了するまでの間に、労働者が無期転換申込権を行使した場合、使用者の承諾の有無にかかわらず、有期労働契約は無期労働契約に転換されます。この場合、有期契約労働者から無期転換申込権が行使された時点で、当該有期労働契約の期間満了日の翌日から労務が提供される無期労働契約が成立していると解釈されています。したがって、現に締結している有期労働契約の契約期間の満了日をもってその有期契約労働者との労働関係を終了させようとすれば、労働者からの申込権の行使によって成立した無期労働契約を解約（解雇）することになります（**図表22の①**）。

　無期労働契約を締結している労働者を解雇する場合は、労契法16条の解雇権濫用法理が適用され、その解雇が「客観的に合理的な理由を欠き、社会通念上相当であると認められない場合」には、権利濫用として解雇は無効となります。

　また、解雇する場合には、解雇の手続きに関する労基法20条が適用

されますので、少なくとも30日前までに解雇予告するか、解雇予告期間が30日に満たない場合は、不足する日数分の解雇予告手当（平均賃金）を支払わなくてはなりません。

2　上記質問②についての回答は

現に締結している有期労働契約の契約期間の満了前に、使用者がその有期契約労働者との労働関係を終了させようとすれば、それは契約期間途中の解雇となります。労契法17条1項により「やむを得ない事由」がある場合でなければ解雇することは認められません。上記質問①、②のいずれにしても、厳格な解雇規制が適用されることになります（**図表22の②**）。

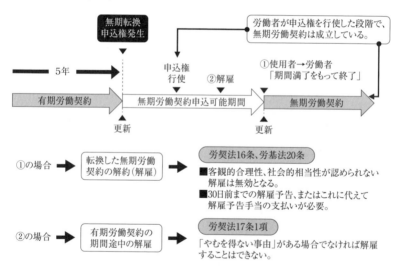

図表22　無期転換申込権が発生することとなる有期労働契約を終了させようとする場合の考え方

⑤ 労働者の無期転換の申込みと使用者の受理通知は

〔15〕 無期労働契約への転換申込みができる時期は

1 該当労働者が転換申込みできる時期は

該当労働者が無期労働契約への転換申込みをできる時期は、いつから、いつまでですか？

無期転換申込権は、その契約期間中に通算契約期間が5年を超えることとなる有期労働契約の契約期間の初日からその有期労働契約の契約期間の満了日までの間に行使することができます。

2 具体的な例は

例えば、**図表23**のように1年間の有期労働契約の場合であれば、最初の契約締結から5年目の契約更新ではなく、5年を超えた6年目以降が、該当労働者が無期労働契約への転換の申込みを行うことができる対象期間となります。

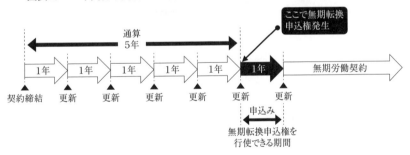

図表23　1年契約を更新して通算5年超となる場合の無期転換申込可能期間

また、例えば、**図表24**のように1回ごとの契約期間が3年の場合は、当初の契約期間が終わり、契約の更新をした時点で通算契約期間が5年を超えることが決まります。このため、契約更新をした4年目以降は無期労働契約への転換申込みを行うことができます。

さらに、**図表25**のように通算契約期間が5年を超えても直ちに転換申込みをせずに、その後の契約更新のあとに転換申込みすることもできます。

図表24　3年契約を更新して通算5年超となる場合の無期転換申込可能期間

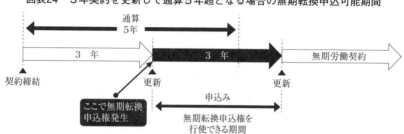

図表25　労働者が、当初無期転換申込権を行使せず、後日行使した場合

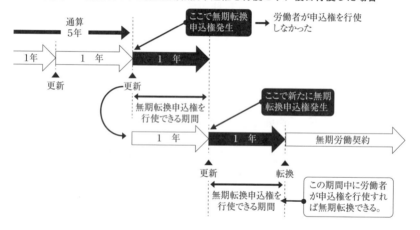

3　使用者が就業規則等で申込み期限を定めた場合は

例えば、**図表26**の第2項のように就業規則等で無期転換申込みの期限を定めることは認められるでしょうか？

使用者が就業規則、または労働契約書で、例えば1回1年間の契約社員の場合、「無期転換の申込みは、契約期間の満了日の1ヵ月前までに行うこと」といった規定を設けることも可能です。使用者が無期転換する社員の後任者の配置など要員計画を立てたり、無期転換に伴

う人事管理上の手続きなどのために契約期間の満了前にある程度余裕をもって申込み期限を設けることは、一定の合理性があります。

　ただし、労契法18条が無期転換申込みのできる期間を、「契約期間が満了する日までの間に」と定めている以上は、労働者がその期限までに、無期転換の申込をしないと明確な意思表示をした場合は別として、労働者が就業規則上の期限の段階では保留し、労働契約期間の満了日までに無期転換の申込みをしてきた場合には、その申込みは有効です。

図表26　有期契約労働者の無期転換に関する規定例（就業規則）

（有期契約労働者の無期契約への転換）

第○条　契約社員の労働契約が更新され、その通算契約期間が5年を超える場合においては、これに該当する契約社員は、会社に対して無期労働契約への転換（以下「無期転換」という。）を申し込むことができる。

2　契約社員は、前項の申込みを行う場合、通算契約期間が5年を超えることとなる契約社員労働契約の契約期間の初日から契約期間満了日の3カ月前までに、書面で、当社人事部に申し込むものとする。

3　契約社員が会社に対して無期契約への転換を申し込んだ場合には、会社は申込み時に締結している契約社員労働契約の契約期間満了日の翌日から、当該社員を準社員として採用する。

4　無期転換後の労働条件は、準社員就業規則に定めるところによる。

---

〔16〕　使用者が有期契約労働者に無期転換申込権発生を通知する義務はあるか

　使用者には、該当有期契約労働者に対して、無期転換申込権発生の要件に該当していることについて、何ら通知する法律上の義務はありません。知らせなかったことにより、罰則の適用を受けることもありません。

第1章　無期転換申込権と企業の対応実務

〔17〕　有期契約労働者が無期転換の申込みをする方法と無期転換される時点は

　該当する有期契約労働者は、無期転換の申込みを、どのような方法で行わなければならないのですか？また、転換申込みをすると、いつの時点から無期労働契約に転換されるのですか？

1　無期転換申込みの方法は書面がよい

　有期契約労働者の無期労働契約への転換申込みの方法は、労契法には、特に定められていません。口頭でも文書でも有効です。しかし、後日の労使間のトラブルを防ぐためには、使用者は該当労働者が文書で申し込むようにするべきでしょう。無期労働契約転換申込書と同申込みの受理通知書の文例は、**図表27、28**のとおりです。

2　無期転換される時点は

　無期転換の申込みを行うと、その契約期間の満了する日の翌日から無期労働契約にもとづく勤務が始まります（**図表23〜25**に記載）。

図表27　無期労働契約転換申込書の文例

無期労働契約転換申込書

総務部人事課長
　○○○○様

　　　　　　　　　　　　　　申出年月日　平成○○年○○月○○日
　　　　　　　　　　　　　　申出者所属・氏名
　　　　　　　　　　　　　　　　　　○○部○○課
　　　　　　　　　　　　　　　　　　○○　○○　㊞

　私は、通算契約期間が、現在の有期労働契約の契約期間の末日までに5年を超えますので、労働契約法第18条第1項の規定に基づき、期間の定めのない労働契約への転換の申込みをいたします。

図表28 無期労働契約転換申込み受理通知書の文例

無期労働契約転換申込み受理通知書例

○○○○様

平成○○年○○月○○日
○○○○株式会社
総務部人事課長
○○　○○　㊞

　あなたから平成○○年○○月○○日に提出された標記申込書を受理いたしましたので、そのことを通知します。

　平成○○年○○月○○日までに、会社として、あなたをどのような取扱いにするのかについて文書で連絡いたします。

---

〔18〕　無期転換に関する就業規則の規定例は

1　無期転換規定を定めることの是非は

　使用者（会社）は、従業員に対して無期転換申込権について周知する法律上の義務はありません。しかし、会社によっては、労使間の信頼をより一層強めるため、あるいは労使間のトラブルをあらかじめ防止するため、有期労働契約の無期転換申込権について就業規則や文書で定め、有期契約労働者に対して周知することも必要です。

2　無期転換に関する就業規則の規定例は

　自社の有期契約労働者に適用される就業規則の中に、無期転換について規定する場合の規定例は、**図表29**のとおりです。

　なお、同図表の規定例でいう「契約社員」とは有期契約労働者のことを、また、「準社員」とは無期転換後の労働者のことを指すものです。

第1章　無期転換申込権と企業の対応実務

図表29　有期契約労働者の無期転換申込み手続きの規定例（就業規則）

（無期転換申込み手続）

第○条　契約社員の労働契約が更新され、その通算契約期間が5年を超える場合においては、契約社員は、会社に対して無期労働契約への転換（以下「無期転換」という。）を申し込むことができる。

2　契約社員は、前項の申込みを行う場合、通算契約期間が5年を超えることとなる契約社員労働契約の契約期間の初日から契約期間満了日の3カ月前までに、書面で人事部に申し込むものとする。

3　契約社員が会社に対して無期転換を申し込んだ場合には、会社は申込み時に締結している契約社員労働契約の契約期間満了日の翌日から、当該社員を準社員として採用する。

4　無期転換後の労働条件は、準社員就業規則に定めるところによる。

⑥　無期転換後の労働条件はどうなるのか

〔19〕　無期労働契約への転換に伴い労働条件は変更されるのか（改正労契法18条1項後段）

1　無期転換により、労働条件は変わるのか

　契約形態が有期から無期に転換された場合、担当職務、人事異動の範囲、賃金（賞与、退職金を含む。）、労働時間、解雇・退職事由、定年退職年齢など契約形態以外の労働条件はどのようになるのでしょうか？

　契約形態が有期から無期へと転換された場合、該当労働者の契約形態以外の労働条件については「別段の定め」がない限り、その労働者の有期労働契約時の労働条件と同一になるとされています（改正労契法18条1項後段）。例えば、1年契約、時給800円、1週30時間勤務、賞与・退職金なしの有期契約パートタイム労働者の場合、転換申込みにより契約形態は無期労働契約に転換されますが、契約形態以外の賃金、労働時間等の労働条件はこれまでと同じということです。有期労働契約のパートタイム労働者が無期労働契約のパートタイム労働者に

変わるのみで、ほかはこれまでと同じということです。

2 「別段の定め」とは

「別段の定め」とは、あらかじめ、使用者により、労働協約、就業規則または労働契約で、前記1とは異なる取扱いをすることが規定されているということです。例えば、使用者が就業規則の中に「有期労働契約から無期労働契約に転換された当社パートタイマーについては、所定労働時間以外については、正社員と同等の担当職務（業務内容、責任）、人事異動の範囲、賃金、労働時間、休日等の取扱いに改める」と規定しておけば、そのように取り扱われることになります。

〔20〕 「別段の定め」の内容は

「別段の定め」として、無期転換労働者の労働条件を定める場合について、次の①〜③のことを教えてください？

①無期労働契約に転換された労働者について、「準社員として取り扱う」内容の就業規則を作成しておき、それを適用することは認められますか？

②無期労働契約に転換された場合の労働条件として、例えば、「全国転勤、職務包括契約」にするという条件をつけることは認められますか？

③定年退職年齢を定めることはできますか？

上記①〜③の質問についての回答は、次のとおりです。

1 法令、公序良俗に反しない労働条件は問題なし

無期転換後の労働条件の内容については、改正労契法は何ら規制していません。したがって、労基法・最賃法等の法令や公序良俗に反しない限り、使用者は自由に定めることができます。

2 準社員就業規則の作成・適用は

その就業規則の規定内容が合理的なものであれば有効です。あらか

第1章　無期転換申込権と企業の対応実務

じめ、きちんとそのような就業規則を定めておいたほうが労使間のトラブルの発生を防げると思われます。

3　「全国転勤、職務包括契約」は認められるか。

これも認められます。

4　定年退職年齢を定めることは認められるか。

定年退職制は、労働者が一定の年齢に達したときに自動的に労働契約が終了し、労働者が退職する制度です。通常、労働契約の終了事由として就業規則等に定められます。事業主は、原則として60歳を下回る定年年齢の定めができず（高年法8条）、そのような定めをしたとしても、公序良俗（高年法8条）に反し、無効になると解されます。

なお、65歳未満の定年年齢の定めをした場合には、使用者は、その雇用する高年齢者の65歳までの雇用を確保するため、高年法上の高年齢者雇用確保措置を講じ、定年年齢を引き上げるか、継続雇用制度を導入するか、または定年の定めを廃止しなければなりません。

5　「無期労働契約に転換」とは、正社員になることか

例えば、1年契約の有期パートタイマーが申込みにより無期転換された場合は、あらかじめ、労働協約、就業規則、または労働契約書に「別段の定め」がしてなければ、無期契約のパートタイマーとなります。しかし、契約形態が有期から無期に変更されることを除けば、他の社内身分、担当職務（業務内容、権限、責任）、労働条件等に変化はありません。

他方、使用者が就業規則で定めれば、正社員にも、準社員にも変更することもできます。

⑦　無契約期間とクーリング・オフ

〔21〕　2つ以上の契約期間の間に空白期間（無契約期間）がある場合の取扱い（改正労契法18条2項）は

1　無契約期間とは

　契約期間と次の契約期間との間に空白期間（無契約期間）がある場合には、通算契約期間の計算はどのようになるのでしょうか？

　有期労働契約が無期転換される要件である「通算契約期間5年超」の計算については、原則として、「6カ月以上の無契約期間（クーリング期間）」がある場合には、その前の契約期間はすべて通算対象から除外されます（クーリング・オフ）。**図表30**のとおりです。

　「クーリング・オフ」のしくみが設けられたのは、これを認めないと、有期契約労働者がA企業を5年で離職した場合、後に同じA企業で有期契約の形で働くことが事実上困難となってしまうためです。有期契約労働者として再就職すると、すぐに無期契約に転換できることになってしまいます。この規定は同一の企業に有期契約労働者として再雇用されることを希望する場合に労働者の就職選択の幅を狭めないようにしたものです。

2　通算契約期間に算入されないこととなる「無契約期間（クーリング期間）」の2つの取扱いは

　通算契約期間に算入されないこととなるのは、有期労働契約と再度締結された有期労働契約との間の無契約期間の長さが、図表30のいずれかに該当する場合です。

第1章　無期転換申込権と企業の対応実務

図表30　クーリング・オフされる無契約期間（クーリング期間）の2つの取扱い

① カウントの対象となる有期労働契約の契約期間が1年以上の場合

➡ 無契約期間が、6カ月以上

② カウントの対象となる有期労働契約の契約期間が1年未満の場合

➡ 無契約期間が、その直前の有期労働契約の
　契約期間の2分の1以上　◀━━━━　1カ月未満の端数は
　　　　　　　　　　　　　　　　　　　1カ月に切上げ

2つ以上の有期労働契約があるときは、これらの期間を通算する。

　　└→ (a)間を置かずに2つ以上の有期労働契約があるとき
　　　　 (b)契約期間が連続しているものとして扱われる「法18条2項
　　　　　　の厚生労働省令で定める基準」に該当する場合

〔22〕 契約期間1年以上で、空白期間（無契約期間）6カ月以上の場合の取扱い例は

1　空白期間（無契約期間）の前の契約期間はすべて通算されない

　有期契約労働者が、同じ会社において、①1回の有期労働契約期間が1年以上で、②前の契約が終了した日から次の契約の日までの間に6カ月以上の空白期間（無契約期間、いわゆるクーリング期間）がある場合には、クーリング期間の前に終了した契約期間は通算契約期間から除外（クーリング・オフ）されることになります。

　つまり、クーリング期間の前の有期労働契約期間は、すべてリセットされます。

2　クーリング・オフされる具体的な取扱い例は

　クーリング・オフされる具体的な取扱い例は、**図表31**のとおりです。

60

3　有期契約労働者の無期転換申込権

図表31　契約期間1年以上、無契約期間が6カ月以上ある場合のクーリング・オフの例

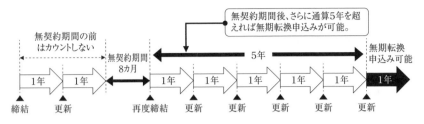

→無契約期間の前の契約期間は通算されない（クーリングされる）。

3　クーリング・オフされない場合の例は

これは、**図表32**のとおりです。

図表32　契約期間が1年以上で、空白期間が6カ月未満の場合の例

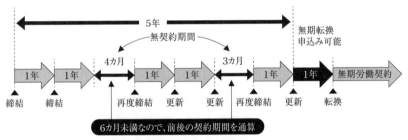

→無契約期間の前の契約期間は通算され、無契約期間の前後の契約期間が連続しているものとされる（クーリング・オフされない）。

〔23〕　1年未満の契約期間の場合の無契約期間の取扱いは

1　基本的な取扱いは

1回の契約期間が1年未満で、その後に空白期間（無契約期間）がある場合、通算契約期間の計算はどのように行うのでしょうか？

1回の労働契約期間が1年未満（例えば6カ月）の場合に、クーリング期間としての取扱いを受ける（通算されないようにする）ためには、通算契約期間（契約が複数ある場合は、その合計）の2分の1以上に相当する空白期間（例えば3カ月以上）が、クーリング・オフの

対象となる契約期間のあとに、必要となります。

2　契約期間の長さごとの必要な無契約期間は

クーリング・オフ（リセット）に必要な無契約期間は、**図表33**のとおりです。

図表33　カウントの対象となる有期労働契約の契約期間が１年未満の場合

➡その直前の有期労働契約の契約期間の２分の１以上
　（１カ月未満の端数は１カ月に切上げ）

【クーリング・オフに必要な無契約期間】

A カウントの対象となる有期労働契約の契約期間	B 無契約期間
２カ月以下	１カ月以上
２カ月超〜４カ月以下	２カ月以上
４カ月超〜６カ月以下	３カ月以上
６カ月超〜８カ月以下	４カ月以上
８カ月超〜10カ月以下	５カ月以上
10カ月超〜	６カ月以上

◀ カウントの対象となる有期労働契約の契約期間の区分（A欄）に応じて無契約期間がB欄に該当するときは、クーリング・オフ（リセット）され、無契約期間の前の有期労働契約は通算されない。無契約期間後の有期労働契約の契約期間から、通算契約期間のカウントが再スタートする。

3　具体的取扱い例は

具体的取扱い例は、**図表34**のとおりです。

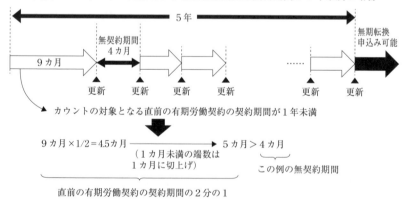

図表34　カウントの対象となる有期労働契約の契約期間が１年未満の場合

→無契約期間が直前の有期労働契約の２分の１より短いので、契約期間が連続しているものとされる（クーリング・オフされない）。

→この例でクーリング期間は５カ月以上必要となる。

4　無期転換申込みに関する企業の検討・準備のしかた

4 無期転換申込みに関する企業の検討・準備のしかた

〔1〕　無期転換申込権規定（改正労契法18条）に伴う各企業の検討、準備の必要な事項

1　無期転換申込権規定（改正労契法18条）の施行に伴う検討事項は

　無期転換申込権規定の施行に伴い、使用者（企業）は**図表35**の点について検討することが必要です。その検討の結果、次の2〜4のいずれかの対応をすることが必要です。

図表35　無期転換申込権規定の施行に伴う検討事項

①無期転換後の労働者に担当させることが適当な職務（担当業務内容、権限、責任）は何か
②無期転換後の職務を担当させることが適当な労働者はどのような者か
③無期転換後の労働者をどのような労働条件で処遇するか
④①〜③の検討をふまえて、有期契約労働者を無期転換させるか、または通算契約期間が5年超となる前に雇止め（契約不更新）とするか
⑤無期転換させる者とさせない者との選別基準をどのようにするか

2　有期契約労働者全員を無期転換させずに雇止め（契約不更新）する場合は

　この場合には、次のことが必要になります。

(1)　確実に雇止めできる社内規定と体制を整備する

　まず、就業規則と労働契約書に有期契約労働者は通算契約期間5年までで雇止めする内容の規定を設けて施行します。

　そして、有期契約労働者の労務管理を行う管理監督者に前記の方針を伝え、徹底させます。

(2)　代わりの労働力を確保する

　上記(1)で雇止めした者の代わりの労働力をどのように確保するか、

63

第1章　無期転換申込権と企業の対応実務

業務をどのように行うかを考え、対策を講じます。例えば、当面、グループ企業、関係企業と人事交流（出向・転籍労働者の受入れ）を行う、人材派遣会社から派遣労働者を派遣してもらうなども1つの方法です。

3　該当する有期契約労働者全員を無期転換させる場合は

(1)　無期転換する場合の手続きを定める

　有期契約労働者のうち無期転換を希望するものの申込みと申込み受理の手続、様式書類を作ります（**図表27～29**参照）。

(3)　無期転換者の職務（担当業務、権限、責任）、労働条件、定年退職年齢等を決める

　これらを決めて、就業規則等の規定を定めます（次の項目⑤、⑥参照）。

4　対象者をしぼって無期転換させる場合は

　前記2または3の方法をとる企業はごく少数ではないかと思われます。したがって、ほとんどの企業は、この方法をとることになります。

　この場合には、雇用している有期契約労働者を無期転換させる者とさせない者とに選別する基準を作成することが必要です。そして、2つに分けたそれぞれの有期契約労働者について前記2と3の準備、対応をしておくことが必要です。

5　まとめ

　前記1～4に説明したことをまとめると**図表36**のとおりです。

図表36　自社の有期契約労働者の無期転換申込権発生に備えての対応策

対応方針	準備事項
A　無期転換させずに雇止め（契約不更新）等する	①確実に雇止め、またはクーリング・オフできるようにする 　ⓐ労働条件通知書（兼労働契約書）・就業規則を改める 　ⓑ管理監督者に周知徹底する 　ⓒ事業に必要なマンパワー（代替要員）を確保しながら、計画的に雇止めを行う 　ⓓ計画的にクーリング（無契約期間の設定）を行う ②有期契約労働者の雇止めに伴う、他の労働者確保・業務遂行手段を用意する 　ⓐグループ企業、関係企業との人事交流（出向、転籍等） 　ⓑ社内業務の外注化 　ⓒ個人事業者への業務委託・請負化　その他
B　無期契約労働者に転換させる	①無期転換の申込み・受理のルールを定め、様式、書類を用意する ②無期転換した労働者についての対策 　ⓐ65歳まで雇用機会を確保する 　ⓑ担当職務、人事異動範囲、賃金、労働時間、退職金の有無、定年年齢等を決め、労働条件通知書（兼労働契約書）・就業規則等を整備する
C　対象労働者をしぼって無期転換させる	①無期転換させる者と、雇止めする者との選別基準を決める ②それぞれについて、上欄A、Bの準備、対応を行う

〔2〕　改正労契法、とくに無期転換申込権規定の施行が関係労使に与える影響は

　有期労働契約から無期労働契約への無期転換申込権規定の新設が関係労使に次のような影響を与えるのではないかと思われます。

1　労契法改正が雇用の安定、処遇の改善につながるのは有期契約労働者（有期契約パート・期間雇用労働者、登録型派遣労働者等）のごく一部ではないか

　政府は、改正労契法の目的は「労働者が安心して働き続けることが可能な社会の実現を図る」ことにあるとしています。

　しかし、改正労契法施行後4～5年を経過した頃（平成29年～30年

第1章　無期転換申込権と企業の対応実務

頃）、有期契約労働者の大多数が無期労働契約の転換申込みができる
ようになる平成30年の手前で、使用者に契約更新拒否され、離職する
ことになるのではないかと危惧されます。

　改正労契法施行後5年を経過した、第18条にもとづく有期契約から
無期契約への転換申込みが可能になる時点（平成30年）を契機とし
て、各企業は、その前に、現在雇用している有期契約労働者を、引き
続き雇用するか否かを個別に検討することでしょう。

　そして、能力、適性等からみて自社にとって引き続き雇用したい一
部の者は社内身分が限定正社員（勤務地域・職種・勤務時間の一部が
限定されている正社員）に切り替わることでしょう。少子高齢化によ
る人手不足の中で限定正社員化を図る企業もみられます。しかし、無
期契約に変わってもほとんどの者は月々の賃金等の処遇は、有期契約
の時と変わらない状態のままとなることでしょう。

　他方、有期契約労働者の多数は、通算契約期間が5年超になる手前
で、雇止め（契約不更新）により職を失う恐れがあります。

　従来は、日常的に少しずつ行われてきた有期契約労働者の雇用調整
が、改正労契法18条の無期転換申込権規定により、一時期に集中して
行われる恐れがあります。

　その理由は次のとおりです。各企業はデフレが続いていること、経
済の先行きが不透明であることなどの背景の中で、正社員を採用する
と、雇用調整が困難となること、賃金など人件費コストが高くなるこ
となどから有期契約パート、期間雇用者、登録型派遣労働者等の有期
契約労働者を採用し、または受け入れて、活用しているのです。無期
転換申込権規定が施行されてもこのような情勢は何ら変わりません。

　しかも、有期契約労働者を契約期間終了時に契約更新しないこと
は、一定の範囲内で適法と認められているからです。

2　労使間トラブル多発の恐れ

　①平成29年頃には、使用者による有期契約労働者の雇止め（契約不

更新）をめぐって、また、②平成30年（平成24年改正労契法施行の５年後）以降は使用者による無期労働契約への転換拒否をめぐって、使用者と有期契約労働者との間にトラブルが多発する恐れがあります。都道府県労働局の個別労働関係紛争解決制度、都道府県庁の労働相談センター等への相談、あっせん・調停の申立て、地方裁判所の労働審判の申立てが増加する恐れがあります。

その理由は次のとおりです。

①対象となる有期契約労働者は1,900万人、日本の労働者全体の約37％と大多数であること。

②有期契約労働者が使用者に無期転換を申し込めば、使用者が拒否しても自動的に無期労働契約に転換されるというしくみが、労使双方にとってわかりにくいこと。従来、これに類似するしくみがなかったために、労使双方がなじんでいないこと。

③インターネットを通して、無期転換申込権についての情報（正しいものと誤ったものの双方）が飛びかうこと。

3　「雇止め法理」による救済は困難

前述１のように、使用者が通算契約期間４〜５年の時点で雇用している有期契約労働者を雇止めした場合に、対象労働者を「雇止め法理（改正労契法19条）」により救済することは容易ではありません。それは、同条の判断要素が非常に複雑なため、実態把握に時間がかかるし、判断する担当者（あっせん・調停・労働審判の担当委員）各人ごとに判断の結果が異なることが多いと思われるからです。それに、取扱事案の件数が非常に多くなるからです。

4　個人への業務委託・請負が増加する

現在でも、労働関係法令、社会・労働保険法の適用をのがれるために企業から個人への業務委託・請負の増加が指摘されています。企業は委託・請負という形にすれば、雇用労働者とは異なり、労働関係法令の規制を受けず、雇用労働者を対象とする社会・労働保険の加入義

第1章　無期転換申込権と企業の対応実務

務がなくなるからです。

　使用者は、最低賃金以上の賃金支払い、時間外・休日労働の時間数の抑制と割増賃金の支払い、社会・労働保険料の使用者負担分の支払いをしなくてもよく、業務が減少した場合には、容易に委託・請負契約を打ち切ることができるからです。

　改正労契法の施行（平成25年4月1日）、改正派遣法の施行（平成24年10月1日）等の使用者に対する雇用規制の強化により、ますますこの傾向は強まっていきます。

　これは、労働法制空洞化時代のはじまりです。つまり、労働者を保護しようとして労働関係法令を改正し、使用者に対する規制を強化すればするほど、使用者は労働関係法令の適用されない個人就業者への業務委託・請負を増加させます。

　労働関係法令で保護されない個人就業者がますます増加する結果となります。しかも、これを防ぐことはできません。

5　無期転換後の労働者の労働条件の決め方

5　無期転換後の労働者の労働条件の決め方

〔1〕　各企業の無期転換後の労働者の労働条件・就業規則の選択肢は

1　就業規則を定めて労働条件を変更するか否か

　使用者（会社）として、無期転換した労働者の労働条件の取扱いについては、**図表37**の2つの方法があります。

図表37　無期転換後の労働条件の取扱い方

A案：労働条件を変更しない（契約期間が「有期」から「無期」に変更されるのみ）
→特に新たな就業規則は作成しない。

B案：労働条件を変更する
→無期転換後の労働者に適用する新たな就業規則を作成し、これを適用する。

2　変更後の労働条件の内容をどうするか

　使用者（会社）としては、無期転換後の労働者の労働条件を変更する場合、次の①〜⑤の点についてどのような内容に変更するかを検討し、決定することが必要です。

①担当職務（業務内容、権限・責任）、人事異動の範囲は広げるか否か

②賃金（月給、賞与等）、労働時間、休日、休暇、退職金等の処遇はどうするか

③定年退職年齢を何歳にするか、その他の退職・解雇事由・手続きをどうするか

④従来パートタイマーの場合、フルタイマーにするか否か

69

第1章　無期転換申込権と企業の対応実務

⑤その他

3　本書では限定正社員、準社員としての取扱い例について記述する

　無期転換された労働者の取扱いについては、社内身分をいわゆる、「限定正社員」「準社員」にして取り扱う例が多いと思われます。

　そこで、以後、本書では、「限定正社員」、「準社員」として取り扱う場合を中心に説明することとします。

　本書でいう、「限定正社員」とは、正社員に比べて、勤務する地域、職種、勤務時間のいずれかが限定される正社員のことをいいます。また、「準社員」とは、正社員（無期契約のフルタイマー（8時間勤務））と契約社員（有期契約のフルタイマー）との中間的な処遇、取扱いの者のことをいいます。

〔2〕　無期転換労働者の人事異動、担当職務の範囲の拡大に伴う取扱いは

1　就業規則の根拠規定の設定と対象労働者に対する周知とは

　無期転換する前は、有期契約労働者（契約社員、有期契約パート、登録型派遣社員等）については、人事異動がない地域限定社員として採用されていたり、あるいは担当職務内容が狭い範囲に限定、固定されているケースが大多数であると思われます。そこで、転換したあとは広域の人事異動を命じたり、担当職務を従来よりも広範囲あるいは高度なものに改めることもあるのであれば、①人事異動命令の根拠規定を就業規則に定めるとともに、②これらの内容を対象労働者に十分説明し、そのうえで無期労働契約への転換を希望するか否かを判断してもらう必要があります。

2　就業規則の規定例は

　就業規則の規定例は、**図表38**のとおりです。

5 無期転換後の労働者の労働条件の決め方

図表38　無期転換後の人事配置等に関する規定例（就業規則）

（無期転換後の人事配置および異動）
第○条　契約社員から準社員に転換した者の人事配置および職務分担について
　　は、会社は、その準社員の能力・適性・経験、各部署における人員配置状況等
　　を総合的に考慮して決定する。
　2　会社は、業務上の必要性に基づき、準社員に対し、日本国内の人事異動（部
　　署変更、職種変更、転勤、昇降格、出向等）を命ずることがある。

〔3〕　無期転換後の労働者の賃金・退職金は

1　無期転換後の労働者の賃金・退職金については担当職務、人事異動範囲等の違いで決める

　賃金・退職金の取扱いについては、**図表39**の2つの考え方があります。

図表39　無期転換後の賃金・退職金の取扱い方

A案：無期転換後は「限定正社員」、「準社員」とし、勤務地や職種を限定したり、
　　　正社員に比べ職務権限や責任を軽減する制度を採用し、正社員の賃金規程
　　　および退職金規程を適用するのではなく、これと別に、限定正社員、準社
　　　員用の規程を作成し、適用する。
B案：無期転換後は正社員とし、人事異動の範囲、職務（担当業務、権限・責任）
　　　の範囲を正社員と同内容とし、正社員の賃金規程および退職金規程を適用
　　　する。

2　正社員に退職金を支給し、限定正社員・準社員に不支給とすることは認められるか

　次の2つの要件を満たしていれば、認められます。

①限定正社員、準社員の職務（担当業務、権限・責任）の範囲、人事
　異動の範囲を正社員よりも狭くする。

②無期転換前の契約社員、有期パートに退職金制度がなかった。

3　A案の規定例は

　A案の規定例は、**図表40**のとおりです。

71

第1章　無期転換申込権と企業の対応実務

4　B案の規定例は

B案の規定例は、**図表41**のとおりです。

図表40　A案の賃金・退職金規定例（就業規則）

（賃金）
第○条　無期転換後に限定正社員になった者の賃金については、限定正社員賃金
　規程に定めるところによる。

（退職金）
第○条　無期転換後に限定正社員になった者の退職金については、限定正社員退
　職金規程に定めるところによる。

図表41　B案の賃金・退職金の規定例（就業規則）

（賃金）
第○条　無期転換後の従業員のうち一定要件に該当するものについては、正社員
　とし、正社員給与規程および正社員退職金規程を適用する。

---

〔4〕　無期転換労働者の定年退職年齢は何歳にするか

1　無期転換労働者の定年退職年齢を何歳にするか

使用者（会社）は、無期転換した労働者の定年退職年齢に関する規定を定めておかなければ当人を一定年齢で自動的に退職させることができません。事業主が、労働者の定年退職年齢を定める場合には60歳以上の年齢にしなければなりません（高年法8条）。

2　無期転換後の限定正社員・準社員の定年退職年齢を正社員と異なる年齢にすることは認められるか

例えば、正社員の定年退職年齢は63歳となっている場合に、無期転換した労働者の定年退職年齢は60歳と定めることが認められるでしょうか。

正社員と限定正社員や準社員等（無期転換した労働者）との間に職務内容や人事異動、人材活用の範囲等に差を設けるのであれば、このような差異も認められると考えられます。

しかし、正社員とまったく同様の仕事をしており、与えられている

権限や責任も同じで、人事異動の有無等の他の条件もまったく同一といった場合は、定年退職年齢に差異を設ける合理的理由が見当たりません。したがって、このような就業規則の規定は無効と判断される可能性があります。

3 定年退職年齢に関する規定例は

定年年齢に関する就業規則の規定例は、**図表42**のとおりです。

図表42 無期転換後の労働者の定年退職等に関する規定例（就業規則）

（定年退職年齢および再雇用）

第○条 無期転換後に限定正社員（または準社員）になった者の定年退職年齢は、満60歳とし、定年退職年齢に達した月の末日をもって退職とする。

2 定年退職年齢に達した限定正社員が希望するときは、原則として、契約期間を1年単位として、嘱託契約、またはパートタイム契約により再雇用するものとし、その後満65歳に達する日まで同様とする。

3 60歳から65歳までの間の雇用確保措置、労働条件等については、「嘱託・パートタイム労働者就業規程」の定めるところによる。

---

〔5〕 無期転換後の労働者の転換前後の勤続年数の通算の可否は

1 年休付与の継続勤務年数は通算される

労基法の規定により、雇用形態、契約形態が変更になっても、同一会社に勤務している期間は、年次有給休暇（以下「年休」といいます）付与の要件である「継続勤務期間」として通算されます。就業規則の規定例は、**図表43**のとおりです。

第1章　無期転換申込権と企業の対応実務

図表43　限定正社員・準社員等の年休に関する規定例（就業規則）

（年次有給休暇）
第○条　会社は、無期転換後に限定正社員（または、準社員）になった者に対して、契約社員及び限定正社員（または、準社員）として継続勤務していた通常期間に応じて、以下のとおり年次有給休暇を付与する。
　　　　ただし、休暇付与日の前1年間の全労働日の8割以上勤務した場合に限る。

勤続年数	休暇日数
5年6カ月	18日
6年6カ月以上	20日

2　退職金その他の会社独自制度における勤続年数の取扱いは

　これらについては、会社の判断で自由に決めることができます。一般的には、限定正社員（または、準社員）になってからの勤続年数とするべきでしょう。規定例は、**図表44**のとおりです。

図表44　限定正社員（または、準社員）の勤続年数の取扱いについての規定例（就業規則）

（勤続年数の計算）
第○条　無期転換後に限定正社員（または、準社員）となった者の退職金、病気欠勤期間、休暇期間、リフレッシュ休暇、および永年勤続表彰における勤続年数の算定については、限定正社員（または、準社員）としての勤務を開始した時点から計算する。

〔6〕　無期転換後の労働者の労働条件を転換前に比べ引き下げることはできるか

　無期転換後の労働者の労働条件の内容については、労契法は何ら規制していないため、労基法・最賃法等の法令や公序良俗に反しない限り、自由に定めることができると解されます。したがって、無期労働契約の労働条件が、有期労働契約の労働条件を下回ることも許されます。

　改正労契法の施行通達は、「無期労働契約への転換に当たり、職務

の内容などが変更されないにもかかわらず、無期転換後における労働条件を従前よりも低下させることは、無期転換を円滑に進める観点から望ましいものではない」としています。

　しかしながら、また、改正労契法20条も、有期契約労働者と「職務の内容」が同じ無期契約労働者の労働条件が相違する場合であっても、その労働条件の相違が直ちに不合理と認められると規定しているわけではありません。さらに、企業としては、数年間に期間限定して雇用した労働者については高い給与と、65歳まで雇用保障する労働者の賃金をそれよりも若干低くすることは合理性があります。使用者は、有期契約労働者について、職務の内容および人事配置の変更その他の事情を考慮し、なお不合理と認められるものでない限り、「職務の内容」が同じ無期契約労働者と異なる労働条件を定めることは当然できます。

　実務上は、使用者は、通算契約期間5年を超えることとなる有期契約労働者に対し、①有期労働契約を更新するか、②「別段の定め」のある無期労働契約の締結の申込をするかについて選択を求め、有期契約労働者は、いずれかを選択するか、あるいは、③いずれも選択せずに有期労働契約を終了させるかを決めることになります。

〔7〕　転換後の無期契約パートと正社員並みパートの差別禁止規定（パート労働法9条）との関係は

　無期転換により、有期契約のパートから無期契約のパートに転換になった者の労働条件については、どのような点に注意をすることが必要でしょうか。

　パート労働法9条により、通常の労働者（正社員等）と同視すべきパート（いわゆる正社員並みパート）を、パート（短期労働者）であることを理由として、その処遇について通常の労働者と差別することが禁止されています。

第1章　無期転換申込権と企業の対応実務

　有期契約のパートが、転換により無期契約になった場合に、その無期パートの労働条件が、同じ事業所の正社員の労働条件と比較した場合に、パートであることを理由とした差別であるか否かが問題になる可能性もあります。注意、確認が必要です。

　パート労働法9条について、詳しくは、128頁以降を見てください。

6 無期転換後に限定正社員等にする場合の就業規則例

標記就業規則の例は、**図表45**のとおりです。

この就業規則例は、有期契約労働者を①無期転換後に限定正社員、または②無期労働契約の一般社員のいずれかにする場合のものです。

この就業規則例では、限定正社員については、無期転換後に勤務する地域と勤務時間の双方を限定する制度としています。

限定正社員に転換された者については、その勤務地、労働時間、給与、定年退職年齢、定年退職後の再雇用等について定めています。

限定正社員には、一般限定正社員と短時間勤務限定正社員とが設けられています。

他方、無期契約一般社員に転換された者については、その定年退職年齢、定年退職後の再雇用等について定めています。その他の勤務地、所定労働時間、給与等については、有期契約社員であった場合と同内容とすることを定めています。

なお、限定正社員とする場合の採用通知書の文例は、80頁別紙3のとおりです。また、無期労働契約一般社員とする場合の文例は、81頁別紙4のとおりです。

第1章　無期転換申込権と企業の対応実務

図表45　限定正社員等就業規則例

限定正社員等就業規則

（目的）

第1条　この規則は、当社の有期契約労働者（契約社員、有期契約パートタイマー社員、登録型派遣労働者等）が労働契約法第18条に規定する無期転換申込権を行使して当社の無期契約労働者になる場合の手続き、限定正社員、又は無期労働契約一般社員になった場合の労働条件、処遇、定年退職年齢、退職その他について定めることを目的とする。

　　第1章　有期労働契約の無期労働契約への転換手続、転換の内容

第2条　当社の有期契約労働者で通算雇用契約期間が5年を超え無期転換申込権の要件を満たすもののうち当社の無期契約労働者に転換することを希望するものは、別紙1「無期労働契約転換申込書」（54頁図表27に掲載）により、法定期間中に、当社人事課長に申し込まなければならない。

2　会社は、前項の申込書を受理した場合には、別紙2の「無期労働契約転換申込書受理通知書」（55頁図表28に掲載）を交付する。

3　会社は、前項の申込書を受理した日から1カ月以内にその労働者を、次のAとBのいずれの社内身分にするかを決定し、当人に別紙3（80頁に掲載）または別紙4（81頁）の文書で、それぞれ通知する。

　A　限定正社員

　B　次の無期労働契約一般社員

　　a　契約形態は、無期労働契約とする。

　　b　定年退職日は、満60歳に達した暦月の末日とする。

　　c　定年退職後に再雇用を希望する者については、1年単位の契約社員として、最長65歳まで雇用する。

　　d　上記a〜c以外の労働条件、処遇その他については、転換前と同様とし、転換前に適用されていた有期契約労働者としての就業規則（雇用契約形態に関する部分を除く。）を、従来どおり適用する。

4　前項の決定は、当人の従来の勤務実績・能力、当社の今後の事業展開の状況その他を総合的に勘案して行う。

　　第2章　限定正社員の勤務地、労働条件、処遇等

（限定正社員の所定労働時間、勤務地、配置転換）

第3条　限定正社員は、次の2種類とする。

　A　一般限定正社員（1日の所定労働時間8時間勤務）

　B　短時間勤務限定正社員（1日の所定労働時間6時間勤務）

2　限定正社員の勤務地は、関東地域の各営業所とする。

3　会社は、事業運営上の必要に応じて、各限定正社員に対して関東地域内の他の営業所への配置転換を命令することがある。

4　各限定正社員は、特段の正当事由のない限り、前項の配置転換命令を拒否

6　無期転換後に限定正社員等にする場合の就業規則例

することは認められない。
5　各限定正社員が、特段の正当事由がないにもかかわらず、前項の命令を拒否した場合には、会社は当該社員に対して懲戒解雇その他の懲戒処分を行う。
（月例給与）
第4条　限定正社員の月例給与（月給）は、次のとおりとする。

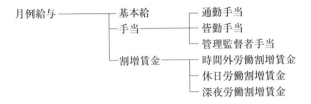

（基本給）
第5条　基本給は、限定正社員各人の年齢、技能、経験、学歴等を考慮して決定する。
2　基本給の金額は、別表「給与表」のとおりとする。（別表は省略）
（通勤手当）
第6条　通勤手当は、通勤に要する実費のうち、月額〇〇〇〇円を限度として支給する。
（皆勤手当）
第7条　皆勤手当は、給与計算期間における所定労働日に皆勤（無遅刻・無欠勤）した者について月額〇〇〇〇円を支給する。
2　前項の皆勤手当の計算においては、年次有給休暇を取得した場合は出勤したものとみなす。
（管理監督者手当）
第8条　管理監督者手当は、次の区分により支給する。
　一　課長　月額〇〇〇〇円。
　二　係長　月額〇〇〇〇円。
　三　主任　月額〇〇〇〇円。
2　係員から管理監督者への昇格及び降格については、会社が必要に応じ、随時行う。
（賞与）
第9条　賞与は、原則として、年2回、次のとおり支給する。

種類	支給日	支給対象者
夏季賞与	6月20日	前年12月から当年5月末日まで継続勤務した者
年末賞与	12月20日	当年6月から11月末日まで継続勤務した者

2　賞与は、会社の業績等を勘案して支給する。ただし、会社業績の著しい低

79

第1章　無期転換申込権と企業の対応実務

　　下その他やむを得ない事由がある場合には、支給期日を変更し、又は支給しないことがある。
　3　賞与の金額は、過去6カ月間におけるその限定正社員の勤務成績等を考慮して各人ごとに決定する。
（定年退職、再雇用）
第10条　限定正社員の定年退職日は、当人が満60歳に達した暦月の末日とする。
　2　定年退職後、再雇用を希望する者については、1年単位の契約社員として、最長満65歳に達する暦月の末日まで再雇用する。
（退職金の不支給）
第11条　退職金は、支給しない。
（年次有給休暇）
第12条　年次有給休暇は、労働基準法の定めるところにより付与する。
　2　前項における継続勤務期間の算定にあたっては、当社各事業所において有期契約労働者として勤務した期間と限定正社員として勤務した期間とを通算する。
第13条　限定正社員の取扱いについてこの就業規則に定めのない事項（休日、休暇、休業、旅費、服務規律・企業秩序維持、懲戒処分、退職・解雇、労働安全衛生、教育訓練その他）については、当社正社員就業規則（本則）及び正社員に関する別規則の各規定の定めるところに準じて取り扱う。
附則
施行日　この就業規則は、平成○○年○○月○○日から実施する。

別紙3：限定正社員とする場合の採用通知書の文書

限定正社員採用通知書

○○　○○様

平成○○年○○月○○日
○○○○株式会社　総務部人事課長
○○　○○㊞

　当社は、あなたを、平成○○年○○月○○日から短時間勤務限定正社員として、次のとおり採用することといたしましたので、ここにお知らせいたします。
　1　勤務地：○○営業所
　2　所定勤務時間：1日6時間
　3　基本給：月額○○○○○○円
　4　定年退職日：あなたが満60歳になる暦月の末日
　5　その他：詳細については、おって人事係長から文書でお知らせいたします。

6 無期転換後に限定正社員等にする場合の就業規則例

別紙４：無期労働契約一般社員とする場合の採用通知書の文書

無期労働契約一般社員採用通知書

○○　○○様

平成○○年○○月○○日

○○○○株式会社　総務部人事課長

○○　○○㊞

　当社は、あなたを、平成○○年○○月○○日から無期労働契約一般社員として、次のとおり採用することといたしましたので、ここにお知らせいたします。

　1　勤務地：○○営業所

　2　定年退職日：あなたが満60歳になる暦月の末日

　3　1、2以外の労働条件・処遇等：従来と同じ

　4　その他：詳細については、おって人事係長から文書でお知らせいたします。

第2章　無期転換ルールの特例—特例対象者と特例申請のしかた—

第2章
無期転換ルール（改正労契法18条）の特例 —特例対象者と特例申請のしかた—

1　無期転換ルール（改正労契法18条）の特例の対象者・根拠法は

　改正労契法18条で定めている無期転換ルールについての特例の対象者と根拠法は、**図表1**のとおりです。

図表1　無期転換ルールの特例の対象者と根拠法

	特例の対象者	根　拠　法
1	Ⓐ年収1,075万円以上の高度専門職 Ⓑ定年後に有期契約で継続雇用される高齢者	有期雇用特別措置法
2	大学等の研究者・技術者、教員等 （95頁⑨で説明）	「研究開発強化法」及び「大学教員等の任期に関する法律」の改正法

2　有期雇用特別措置法のあらましは

1　特別措置法で無期転換ルールの特例を設定

　平成27年4月1日に施行された「専門的知識等を有する有期雇用労働者等に関する特別措置法（以下「有期雇用特別措置法」と略します）は、

　　Ⓐ高度な専門的知識等を有する有期雇用労働者及び

　　Ⓑ定年退職後引き続いて雇用される労働者が、

　　その能力を有効に発揮し、活力ある社会を実現できるよう、これら

の有期雇用労働者の特性に応じた雇用管理に関する特別の措置が行われる場合に、平成24年改正労働契約法第18条による無期転換ルールにおける通算契約期間の特例を設けたものです。

そのあらましは、**図表２**のとおりです。

図表２　有期雇用特別措置法のあらまし

平成25年の臨時国会で成立した国家戦略特別区域法の規定等を踏まえ、有期の業務に就く高度専門的知識を有する有期雇用労働者等について、平成24年改正労働契約法に基づく無期転換申込権発生までの期間に関する特例を設けるもの。

（※）　同一の使用者との間で有期労働契約が繰り返し更新されて通算５年を超えた場合は、労働者の申込により、無期労働契約に転換できる（労働契約法第18条）。

主な内容

①特例の対象者
　Ⅰ）「５年を超える一定の期間内に完了することが予定されている業務」に就く高度専門的知識等を有する有期雇用労働者
　Ⅱ）定年後に有期契約で継続雇用される高齢者
②特例の効果
　特例の対象者について、労働契約法に基づく無期転換申込権発生までの期間（現行５年）を延長
　　→次の期間は、無期転換申込権が発生しないこととする
　　　①Ⅰの者：一定の期間内に完了することが予定されている業務に就く期間（上限：10年）
　　　②Ⅱの者：定年後引き続き雇用されている期間
　※特例の適用に当たり、事業主は、
　　①Ⅰの者について、労働者が自らの能力の維持向上を図る機会の付与等
　　②Ⅱの者について、労働者に対する配置、職務及び職場環境に関する配慮等の適切な雇用管理を実施

2　事業主が雇用管理措置計画を作成し、都道府県労働局長の認定が必要

有期雇用特別措置法の具体的な内容は、まず、特例の適用を受けようとする事業主は、対象労働者に応じた適切な雇用管理の措置に関する計画を作成し、厚生労働大臣（都道府県労働局長）に提出し、その

第2章　無期転換ルールの特例─特例対象者と特例申請のしかた─

計画について認定を受ける必要があります。

　厚生労働大臣（都道府県労働局長）は、申請された計画が、同大臣が定める対象労働者に応じた適切な雇用管理の実施に関する基本的な指針に照らして適切なものであれば、これを認定します。そして、この認定を受けた事業主に雇用される特例の対象者に無期転換ルールの特例が適用されることとなります。

　これによって、

　Ⓐ高度な専門的知識等を有する有期雇用労働者にあっては、一定の期間内に完了することが予定されている業務（プロジェクト）に就く期間（上限10年）、

　Ⓑ定年後に引き続き雇用される労働者にあっては、定年後に引き続き雇用されている期間

のそれぞれについて、無期転換申込権が発生しないこととなります。

3　高度専門職の対象範囲と特例の内容は

1　特例対象となる高度専門職とは

①対象となる高度専門職とは、５年を超えるプロジェクトに従事する専門的知識等を有する有期雇用労働者であって、

②事業主との間で締結された有期労働契約の契約期間に、その事業主から支払われると見込まれる賃金額を１年間当たりの賃金額に換算した額が1,075万円以上（個別の労働契約または就業規則などにおいて、名称の如何にかかわらず、あらかじめ具体的な額をもって支払われることが約束され、支払われることが確実に見込まれる賃金額が1,075万円以上）である、

③図表３のいずれかに該当する者

が対象となります。

84

3　高度専門職の対象範囲と特例の内容は

図表3　特例対象となる高度専門職の具体的内容

① 博士の学位を有する者
② 公認会計士、医師、歯科医師、獣医師、弁護士、一級建築士、税理士、薬剤師、社会保険労務士、不動産鑑定士、技術士または弁理士
③ ITストラテジスト、システムアナリスト、アクチュアリーの資格試験に合格している者
④ 特許発明の発明者、登録意匠の創作者、登録品種の育成者
⑤ 大学卒で5年、短大・高専卒で6年、高校卒で7年以上の実務経験を有する農林水産業・鉱工業・機械・電気・建築・土木の技術者、システムエンジニアまたはシステムコンサルタント
⑥ システムエンジニアとしての実務経験5年以上を有するシステムコンサルタント
⑦ 国等（国、地方公共団体、一般社団法人または一般財団法人その他これらに準ずるものをいう）によって知識等が優れたものであると認定され、上記①から⑥までに掲げる者に準ずる者として厚生労働省労働基準局長が認める者

2　特例の内容は

　改正労契法18条のルールでは、同一の使用者との有期労働契約が通算5年を超えて反復更新された場合に無期転換申込権が発生することになっています。しかし、上記のルールにおける「5年」という期間が、「プロジェクトの期間（上限10年）」となります。

　このため、例えば、6年のプロジェクトに従事している間は、通算の契約期間が6年を超えない限り、また、7年のプロジェクトに従事している間は、通算の契約期間が7年を超えない限り、無期転換申込権が発生しないことになります。

　ただし、①プロジェクトに従事しなくなった場合や②年収要件（1,075万円以上）を満たされなくなった場合、また、③計画の認定が取り消された場合は、特例の対象者ではなくなるので、その時点で通常の無期転換ルール（改正労契法18条）が適用されることとなります。

　なお、プロジェクトの開始後に計画の認定を受けることも可能です。ただし、特例の対象者が計画の認定を受けた時点で無期転換申込権を行使していた場合は、特例の効果は発生しません。

85

3 高度専門職に関する特例のケースは

図表4のとおりです。

図表4 高度専門職に関する特例のケース

●(ケース1)従前雇用している高度専門職を、新たにプロジェクトに従事させる場合
例えば、最初の有期労働契約の開始時点から3年を経過した高度専門職を、4年目から、新たに7年のプロジェクトに従事させた場合、雇入れからの通算契約期間が7年を超えない限り、無期転換申込権は発生しません（雇入れから7年を超えれば、無期転換申込権は発生します）。

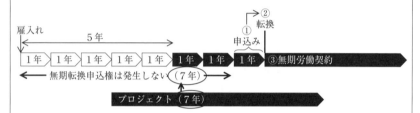

●(ケース2)プロジェクトの完了後、引き続いて別のプロジェクトに従事させる場合
例えば、6年のプロジェクトの開始当初から完了まで従事した者を、引き続き、別の7年のプロジェクトに従事させる場合、通算契約期間が、最初の6年のプロジェクトに従事している間は6年を、また次の7年のプロジェクトに従事している間は7年を、それぞれ超えない限りは、無期転換申込権は発生しません。
このため、雇入れから7年間は無期転換申込権は発生しません（雇入れから7年を超えれば、無期転換申込権は発生します）。

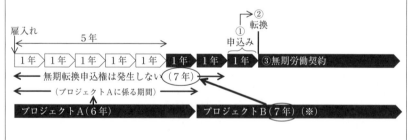

●(ケース3)プロジェクトの途中で、別のプロジェクトに従事させる場合
例えば、6年のプロジェクトにその開始当初から3年経過時点まで従事した者を、別の7年のプロジェクトに従事させる場合、通算契約期間が、最初の6年のプロジェクトに従事している間は6年を、また次の7年のプロジェクトに従事している間は7年を、それぞれ超えない限りは、無期転換申込権は発生しません。このため、雇入れから7年間は無期転換申込権は発生しません（雇入れから7年を超えれば、無期転換申込権は発生します）。

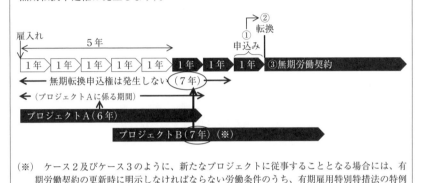

(※) ケース2及びケース3のように、新たなプロジェクトに従事することとなる場合には、有期労働契約の更新時に明示しなければならない労働条件のうち、有期雇用特別措置法の特例の内容に関する事項やプロジェクトに関する事項については、新たなプロジェクトに基づくものとする必要があります。

（資料出所）労働基準広報別冊「継続雇用の高齢者に関する特例のケース」図表5も同じ。

4 定年後継続雇用高齢者の範囲と特例の内容は

1 定年後継続雇用の高齢者の対象範囲は

　この場合の対象は、定年退職年齢（60歳以上のものに限る）に達した後引き続いてその事業主、または特殊関係事業主に雇用される有期雇用労働者です。

　「特殊関係事業主」とは、高年齢者雇用安定法第9条第2項で規定する特殊関係事業主（いわゆるグループ会社）をいいます。具体的には、①元の事業主の子法人等、②元の事業主の親法人等、③元の事業主の親法人等の子法人等、④元の事業主の関連法人等、⑤元の事業主の親法人等の関連法人等――が対象となります。

2　特例の内容は

上記1の者については、定年退職後引き続いて雇用される期間については、無期転換申込権が発生しません。

なお、すでに定年に達した労働者に関しても計画の認定を受ければ特例の対象となることができます。しかし、特例の対象者が計画の認定を受けた時点で、すでに無期転換申込権を行使していた場合は、特例の効果は発生しません。

3　特例のケースは

図表5のとおりです。

図表5　継続雇用の高齢者に関する特例のケース

5　有期契約特別措置法による計画（第一種・第二種）認定・変更の手続きは

1　計画（第一種・第二種）認定の手続きは

有期雇用特別措置法による無期転換ルールの特例の適用を受けるためには、事業主は、「雇用管理措置に関する計画」を作成したうえで、都道府県労働局長の認定を受けることが必要です。

なお、①高度専門職は第1種計画、②定年後継続雇用の高齢者は第2種計画の認定を受けることが必要です。

また、計画の認定申請は、社会保険労務士による事務代理が可能です。

2　計画（第一種・第二種）変更の手続きは

認定された計画（第一種・第二種）に変更が生じた場合は、計画の変更申請を行うことが必要です。変更に際しては、変更申請書及び変

更後の内容が分かる書類（各2部）を添えて都道府県労働局長に提出する必要があります。例えば、**図表6**のようなケースが、これに該当します。

図表6　計画（第一種・第二種）変更の必要な場合例

① プロジェクトの内容や主な事業場に変更が生じた場合（高度専門職）
② プロジェクトの開始の日または完了の日に変更が生じた場合（高度専門職）
③ プロジェクトに必要となる専門的知識等に変更が生じた場合（高度専門職）
④ 申請した雇用管理に関する措置を行わなくなった場合（高度専門職・定年後継続雇用の高齢者）
⑤ 申請書において高年齢者雇用確保措置を変更すべき場合（定年後継続雇用の高齢者）

6　高度専門職に係る計画（第一種計画）とは

1　第一種計画の記載事項は

　事業主は、第一種計画には次の①、②の事項を記載しなければなりません。

① 特例の対象となる有期雇用労働者が就くプロジェクトの内容並びに開始及び完了の日

② 特例の対象となる有期雇用労働者の特性に応じて事業主が行う雇用管理に関する措置の内容

2　第一種計画の雇用管理措置の内容は

　第一種計画の雇用管理措置の内容は、**図表7**の①〜⑥のいずれかを行うことが必要です。

第2章　無期転換ルールの特例─特例対象者と特例申請のしかた─

図表7　高度専門職に関する雇用管理措置の内容

① 教育訓練に係る休暇の付与

　特例の対象となる有期雇用労働者がその職業生活を通じて発揮することができる能力の維持向上を自主的に図るための教育訓練（特例の対象となる有期雇用労働者の能力の維持向上に資するものに限る）を受けるための有給休暇または長期にわたる休暇（労働基準法に基づく年次有給休暇として与えられるものを除く）の付与

② 教育訓練に係る時間の確保のための措置

　始業または終業の時刻の変更、勤務時間の短縮その他特例の対象となる有期雇用労働者が職業に関する教育訓練を受ける時間を確保するために必要な措置

③ 教育訓練に係る費用の助成

　受講料等の金銭的援助その他特例の対象となる有期雇用労働者の自発的な職業能力の開発を支援するための教育訓練に係る必要な助成

④ 業務の遂行の過程外における教育訓練の実施

　特例の対象となる有期雇用労働者の業務の遂行の過程外において、事業主が自らもしくは共同して行う教育訓練の実施または職業能力の開発及び向上について適切と認められる事業主以外の機関等の施設により行われる教育訓練を受ける機会（学会への参加を含む）の確保

⑤ 職業能力検定を受ける機会の確保

　事業主が自らもしくは共同して行う職業能力検定または職業能力の開発及び向上について適切と認められる他の者の行う職業能力検定を受ける機会の確保

⑥ 情報の提供、相談の機会の確保等の援助

　特例の対象となる有期雇用労働者の職業生活設計に即した自発的な職業能力の開発及び向上を促進するために、業務の遂行に必要な技能及びこれに関する知識の内容及び程度その他の事項に関する情報の提供、キャリア・コンサルタント等による相談の機会の確保その他の援助

3　第一種計画認定申請書の様式は

　第一種計画認定申請書の様式は、**図表8**のとおりです。

6　高度専門職に係る計画（第一種計画）とは

図表8　計画認定申請書（第一種計画用）の様式

様式第1号

第一種計画認定・変更申請書

年　月　日

労働局長殿

1　申請事業主

名称・氏名		代表者氏名 （法人の場合）	印
住所・所在地	〒（　－　）	電話番号　（　） FAX番号　（　）	

2　特定有期業務の内容並びに開始及び完了の日

（1）内容

業務の内容	業務が行われる主な事業場の名称：（ 　　　　　　　　　　　　　　　　）
必要とする 専門的知識 等	□博士の学位　　　　□公認会計士　　□医師　　　□歯科医師　　□獣医師 □弁護士　　　　　　□一級建築士　　□税理士　　□薬剤師　　　□社会保険労務士 □不動産鑑定士　　　□技術士　　　　□弁理士 □IT ストラテジスト又はシステムアナリストの資格試験に合格している者 □アクチュアリーの資格試験に合格している者 □特許発明の発明者　　　　□登録意匠の創作者　　　□登録品種の育成者 □農林水産業・鉱工業・機械・電気・土木・建築の技術者 □システムエンジニア　　　□デザイナー　　　　　□システムコンサルタント

（2）開始及び完了の日

開始の日	完了の日	特定有期業務の期間
年　月　日	年　月　日	年　月　日

3　第一種特定有期雇用労働者の特性に応じた雇用管理に関する措置の内容

□教育訓練を受けるための有給休暇又は長期休暇の付与（労働基準法第39条の年次有給休暇を除く）
□始業及び終業時刻の変更　□勤務時間の短縮
□その他能力の維持向上を自主的に図るための時間の確保に関する措置（学会参加を含む）
　（　　　　　　　　　　　　　　　　　　　　　　　　　　　　　　　　　　　　　）
□受講料などの金銭的援助
□その他職業能力開発を支援するための教育訓練に係る費用の助成
　（　　　　　　　　　　　　　　　　　　　　　　　　　　　　　　　　　　　　　）
□教育訓練の実施（事業主以外の機関等の施設により行われる教育訓練の受講を含む）
□職業能力検定の実施（他の事業主等が行う職業能力検定の受検を含む）
□業務の遂行に必要な技能及び知識の内容等に関する情報の提供、相談の機会の確保その他の援助
　（　　　　　　　　　　　　　　　　　　　　　　　　　　　　　　　　　　　　　）

（記入上の注意）

1．「2(1)内容」の「必要とする専門的知識等」の欄は、該当する専門的知識等の□にチェックして下さい。

2．「3　第一種特定有期雇用労働者の特性に応じた雇用管理に関する措置の内容」は該当する措置の内容の□にチェックして下さい。

（添付書類）

1．「3　第一種特定有期雇用労働者の特性に応じた雇用管理に関する措置」を実施することが分かる資料
　（例：職業能力開発計画、労働契約書の雛形、就業規則等）

2．変更申請の場合は、認定されている計画の写し。

第2章　無期転換ルールの特例―特例対象者と特例申請のしかた―

7 定年後継続雇用の高齢者に係る計画（第二種計画）とは

1　第二種計画の記載事項は

　事業主は、第二種計画には特例の対象となる有期雇用労働者の特性に応じて事業主が行う雇用管理に関する措置の内容を記載しなければなりません。具体的には、①高年齢者雇用安定法に基づく高年齢者雇用確保措置を講じるとともに、②図表9の①〜⑧のうちのいずれかの措置を行うことが必要です。

図表9　高齢者に関する雇用管理措置の内容

① 高年齢者雇用安定法第11条の規定による高年齢者雇用推進者の選任
② 職業能力の開発及び向上のための教育訓練の実施等
　　高年齢者の有する知識、経験等を活用できるようにするための効果的な職業訓練としての、業務の遂行の過程外における教育訓練の実施または教育訓練の受講機会の確保
③ 作業施設・方法の改善
　　身体的機能や体力等が低下した高年齢者の職業能力の発揮を可能とするための作業補助具の導入を含めた機械設備の改善、作業の平易化等作業方法の改善、照明その他の作業環境の改善及び福利厚生施設の導入・改善
④ 健康管理、安全衛生の配慮
　　身体的機能や体力等の低下を踏まえた職場の安全性の確保、事故防止への配慮及び健康状態を踏まえた適正な配慮
⑤ 職域の拡大
　　身体的機能の低下等の影響が少なく、高年齢者の能力、知識、経験等が十分に活用できる職域を拡大するための企業における労働者の年齢構成の高齢化に対応した職務の再設計等の実施
⑥ 知識、経験等を活用できる配置、処遇の推進
　　高年齢者の知識、経験等を活用できる配置、処遇の推進のための職業能力を評価する仕組みや資格制度、専門職制度等の整備
⑦ 賃金体系の見直し
　　高年齢者の就労の機会を確保するための能力、職務等の要素を重視する賃金制度の整備
⑧ 勤務時間制度の弾力化
　　高齢期における就業希望の多様化や体力の個人差に対応するための短時間勤務、隔日勤務、フレックスタイム制、ワークシェアリング等を活用した勤務時間制度の弾力化

92

なお、高年齢者の雇用管理に関する措置を行うに当たっては、関係する労働者の理解と協力が重要となります。このため、雇用管理の内容について関係する労働者に対し、意見聴取や周知を行うなど、関係労働者の理解と協力を得るよう努めることが求められます。

高年齢者の雇用管理措置の計画の申請は、本社・本店を管轄する都道府県労働局に、就業規則など雇用管理措置の内容が分かる資料を添えて提出（各2部）する必要があります。本社・本店で一括して作成すればよく、事業場ごとに作成する必要はありません。

2　第二種計画認定申請書の様式は

図表10のとおりです。

第2章　無期転換ルールの特例―特例対象者と特例申請のしかた―

図表10　計画認定申請書（第二種計画用）の様式

様式第7号

第二種計画認定・変更申請書

年　月　日

労働局長殿

1　申請事業主

名称・氏名		代表者氏名 （法人の場合）	印
住所・所在地	〒（　－　）	電話番号　　（　　） FAX番号　　（　　）	

2　第二種特定有期雇用労働者の特性に応じた雇用管理に関する措置の内容

□高年齢者雇用推進者の選任
□職業訓練の実施
□作業施設・方法の改善
□健康管理、安全衛生の配慮
□職域の拡大
□職業能力を評価する仕組み、資格制度、専門職制度等の整備
□職務等の要素を重視する賃金制度の整備
□勤務時間制度の弾力化

3　その他

□高年齢者雇用安定法第9条の高年齢者雇用確保措置を講じている。
　　□65歳以上への定年の引き上げ
　　□継続雇用制度の導入
　　　　□希望者全員を対象
　　　　□経過措置に基づく労使協定により継続雇用の対象者を限定する基準を利用
　　（注）高年齢者等の雇用の安定等に関する法律の一部を改正する法律（平成24年法律第78号）附則
　　　　第3項に規定する経過措置に基づく継続雇用の対象者を限定する基準がある場合

（記入上の注意）
1．「2　第二種特定有期雇用労働者の特性に応じた雇用管理に関する措置の内容」は該当する措置の内容の
　□にチェックして下さい。
2．「3　その他」は、該当する□はすべてチェックしてください。

（添付書類）
1．「2　第二種特定有期雇用労働者の特性に応じた雇用管理に関する措置」を実施することが分かる資料
　（例：契約書の雛形、就業規則等）
2．高年齢者雇用確保措置を講じていることが分かる資料（就業規則等（経過措置に基づく継続雇用の対象
　者を限定する基準を設けている場合は、当該基準を定めた労使協定書（複数事業所を有する場合は本社分
　のみで可。）を含む。））
3．変更申請の場合は、認定されている計画の写し。

94

8 | 特例に関する労働条件の明示とは

有期雇用特例措置法の適用に当たっては、事業主は、労働契約の締結・更新時に、特例の対象労働者に対して、Ⓐ高度専門職に対してはプロジェクトに係る期間が、また、Ⓑ定年後継続雇用の高年齢者に対しては定年後引き続き雇用されている期間が、それぞれ無期転換申込権が発生しない期間であることを書面で明示する必要があります。また、高度専門職に対しては、特例の対象となる業務の具体的な範囲も書面で明示することが必要となります。

9 | 大学等の研究者・技術者、教員等の特例とは

1　特例の趣旨・根拠法・内容は

研究開発能力の強化及び教育研究の活性化等の観点から、「研究開発システムの改革の推進等による研究開発能力の強化及び研究開発等の効率的推進等に関する法律」及び「大学の教員等の任期に関する法律」が改正され、大学等及び研究開発法人の研究者や教員等については、平成24年改正労契法による無期転換ルールの特例が設けられ、平成26年4月1日から施行されています。

特例の内容は、無期転換申込権が発生するまでの期間を「10年超」とするものです。

2　特例の対象者は

特例の対象者は、**図表11**の者です。

第2章　無期転換ルールの特例─特例対象者と特例申請のしかた─

図表11　大学等の研究者・技術者、教員等の特例の具体的な対象者

① 科学技術に関する研究者または技術者であって、研究開発法人または大学等を設置する者との間で有期労働契約を締結したもの
② 研究開発等（研究開発または研究開発の成果の普及若しくは実用化をいう）に係る企画立案、賃金の確保並びに知的財産権の取得及び活用その他の研究開発等に係る運営及び管理に係る業務（専門的な知識及び能力を必要とするものに限る。④において「運営管理に係る業務」という）に従事する者であって、研究開発法人または大学等を設置する者との間で有期労働契約を締結したもの
③ 試験研究機関等、研究開発法人及び大学等以外の者が試験研究機関等、研究開発法人または大学等との契約によりこれらと共同して行う研究開発（④において「共同研究開発等」という）の業務に専ら従事する科学技術に関する研究者または技術者であって、当該試験研究機関等、研究開発法人及び大学等以外の者との間で有期労働契約を締結したもの
④ 共同研究開発等に係る運営管理に係る業務に専ら従事する者であって、当該共同研究開発等を行う試験研究機関等、研究開発法人及び大学等以外の者との間で有期労働契約を締結したもの
⑤ 「大学の教員等の任期に関する法律」に基づく任期の定めがある労働契約を締結した教員等

　なお、**図表11**の①〜④に係る「科学技術」には、人文科学のみに係る科学技術も含まれます。また、「大学等」とは、大学及び**図表12**の大学共同利用機関をいいます。

　図表11の①及び②の対象者（大学の学生を除く）のうち、大学在学中に研究開発法人または大学等を設置する者との間で有期労働契約（その有期労働契約の期間内に大学在学期間を含むものに限る）を締結していた者、⑤の対象者のうち、大学在学中に国立大学法人、公立大学法人もしくは学校法人または大学共同利用機関法人等との間で有期労働契約（その有期労働契約の期間内に大学在学期間を含むものに限る）を締結していた者については、その大学在学期間は、通算契約期間に算入しないこととなります。

　図表11の⑤の「教員等」とは、国立大学法人、公立大学法人及び学校法人の設置する大学（短期大学を含む）の教員（教授、准教授、助教、講師及び助手）、大学共同利用機関法人、独立行政法人大学評

96

価・学位授与機構、独立行政法人国立大学財務・経営センター及び独立行政法人大学入試センターの教員のうち専ら研究または教育に従事する者です。

図表12　特例対象となる大学共同利用機関

1　大学共同利用機関法人人間文化研究機構 ・国立歴史民俗博物館 ・国文学研究資料館 ・国立国語研究所 ・国際日本文化研究センター ・総合地球環境学研究所 ・国立民族学博物館	3　大学共同利用機関法人自然科学研究機構 ・国立天文台 ・核融合科学研究所 ・基礎生物学研究所 ・生理学研究所 ・分子科学研究所
2　大学共同利用機関法人高エネルギー加速器研究機構 ・素粒子原子核研究所 ・物質構造科学研究所	4　大学共同利用機関法人情報・システム研究機構 ・国立極地研究所 ・国立情報学研究所 ・統計数理研究所 ・国立遺伝学研究所

第3章　雇止め法理の条文化、不合理な労働条件の禁止

第3章

雇止め法理の条文化、
不合理な労働条件の禁止

説明項目

1　雇止め法理の条文化（改正労契法19条）
2　契約期間の定めのあることによる不合理な労働条件の禁止（改正
　労契法20条）

1　雇止め法理の条文化（改正労契法19条）

〔1〕　有期労働契約のみなし更新等（「雇止め法理」の条文化）（改正労契法19条）とは

1　「改正労契法19条」の目的は、「雇止め法理」（判例法理）の条文化

　有期労働契約をめぐって労使間のトラブルが多いのは、有期労働契約が反復更新された後で、契約期間の満了をもって、その契約を更新しないとする「雇止め」（契約不更新）のケースです。現在では、一定の有期労働契約の場合について、最高裁判決により「使用者が雇止めすることが、客観的に合理的理由を欠き、社会通念上相当であると認められないときは、当該雇止めは無効である」という判例法理（雇止め法理）が確立されています。

　平成24年の労契法改正では、この雇止め法理を条文化し、一定の場合には雇止めを認めず、労働者からの更新の申込み（何らかの意思表

98

示)、あるいは、有期労働契約の締結の申込み（何らかの意思表示）
があった場合に、有期労働契約が更新または締結されたものとみなす
こととされました。

なお、これにより判例の「雇止め法理」の内容や適用範囲を変更す
るものではありません。

2　改正労契法19条の規定内容は

規定内容は、**図表1**のとおりです。

図表1　改正労契法19条の規定内容

　有期労働契約で、次の①、または②のいずれかに該当するものについて、ⓐその契約期間が満了する日までの間に労働者がその有期労働契約の更新の申込みをした場合、またはⓑその契約期間の満了後遅滞なく有期労働契約の締結の申込みをした場合であって、ⓒ使用者がその申込みを拒絶することが、客観的に合理的な理由を欠き、社会通念上相当であると認められないときは、使用者は、従前の有期労働契約の内容である労働条件と同一の労働条件でその申込みを承諾したものとみなして取り扱われます。
　①　その有期労働契約が過去に反復更新されたことがあるものであって、契約期間の満了時にその契約を更新しないことにより契約を終了させることが、期間の定めのない労働契約を締結している労働者に解雇の意思表示をすることにより契約を終了させることと社会通念上同視できると認められる場合
　②　その労働者において有期労働契約の契約期間の満了時に有期労働契約が更新されるものと期待することについて合理的な理由があるものであると認められる場合

3　改正労契法19条のポイントは

改正労契法19条は、①有期労働契約が反復更新されたことにより、
雇止めをすることが解雇と社会通念上同視できると認められる場合
（同条1号）、または②労働者が有期労働契約の契約期間の満了時にそ
の契約が更新されるものと期待することについて合理的な理由が認め
られる場合（同条2号）に、使用者が雇止めをすることが、客観的に
合理的な理由を欠き、社会通念上相当であると認められないときは、
雇止めは認められず、したがって、使用者は、従前の有期労働契約と

第3章　雇止め法理の条文化、不合理な労働条件の禁止

同一の労働条件で労働者による有期労働契約の更新または締結の申込みを承諾したものとみなされ、有期労働契約が同一の労働条件（契約期間を含む。）で成立することとしたものです。

〔2〕 改正労契法19条（雇止め法理規定）の根拠となる最高裁判例の内容は

1　雇止め法理規定の根拠となっている最高裁判例は

改正労契法19条は、次に掲げる最高裁判所判決で確立している雇止めに関する判例法理（いわゆる雇止め法理）の内容や適用範囲を変更することなく規定したものです。

改正労契法19条1号（99頁**図表1**の①）は、有期労働契約が期間の満了ごとに当然更新を重ねてあたかも期間の定めのない契約と実質的に異ならない状態で存在していた場合には、解雇に関する法理を類推すべきであると判示した「東芝柳町工場事件最高裁判決（最高裁第一小法廷判決昭和49年7月22日　労働判例206号27頁）」の要件を、法律の条文として規定したものです。

また、改正労契法19条2号（99頁**図表1**の②）は、労働者が有期労働契約の期間満了後も雇用関係が継続されるものと期待することに合理性が認められる場合には、解雇に関する法理が類推されるものと解せられると判示した「日立メディコ事件最高裁判決（最高裁昭和61年12月4日　労働判例486号6頁）」の要件を、法律の条文として規定したものです。

以下、①と②のそれぞれについて見ていくことにします。

2　雇止めが無期労働契約の解雇と社会通念上同視できる場合とは

「雇止め法理」が適用される99頁**図表1**①の場合（改正労契法19条1号）は、「東芝柳町工場事件判決（最高裁第一小法廷判決昭和49年7月22日）」が示した要件を規定したものです（**図表2**）。

1 雇止め法理の条文化（改正労契法19条）

図表2　東芝柳町工場事件（最高裁第一小法廷判決昭和49年7月22日）

「いずれかから各別の意思表示がなければ当然更新されるべき労働契約を締結する意思であつたものと解するのが相当であり、したがつて本件各労働契約は、期間の満了毎に当然更新を重ねあたかも期間の定めのない契約と実質的に異ならない状態で存在していたものといわなければならず、本件各雇止めの意思表示は右のような契約を終了させる趣旨のもとにされたのであるから、実質において解雇の意思表示にあたる、とするのであり、また、そうである以上、本件各備止めの効力の判断にあたっては、その実質にかんがみ、解雇に関する法理を類推すべきである」

資料出所：『労契法・派遣法・高年法の改正点と実務対応』労働調査会出版局編著、図表3～6も同じ。

　この事案は、契約期間を2カ月とする基幹臨時工として雇入れられた労働者らが、その契約が5回ないし23回にわたって更新された後に雇止めとされ、その雇止めの有効性が争われたものです。

　最高裁は、期間は一応2カ月と定められてはいるものの、労使当事者のいずれかから各別の意思表示がなければ当然更新されるものとして、無期労働契約の場合の解雇と同視できるという実質をとらえ、解雇権濫用法理（客観的に合理性を欠き、社会通念上相当と認められない解雇は無効とする法理。労契法16条）を類推適用し、その雇止めを無効としています。

3　労働者の更新への期待に合理的な理由がある場合とは

　「雇止め法理」が適用される99頁図表1の②の場合（改正労契法19条2号）は、「日立メディコ事件判決（最高裁第一小法廷判決昭和61年12月4日）」が示した要件を規定したものです（図表3）。

　これは、契約期間を2カ月とする工場の臨時員として雇用され、契約が5回更新された後で、不況に伴う業務上の都合を理由として契約の更新が拒絶された事案です。

　最高裁は、本件有期労働契約は、5回の契約更新によって、無期労働契約に転化したり、無期労働契約が存在する場合と実質的に異ならない関係が生じたとはいえないとしつつも、有期労働契約の契約期間

第3章　雇止め法理の条文化、不合理な労働条件の禁止

満了後も雇用関係が継続されるものと期待することに合理性（合理的期待）が認められる場合には、解雇権濫用法理が類推されるものと判示しています。

　改正労契法19条2号は、この判示内容に従い、労働者が更新されるものと期待することに合理的な理由が認められる場合を、「雇止め法理」に従って判断するものとしています。

　なお、最高裁は、本件の臨時工については、比較的簡易な採用手続きで締結された短期的有期契約を前提とするものである以上、その雇止めと終身雇用を前提とする本工（無期契約の労働者）の解雇とは合理的な差異があり、本件雇止めは不当・不合理とはいえないとして有効と判断しています。

図表3　日立メディコ事件（最高裁第一小法廷判決昭和61年12月4日）

> 「P工場の臨時員は、季節的労務や特定物の製作のような臨時的作業のために雇用されるものではなく、その雇用関係はある程度の継続が期待されていたものであり、Xとの間においても5回にわたり契約が更新されているのであるから、このような労働者を契約期間満了によって雇止めにするに当たっては、解雇に関する法理が類推され、解雇であれば解雇権の濫用、信義則違反又は不当労働行為などに該当して解雇無効とされるような事実関係の下に使用者が新契約を締結しなかったとするならば、期間満了後における使用者と労働者間の法律関係は従前の労働契約が更新されたと同様の法律関係となるものと解せられる。」

〔3〕「雇止め法理」が適用されるか否かの判断要素は

　どのような要素にもとづいて「雇止め法理」が適用されるか否かが判断されるのですか？つまり、どのような場合に、契約が更新、締結されたものとみなして取り扱われるのですか？

　「雇止め法理」が適用される99頁**図表1**の①または②に該当するか否かは、ⓐ臨時雇用か常用雇用か、ⓑ更新の回数、ⓒ雇用の通算期間、ⓓ契約期間管理の状況、ⓔその従業員に雇用継続の期待を持たせるよ

うな使用者の言動の有無等を総合的に考慮して個々の事案ごとに判断されます。

　これらの判断要素は、従来の雇止め事案に関する裁判例においてその雇止めの有効性を判断する際に考慮されてきた観点です。これまでの裁判例の判断のポイントを**図表4**にまとめておきます。裁判例では、個別事案に即して**図表4**の①〜⑥の要素を総合的に勘案して判断されています。

第3章　雇止め法理の条文化、不合理な労働条件の禁止

図表4　従来の判例による雇止めの有効性判断のポイント

	判断要素	雇止めが無効とされる可能性が高い事情
①業務の客観的内容	有期契約労働者が従事する仕事の種類・内容・勤務形態から、従事している業務が恒常的なものか臨時的なものか、無期契約労働者の業務と同じかどうか	・業務内容が恒常的 ・業務内容が無期契約労働者と同じ
②契約上の地位の性格	契約上の地位が基幹的なものか、臨時的なものか、労働条件が無期契約労働者と同じかどうか	・労働者の地位が基幹的
③当事者の主観的態様	採用時の使用者の説明から、継続雇用を期待させる当事者の言動、認識があったかどうか	・継続雇用を期待させる使用者の言動があった 　例：「頑張ってくれれば、長く働いてもらいたい」といった使用者の言動など
④契約更新の手続き・実態	契約更新の有無・回数、勤続年数等の契約更新の状況はどうだったか、契約更新手続きの方法はどの程度厳格なものか	・過去に契約が更新されている 　（少なくとも1回以上契約更新。ただし、更新されたことがなくても、特別の事情がない限り更新されるのが通例となっている場合などは、無期労働契約と同視できる余地がある） ・契約更新の手続きが形式的 　（期間満了の都度すぐに更新手続きをしていない、更新契約の内容について何の交渉もなく形だけの契約書に判を捺しているだけのような場合など）
⑤他の労働者の契約更新状況	その有期契約労働者と同じ地位にある他の労働者の契約更新状況はどうなっているか	・同じ地位にある労働者について過去に雇止めされた例がほとんどない
⑥その他	有期労働契約の締結の経緯、勤続年数、年齢等の上限設定等	

〔4〕 改正労契法19条2号の「有期労働契約満了時における合理的期待」とは

99頁**図表1**の②の場合に関して、改正労契法19条2号では、当該有期労働契約の契約期間の「満了時」に更新を期待することに合理的な理由が認められる場合としています。この「合理的期待の有無」は、最初の有期労働契約の締結時から雇止めとなった有期労働契約の期間満了時までの間におけるあらゆる事情から総合的に勘案して判断されることになります。

したがって、その労働者が雇用継続への合理的な期待を抱いていたところへ、使用者が一方的に契約期間の満了前に更新年数や更新回数の上限を設けて「これ以上は更新しない」と宣言したからといって、それだけで労働者の合理的な期待が認められなくなるわけではありません。労働契約が継続している間全体をみてその間のあらゆる事情（例えば、契約締結や契約期間の途中で「あなたさえよければ長く働いてもらいたい」といった雇用の継続を期待させるような使用者の言動があったとか、他の同じ有期労働契約で働く労働者をみてもほとんど更新を拒まれる前例がなかったといったような事情等）を考慮して判断されます。

〔5〕 改正労契法19条の「労働者の契約更新・締結の申込み」とは

1 ポイントは

「雇止め法理」（改正労契法19条）の対象となる場合において、労働者からの契約の更新または締結の申込みは、厳格な様式を必要とせず、使用者の雇止めの意思表示に対して、何らかの反対の意思表示が使用者に伝わるものでよいです。

2 労働者の「申込み」とは

「雇止め法理」の適用について、改正労契法19条は「契約期間が満了する日までの間に労働者が当該有期労働契約の更新の申込みをした場合又は当該契約期間の満了後遅滞なく有期労働契約の締結の申込みをした場合」と規定しており、労働者から使用者に対して有期労働契約の更新または締結の申込みがあることを前提としています。

改正労契法19条の基礎となった**図表2、3**の最高裁判決では、労働者から申込みをすることを、「雇止め法理」を適用する要件として明確にしているわけではありませんが、仮に実質的に無期労働契約と同視できる事情があって「雇止め法理」が適用される場合でも、労働者に雇用継続の希望がない場合にまで雇止めを無効とするのは妥当ではありません。実際に「雇止め法理」の適用が問題となる場面では、使用者の雇止めの意思表示に対して労働者が何らかの形で異議を唱えたり、雇用継続を希望する意思を表明している場合がほとんどだと思われます。

改正労契法19条の趣旨は、「雇止め法理」の適用に、最高裁判例にない要件を加えているのではなく、労働者の雇用継続の意思（希望）がある場合を前提としているものと解釈すべきでしょう。

平成24年改正労契法の施行通達でも、労働者の「申込み」は要式行為ではないとして厳格な要件を求めておらず、労働者の雇用継続の意思表示が使用者に伝わるものでもよいとされています。

例えば、使用者から「今度の期間満了をもって雇用関係を終了したいので、更新はありません」という雇止めの意思表示に対して、労働者が「いや、それは困ります」「何とか更新してください」などと有期労働契約の更新・締結の意思表示を使用者に伝えればよいのです。

3 労働者の「申込み」の主張・立証は

雇止めの効力について紛争となった場合に、有期労働契約の更新または締結の申込みをしたことの主張・立証は、労働者が雇止めに異議

があることが、訴訟の提起、紛争調整委員会への申立て、労働組合による団体交渉等によって使用者に直接または間接に伝えられたことを概括的に主張立証すればよいとされています。

4 「遅滞なく」というのは

契約期間満了後に有期労働契約を締結して雇用を継続する場合、改正労契法19条には、労働者は「遅滞なく」申込みをすることが規定されています。

この「遅滞なく」というのは、有期労働契約の契約期間満了後であっても、正当または合理的な理由があって申込みが遅れた場合も同条の適用が認められます。例えば、雇止め後、労働者が弁護士等の専門家のところへ相談に行き、その助言を受けてから有期労働契約の申込みをしたために遅れたといった場合などは、正当あるいは合理的な理由があったと認められる場合が多いでしょう。

〔6〕 雇止め法理（改正労契法19条）による「みなし承諾」によりどのような効果が生ずるのか

「雇止め法理」の対象となる99頁**図表1**の①または②に該当し、労働者から有期労働契約の更新の申込みまたは契約期間満了後に遅滞なく有期労働契約の締結の申込みがあった場合には、その申込みを拒絶することが客観的に合理性を欠き、社会通念上相当と認められなければ雇止めは認められず、使用者は、その申込みを承諾したものとみなされます。

この場合、使用者が労働者からの申込みに対して格別承諾の意思表示をしなくても、有期労働契約の更新または期間満了後の有期労働契約の締結の効果が生じます。

そして、更新後の有期労働契約あるいはその期間満了後に締結された有期労働契約は、従前の有期労働契約と同じ労働条件で更新・締結されたものとされます。

第3章 雇止め法理の条文化、不合理な労働条件の禁止

2 契約期間の定めのあることによる不合理な労働条件の禁止（改正労契法20条）

1 禁止規定の内容は

同一企業内で、ⓐ有期契約労働者（期間雇用者、有期契約パート、登録型派遣労働者等）の労働条件が、期間の定めがあることにより、ⓑ無期契約労働者（正社員、地域・職種等限定正社員、無期契約パート等）の労働条件と相違する場合においては、その相違は、**図表5**の1～3の判断要素を考慮して不合理と認められるものであってはならないと規定されています（改正労契法20条）。

この規定は、不合理な労働条件を労働契約に定めたり、不合理な労働条件により実際に処遇することを禁止するものです。この規定は、同じく労働条件の格差を規制するパート労働法8条の「通常の労働者と同視すべき短時間労働者」の差別的取り扱いを禁止する規定と同じ趣旨の規定であると解されています。

2 労働条件とは

改正労契法20条の「労働条件」には、賃金や労働時間等の労働条件のみならず、労働契約の内容となっている労働災害補償、服務規律、労働安全衛生管理、教育訓練、付随義務、福利厚生など労働者に対する一切の待遇が含まれます。

3 不合理な取扱いの例は

前記1の禁止規定は、例えば、ある手当を無期契約労働者のみに支給し、有期契約労働者には支給しないこととしている場合に、その取扱いが**図表5**の判断要素からして、合理性のあるものでなければならないということを定めているものです。

108

2　契約期間の定めのあることによる不合理な労働条件の禁止（改正労契法20条）

図表5　不合理か否かの判断要素

1　職務の内容 　　労働者が従事している業務の内容、その業務に伴う責任の程度 2　その職務の内容・配置の変更の範囲 　　今後の見込みを含む、人事異動（転勤・昇進等）や本人の役割の変化等（配置の変更を伴わない職務の内容の変更も含む。）の有無・範囲 3　その他の事情 　　合理的な労使の慣行等

　前記1の禁止規定からすると、例えば、通勤手当、家族手当、住宅手当、労災上積み補償、慶弔見舞金、社内食堂の利用、その他福利厚生等を有期契約パートタイム労働者には支給、サービス提供せずに、同一職務等に従事している無期契約パートタイム労働者のみに支給などすることは合理性がないということになります。

　また、逆に、例えば、定年退職後に有期労働契約で再雇用された労働者の労働条件が定年退職前の他の無期契約労働者（正社員等）の労働条件と相違することについては、定年退職の前後で職務の内容、その職務と配置の変更の範囲等が変更されることが一般的であることを考慮すれば、特段の事情がない限り不合理と認められないと解されることになります。

4　改正労契法20条の効力は

　改正労契法20条は、民事的効力のある規定です。個々の民事訴訟の判決で改正労契法20条により不合理とされた労働条件の定めは無効となり、故意・過失による権利侵害、すなわち不法行為として損害賠償が認められ得ると解されます。また、改正労契法20条により、無効とされた労働条件については、基本的には、無期契約労働者と同じ労働条件が認められると解されます（**図表6**）。

109

図表6　改正労契法20条の効力

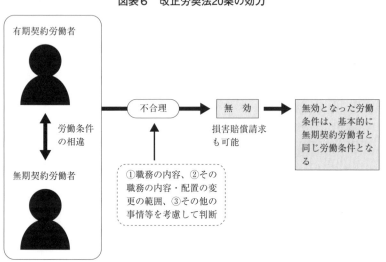

5　企業の実務上の対応方法は

　各企業においては、有期契約労働者の労働条件について、①「不合理」と認められるものがないか否かを点検し、②社内規程を改善、整備するなどして、③合理的な理由のある取扱いであることを説明できるようにしておくこと、が必要です。

第2部

平成26年改正
パート労働法と
パート専用就業規則

第1章　平成26年改正パート労働法の規定内容

第1章
平成26年改正パート労働法の規定内容

1 パート労働法の全体像

〔1〕 パート労働法の正式名称、目的、対象者の範囲は

1　パート労働法の正式名称は

パート労働法の正式名称は、「短時間労働者の雇用管理の改善等に関する法律」です。

2　パート労働法の目的は

パート労働法は、短時間労働者（パートタイム労働者）の雇用管理の改善等の措置を講ずることにより、短時間労働者がその有する能力を有効発揮できるようにし、その福祉の増進を図ることを目的としています（パート労働法1条）。

3　短時間労働者とは

パート労働法が対象とする「短時間労働者」（以下、「パート」と略称します）とは、1週間の所定労働時間が同一の事業所に雇用される通常の労働者（正社員等）よりも短い労働者のことをいいます。例えば、通常の労働者（正社員、一般社員等）の1週間の所定労働時間が40時間の事業所では、所定労働時間が39時間30分の者も短時間労働者です。

なお、週所定労働時間が通常の労働者（正社員等）と同じ労働者を、社内身分のうえでパートと呼んでいる会社もありますが、このような労働者にはパート労働法は適用されません。

112

4　適用事業主・労働者は

　パート労働法が適用されるのは、日本国内のすべてのパートを使用する事業主とパート労働者です。ただし、国家公務員、地方公務員および船員職業安定法に規定する船員には適用されません（パート労働法29条）。

5　担当労働行政機関は

　各都道府県労働局（都道府県ごとに設けられている厚生労働省の直轄機関）の雇用環境・均等部（室）が、担当労働行政機関として、企業等に対するパート労働法の周知、順守指導等を行っています。

〔2〕　平成27年4月1日施行の改正パート労働法の内容は

　パートタイム労働者の公正な待遇を確保し、また納得して働くことができるよう、パート労働法が平成26年4月に改正され、27年4月1日から施行されました。

　主要な改正点は、次のとおりです。

1　通常の労働者（正社員等）と差別的取扱いが禁止されるパート労働者の対象範囲の拡大

　通常の労働者（正社員等）と差別的取扱いが禁止されるパートについては、これまで、(1)職務内容が正社員等と同一、(2)人材活用の仕組み（人事異動等の有無や範囲）が正社員等と同一、及び(3)無期労働契約を締結しているパートタイム労働者であることとされていましたが、法改正後は、(1)、(2)に該当すれば、有期労働契約を締結しているパートも正社員等との差別的取扱いが禁止されます。

正社員等との差別的取扱いが禁止されるパート	
【平成27年3月末まで】 (1)　職務の内容が正社員等と同一 (2)　配置転換の形、回数が正社員等と同一 (3)　無期労働契約を締結している	【平成27年4月1日から】 (1)(2)が同一であれば、たとえ有期労働契約パートであっても、正社員等との差別的取扱いが禁止される。

第1章　平成26年改正パート労働法の規定内容

2　「パートの待遇の原則」の新設

　事業主が、雇用するパートの待遇と正社員等の待遇とを相違させる場合には、その待遇の相違は、職務の内容、人材活用の仕組み、その他の事情を考慮して、不合理と認められるものであってはならないとする、広く全てのパートを対象とした待遇の原則の規定が新設されました。

　法改正後は、パートの待遇に関するこうした一般的な考え方も念頭に、パートの雇用管理の改善を図っていくことが必要となりました。

3　パートを雇い入れたときの事業主による説明義務の新設

　事業主は、パートを雇い入れたときは、実施する雇用管理の改善措置の内容について、説明しなければならないこととなりました。

【事業主が説明することとされる雇用管理の改善措置の内容の例】

○賃金制度はどうなっているか

○どのような教育訓練や福利厚生施設の利用の機会があるか

○どのような正社員等への転換（費用）推進措置があるか　など

4　パートからの相談に対応するための事業主による体制整備の義務の新設

　事業主は、パートからの相談に応じ、適切に対応するために必要な体制を整備しなければならないこととなりました。

【相談に対応するための体制整備の例】

○相談担当者を決め、相談に対応させる

○事業主自身が相談担当者となり、相談対応を行う　など

※この他、事業主の厚生労働大臣（都道府県労働局長）への虚偽報告等に対する過料や、厚生労働大臣（都道府県労働局長）の勧告に従わない企業名の公表制度の創設等の法改正が行われました。

※さらに、以下の内容などについて、厚生労働省令、パート労働指針

1 パート労働法の全体像

等で規定されました。

●通勤手当の取扱いを一律に均衡確保の努力義務の対象外とすることは適当でない旨を明らかにすること。

●事業主は、パートが事業主に説明を求めたことを理由として、そのパートに対して解雇その他不利益な取扱いをしてはならないこと。

〔3〕 パート雇用事業主の義務は

1 パート労働法に基づく義務は

パートを雇用する事業主は、パート労働法と同パート労働指針に基づき、雇用管理の改善等を図るため、**図表1**の措置を実施しなければなりません。

図表1 パート労働法が事業主に義務づけている雇用管理改善措置

措置の種類	具体的な措置
1 適正な労働条件の確保に関する措置	①労働条件の文書明示（法第6条） ②就業規則作成時のパートタイム労働者の意見聴取（法第7条） ③労働時間に関する配慮（指針第3の1(1)）
2 雇用管理の改善に関する措置	①パートの待遇の原則（法第8条） ②通常の労働者（正社員等）と同視すべきパートに対する差別的取扱いの禁止（法第9条） ③賃金、教育訓練、福利厚生に関する均衡待遇（法第10条〜12条、指針第3の1(2)・(3)） ④雇入れ時の説明義務（法第14条1項） ⑤待遇の決定にあたって考慮した事項についての説明（法第14条第2項）
3 通常の労働者への転換の推進に関する措置	①通常の労働者（正社員等）への転換を推進するための措置（法第13条）
4 その他の措置	①相談対応の体制整備（法第16条） ②短時間雇用管理者の選任とその氏名の周知（法第17条・指針第3の4） ③パートの苦情の自主的解決（法第22条） ④労使の話合いの促進（指針第3の2） ⑤不利益取扱いの禁止（法第24条第2項、指針第3の3）

115

第1章　平成26年改正パート労働法の規定内容

2　パートに適用されるパート労働法以外の法律は

これらは、**図表2**のとおりです。

図表2　パートに適用されるパート労働法以外の法律名

```
  1    所定労働時間等の条件にかかわらず適用される法律
 ①労基法・労働契約法・労働安全衛生法
 ②最低賃金法
 ③男女雇用機会均等法・育児介護休業法
 ④労災保険法
  2    所定労働時間等の条件によっては適用がある法律
 ⑤雇用保険法
 ⑥厚生年金保険法
 ⑦健康保険法
```

2　平成26年改正後のパート労働法の規定内容

① 労働条件の明示義務と労働契約の締結

〔1〕 パート採用時の労働条件の明示義務・労働契約の締結とは

1　ポイントは

　会社（使用者）は、雇い入れるパートに労働条件明示書（兼労働契約書）を渡し、労働条件について説明し、同意を得たうえで、署名、押印してもらい、その書類を会社で保管してください。

2　労働条件を明示し説明するというのは

　労働者を採用するときには、使用者は、労働者に労働条件のうち一定事項を文書明示すること（相手が理解できるように文書で示し、説明すること）が義務づけられていて、違反に対しては罰則が設けられています（労基法15条、同法施行規則5条）。

　さらに、これらに加えてパート労働法では、パートの採用の際に「昇給・賞与・退職金の有無、相談窓口」の文書明示が義務づけられています（パート労働法6条）。

　平成26年の法改正により、パートに納得して働いてもらうための仕組みの一つとして、パートタイム労働者が自分の待遇について抱く疑問や具体的な相談に対応できる体制を整備すること（具体的には相談窓口を設置することなど）が、事業主に義務づけられました（法第16条）。これと併せて、パートを雇い入れる際に文書の交付等で明示することが義務づけられる事項として、「相談窓口」が追加されました。

　「相談窓口」とは、事業主が労働者からの苦情を含めた相談を受け付ける先をいいますが、雇入れ時の明示のしかたとしては、担当者の

第1章　平成26年改正パート労働法の規定内容

氏名、担当者の役職または担当部署等を明示する方法があります。
図表3は労基法とパート労働法で文書明示が義務づけられている事項
を1つの表にまとめたものです。

　図表3の3の努力義務というのは、「事業主は、できるだけそのよ
うに努力してください。」ということです。

　努力しなかったからといって罰則が課されることはありません。

　使用者は、採用するパートに、必ず労働条件通知書（雇入通知書）
を手渡して、労働条件をきちんと説明しなければなりません。

図表3　雇入れ時の労働条件等の明示義務事項

1　労基法で書面による明示が義務づけられている事項
　（労基法15条1項、同施行規則5条1項）
　①労働契約の期間
　②有期労働契約を更新する場合の基準
　③就業場所・業務内容
　④始・終業時刻、所定外労働の有無、休憩、休日、休暇、交替制勤務をさせる
　　場合は就業時転換に関する事項
　⑤賃金（退職金、臨時に支払われる賃金、賞与等を除く。）の決定・計算・支
　　払いの方法、締切り・支払いの時期
　⑥退職に関する事項（解雇の事由を含む。）

2　パート労働法で文書の交付等による明示が義務づけられている事項
　（パート労働法6条1項、同施行規則2条第1項）
　①昇給の有無　　③退職金の有無
　②賞与の有無　　④相談窓口

3　文書の交付等により明示することが努力義務とされている事項
　（パート労働法6条2項）
　上記以外の事項
　　①昇給、②退職手当、臨時に支払われる賃金、賞与、精勤手当・勤続手当・
　　奨励加給・能率手当（1カ月を超える期間を基準とするもの）、③所定労働
　　日以外の日の労働の有無、④所定労働時間を超えて、または所定労働日以外
　　の日に労働させる程度、⑤安全および衛生、⑥教育訓練、⑦休職　など

118

3 労働契約の締結は

使用者（会社）と労働者との間の労働契約は、口頭でも、文書でも両者の合意があれば、有効に成立します（労契法6条）。

しかし、労働契約書に両者が署名、押印し、お互いに1部ずつ所持しておくほうが、後日の労働条件等をめぐるトラブル防止につながります。

4 労働条件明示書（兼労働契約書）を作成・保持する

前記2と3の役割を兼るため、図表5のように労働条件明示書（兼労働契約書）の形で作成し、保持することをおすすめします。

なお、図表3の1の②の基準の明示の文例は、**図表4**のとおりです。

図表4　労働契約更新に関する事項の明示例

```
(1)  労働契約更新の有無の明示例
    ①自動的に更新する
    ②更新する場合があり得る
    ③契約の更新はしない
(2)  労働契約更新の基準の明示例
    ①契約期間満了時の業務量によって判断する
    ②労働者の勤務成績、態度によって判断する
    ③労働者の能力によって判断する
    ④会社の経営状況により判断する
    ⑤従事している業務の進捗状況によって判断する
```

5 ファクシミリ、メールを利用する方法も OK

ファクシミリの送信、または電子メールの送信も、文書交付に代わる労働条件明示の方法として、パート労働法第6条に関しては認められています。

事業主がこれらの方法を利用するにあたっては、以下の条件を満たすことが必要です。

①パートがこれらの方法によることを希望したこと（事業主からこれらの方法を選択するよう強制してはなりません。）

②パートが希望すれば、このメールを印刷すること等により、書面の作成が可能であること（全文が見えるとともに、チャットのように受信直後に内容が消えるようなものではなく保存可能であること。）

また、後日、明示をしたかどうかについて事業主とパートとの間で紛争になることを避けるため、パートがメールを受信したら返信させる等により到達状況を確認することが望ましいと考えられます。

〔2〕　労働条件明示書を交付しなかった場合の罰則は

1　労基法に定める罰則

労基法15条1項に定める労働条件の明示については、違反した場合の罰金が30万円以下と定められています（同法120条1号）。

2　パート労働法に定める罰則

法6条1項に定める労働条件の明示については、違反した場合、10万円以下の過料に処されます（法第31条）。

なお、労基法の使用者、パート法の事業主の義務は、パートタイム労働者1人を雇い入れるごとに発生しているものです。このため、例えば10人のパートタイム労働者を雇用しており、10人すべてについて「労働条件の文書の交付等による明示義務」を履行していない場合は、10件の法違反が生じていることとなります。

2　平成26年改正後のパート労働法の規定内容

図表5　パート社員用労働条件明示書（兼労働契約書）モデル例

労働条件明示書　兼　労働契約書

○○○○㈱○○事業所長（以下「甲」という。）と○○○○（以下「乙」という。）は、下記により労働契約を締結する。この記載事項は就業規則の規定に優先し、この契約書に記載のない事項については、契約社員就業規則の定めるところによる。

雇 用 期 間	平成　　年　　月　　日～平成　　　月　　　日　の2ヵ月間とする。				
就 業 場 所	事業所／部署			TEL	
	所　在　地	東京都大田区			
就 業 時 間	00　：　00　～　24　：　00の間のシフト勤務とする				
業 務 内 容					
時間外労働時間	36協定による1日5時間、月間45時間、年360時間の範囲内とする。 （但し、特別条項がある場合はその時間とする。）				
休　　　　日	勤務表に基づく			年休	法定どおり
賃　　　　金	基本給　　　　　　　　　　円 職能手当　　　　　　　　　円 業務手当　　　　　　　　　円 シフト手当　　　　　　　　円 住宅手当　　　　　　　　　円 精勤手当　　　　　　　　　円 資格手当　　　　　　　　　円 管理手当　　　　　　　　　円 給料合計　　　　　　　　　円 通勤手当／月額　　　　　円（上限　　　　円）　　　昇給（無） 　　　　　　　　　　　　　　　　　　　　　　　　賞与（無） 　　　　　　　　　　　　　　　　　　　　　　　　退職金（無）				
割 増 賃 金	1　時間外　2　法定超25%　3　深夜時間25%　4　法定休日35%				
賃 金 支 払 方 法	賃金締切日　毎月　末日、賃金支払日　翌月15日（休日の場合は翌営業日支払いとする）				
賃 金 控 除	・所得税、社会保険料等・労使協定に基づく控除（寮費、貸付金等）				
雇用期間中の配属・解雇・退職について	1．契約期間中であっても、乙の事情により勤務が出来ない場合は、1ヵ月前に申し出ることにより退職できる。 2．甲は、事業運営上の必要性に応じ、契約期間中であっても、乙について、勤務事業所・部署・担当の職務内容の変更、昇格、降格、休職等を行うことが出来る。 3．社員就業規則『第○○条』に定める解雇事由があるとき、甲は乙を解雇できる。ただし、労働法令に従う。 4．請負先から請負契約を解除されたときは、他への配属に務めるが、困難なときは30日前に予告又は30日分の解雇予告手当の支払いにより解雇することができる。 5．会社側責任事由により休業させる場合には労働基準法第26条に基づく休業手当を支払う。				
正社員への転換	1．正社員を募集する場合には、社内雇用パートに周知する。 2．応募した社内雇用パートを所定の選考基準により選考し、正社員に転換する。				
安 全 衛 生	1．会社は、労働安全衛生法に基づき安全かつ快適な作業環境の保持に努める。 2．従業員は、同法に基づき作成された社内の安全衛生に関する諸規則に定められている事項を遵守しなければならない。				

121

第1章　平成26年改正パート労働法の規定内容

機密事項等の漏洩禁止	就業中のみならず、退職後においても、就業先で知り得た会社情報又は、個人情報については、守秘義務がある。
契約更新	1. 甲の事業所の経営状況、業務量の増減、乙の健康状態、能力、勤務態度等を総合的に勘案して、乙の契約更新の有無を決定する。 2. 契約更新を行わない場合には、期間満了30日前までに本人に通知する。ただし、これは、通算雇用期間が1年を超える場合のみとする。 3. 契約期間満了後、契約更新する場合であっても、通算契約期間は5年を上限とし、5年を超える更新は行わない。
教育訓練	1. 雇入れ時・配置転換時に必要な教育訓練を行う。 2. 1以外にキャリアアップ等を図るため、適宜必要な教育訓練を行う。
福利厚生	1. 制服等は就業場所で指定したものを着用する。 2. 貸与の場合は、退職時に洗濯して返却する。紛失等の場合は実費相当額を支払うこととする。 3. 買取の場合は、制服代金を支払い自己所有とする。
相談窓口	○○事業所長（または、総務担当）○○○○　連絡先・・・—・・・—・・・・

平成　　年　　月　　日

　　　　　　　　　　　　　甲　　○○○㈱○○空港事業所　所長　　　　　　　　　　　㊞
　　　　　　　　　　　　　乙　　　　従業員氏名　　　　　　　　　　　　　　　　　　㊞

〔3〕　新人従業員を雇い入れる場合の労働契約の期間・形態の対応例は

　最近、その事業所として初めて使用する従業員を雇い入れたのち、当人の能力、適性、勤怠状況に問題があり、労使間で、退職・解雇等をめぐってトラブルが生じる例が多々みられます。

　労働契約の結び方について、次のような方法を用いれば、現在の解雇をめぐる法規制の中で、適法にトラブルを防止することができます。

1）1回目の労働契約については、2ヵ月間程度の短時間とすること（**図表6**のAのケース）。

　その事業所として初めて使用する労働者を従業員として雇い入れる場合（日雇い、1ヵ月契約を除く）には、1回目の労働契約は、2ヵ月間として契約を結ぶこと。

2）2ヵ月間程度の短期間実際に使用してみて問題がないことを確認した場合には、2回目以降は、必要に応じて、6ヵ月～1年間程度の長期契約にしてもさしつかえないこと。

122

2　平成26年改正後のパート労働法の規定内容

3）他方、最初の2ヵ月間程度の短期間に何らかの問題があった場合
　には、2ヵ月間程度の短期間終了をもって、「契約期間満了による
　自動退職」とし、再度の契約を結ばないこと。

　　この取扱は、労働契約期間の満了に伴う自動退職であって契約期
　間中途の解雇ではないので労働法令上何らの規制も、問題もない。

注1：前記1）の場合に、労働者が「契約期間をもっと長くしてくれ
　　　なければ契約を結ばない。」ということであれば、口頭で「1
　　　回目は2ヵ月契約とするが会社側とその労働者との双方に何ら
　　　問題がなければ2回目は長期契約（6ヵ月～1年）とすること
　　　を説明して了解を得ること。
注2：前記1）の場合に、当人が口頭の約束では納得せず、契約書面
　　　がほしいと言っている場合で、その労働者が会社として、ぜひ
　　　採用したい労働者である場合には、**図表7**の覚書を結んでもさ
　　　しつかえない。
4）他方、**図表6**のBまたはCの契約期間・形態（最初から長期の雇
　　用期間）とはしないこと。

　　その理由は、当初から長期間の契約を結び使用してみたのち、そ
　の従業員の能力、適性、勤怠状況等に何らかの問題があっても、現
　在の労働法令（裁判例）のもとでは労働契約期間の中途で解雇する
　ことがきわめて困難である（その解雇が法令上、有効と認められな
　い）からである。
5）**図表6**のCのように試用期間を設けておき、その間に従業員に問
　　題があることが確認できても試用期間の中途または、終了後（本採
　用前）の本採用拒否（解雇）についても契約期間中途の解雇である
　ことは変わりなく、上記4）ほどではないものの、非常に困難であ
　ること。

123

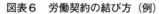

図表6　労働契約の結び方（例）

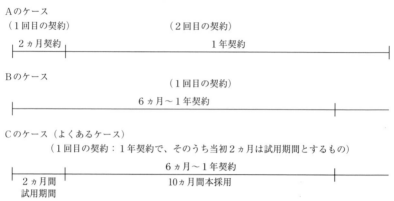

6）契約期間中途の解雇が認められるケースとは

「会社が従業員を解雇する」というのはその従業員は引き続き当社に勤務することを希望しているにもかかわらず、会社が一方的、強制的に労働契約を解約して会社から追い出すことをいいます。当人は仕事と収入を失います。

これが労働法令（裁判例）のうえで認められるためには、たとえその従業員の能力、適性、勤怠状況等に問題があっても、個別の注意、指導、研修を何回も行う、他の業務に何回も配置換えするなど会社としてやれることをすべてやっても労働者として使用することが非常に困難である場合にのみ、初めて認められるものです。

2　平成26年改正後のパート労働法の規定内容

図表7　覚書（例）

○○○○　様

○○営業所

所長　□□▽△　印

労働契約の期間について

　あなたと会社との間の労働契約期間については、1回目は2ヵ月間とします。その2ヵ月間の勤務経験をふまえて、あなたと会社の双方に何らの問題・異議がない場合には2回目の契約は、長期間（6ヵ月間ないし1年間）とします。

以上

---

〔4〕　パート雇入れ時の事業主の説明義務とは

　事業主は、パートを雇い入れたときは、速やかに、**図表8**（法9条～13条）のことについて説明しなければなりません（法14条）。

　説明方法は、口頭でも文書でもかまいません。

図表8　雇入れ時の説明義務事項

---

①職務の内容や人事異動、役割が通常労働者（正社員等）と同じパートタイム労働者は、正社員等と同じ待遇とすること
②賃金制度はどのような点を勘案して、どのようになっているか
③パートタイム労働者には、どのような教育訓練を実施しているか
④パートタイム労働者は、どのような福利厚生施設を利用できるか
⑤パートタイム労働者から正社員等への転換推進措置として、どのようなことを実施しているか

---

②　待遇の原則、差別取扱いの禁止、均衡の確保

〔1〕　パートの均衡待遇に関する措置全般

1　均衡待遇の措置とは

　改正パート労働法8条～12条の規定により、事業主は、パートにつ

125

いて**図表９**のように取り扱わなければなりません。

図表９　パートの均衡待遇に関する措置

〈短時間労働者の待遇の原則〉
短時間労働者の待遇について、通常の労働者の待遇との相違は、職務の内容、人材活用の仕組み、その他の事情を考慮して、不合理と認められるものであってはならない。

【パートの態様】通常の労働者と比較して、		賃　金		教育訓練		福利厚生	
職務の内容（業務の内容及び責任）	人材活用の仕組みや運用等（人事異動の有無及び範囲）	職務関連賃金 ・基本給 ・賞与 ・役付手当等	左以外の賃金 ・退職手当 ・家族手当 ・通勤手当等	職務遂行に必要な能力を付与するもの	左以外のもの（キャリアアップのための訓練等）	・給食施設 ・休憩室 ・更衣室	左以外のもの（慶弔休暇、社宅の貸与等）
①通常の労働者と同視すべき短時間労働者 同じ／同じ		◎	◎	◎	◎	◎	◎
②通常の労働者と職務の内容が同じ短時間労働者 同じ／異なる		△	—	○	△	○	—
③通常の労働者と職務の内容も異なる短時間労働者 異なる／—		△	—	△	△	○	—

（講ずる措置）
◎…パートであることによる差別的取扱いの禁止
○…実施義務・配慮義務　△…職務の内容、成果、意欲、能力、経験などを勘案する努力義務
（資料出所）厚生労働省リーフレット

２　実施義務・配慮義務規定というのは

　実施義務規定（現行規定）とは、法令で「事業主は○○しなければならない」、あるいは「事業主は○○してはならない」と表現しているものです。事業主に対して、強制的に一定事項の実施または禁止を義務づけている規定のことです。

　つまり、「理由の如何を問わず、必ず実施せよ」ということです。

３　努力義務規定というのは

　努力義務規定とは、法令で「事業主は○○するように努めなければならない」と規定しているものです。

　「事業主はできるだけ実施するように努力してください」ということであって、「必ず実施せよ」ということではありません。

　したがって、この努力義務規定の違反については、原則として、事

業主が法違反に問われることはありません。

4 事業主に実施義務規定を守らせるための手段は

パート労働法では、例えば、労働条件に関する文書の交付（パート労働法6条1項）に違反したものは、10万円以下の過料に処せられることになっています。

5 実施義務規定に違反した事業主に対する損害賠償請求は

パートは、実施義務規定に違反した事業主に対して損害賠償請求の訴えを起こすことができます。

他方、努力義務規定に違反した事業主に対しては、ほとんどの場合、パートから損害賠償請求の訴えを起こすことができません。

〔2〕 パートの待遇の原則とは

1 パート労働法の規定内容は

法8条は、事業主が、その雇用するパートの待遇と正社員の待遇を相違させる場合は、その待遇の相違は、

①職務の内容（業務の内容およびその業務に伴う責任の程度）、

②当該職務の内容・配置の変更の範囲（人材活用の仕組み・運用等）、

③その他の事情

を考慮して、不合理と認められるものであってはならないと定めています。

2 前記1のモデルとなった労働契約法の規定は

平成24年の労契法の改正の際に、有期労働契約に関する新たなルールが設けられ、同法20条には、有期労働契約であることを理由として、期間の定めのない労働契約（無期労働契約）で雇用されている労働者との労働条件の差異が、職務の内容、その職務の内容・配置の変更の範囲、その他の事情を考慮して不合理なものであってはならないことが定められました（107頁以降参照）。

第1章 平成26年改正パート労働法の規定内容

3 待遇とは

パート労働法8条でいう「待遇」とは、すべての賃金の決定、教育訓練の実施、福利厚生施設の利用のほか、休憩、休日、休暇、安全衛生、災害補償、解雇等労働時間以外のすべての待遇が含まれます。

4 不合理か否かの判断のしかたは

その待遇の差異が不合理であるか否かは、①職務の内容、②その職務の内容・配置の変更の範囲、③その他の事情を考慮して、個々の待遇ごとに判断されます。

具体的には、①は業務の内容、その業務に伴う責任の程度、②は転勤、昇進を含む人事異動や本人の役割の変化の有無、範囲、③は合理的な労使の慣行等の観点から判断されます。

5 法8条の民事的効力
——仮に、正社員等との待遇の相違が不合理だと判断された場合は、どうなるのか。——

職務の内容等を考慮したうえでその待遇の差異が「不合理」と判断された場合には、その待遇の差異は無効となり、不合理な待遇をされたことが「不法行為」にあたるものとして、損害賠償請求が認められる場合もあり得ます（民法709条）。

その待遇が無効となった場合は、基本的には正社員等と同じ待遇となるものと解されます。

〔3〕 通常の労働者（正社員等）並みパートの差別禁止とは

1 ポイントは

パート労働法では、通常の労働者（いわゆる正社員、常用労働者等と）同視すべきパート（以下、「正社員並みパート」といいます）を、パートであることを理由として、その待遇全般について、正社員等との合理性のない差別的取扱いをすることが禁止されています（法9

条）。

2　正社員並みパートとは

「通常の労働者と同視すべきパート」については、法9条において、**図表10**の要件が定められています。

図表10の2つの要件を満たしているにもかかわらず、正社員等とパートとの間で待遇の取扱いが異なっている場合は、不合理な差別と考えられるものです（合理的な差異を除く。）。

図表10　正社員並みパートの要件

通常の労働者（正社員等）と比較して、
　①職務（業務内容と責任）の程度が同一であること
　②職務の内容および配置の変更（人事異動）の範囲が、その事業所において雇用される期間の全期間を通じて同一と見込まれること（人材活用の仕組み、運用等が同一であること）

3　「職務内容が同一」であるというのは

「職務」とは、「業務の内容及びその業務に伴う責任の程度」のことです。パートと通常の労働者（正社員等）との間で職務の同一性を比較するときも、業務の内容と責任の程度に分け、職名だけで判断するのではなく、実態を見て比較します。

また、「同一」とはいっても、個々の作業まで含めて完全に一致することを求めるものではなく「実質的に同一といえるかどうか」を判断し、責任についても、「著しく異ならないかどうか」という観点から判断します。

「責任の程度」については、外見的に判断できる次のような事項を見ていくこととなります。
　①授権されている権限の範囲（契約締結や売上管理等によりその者が単独で扱える金額、管理する部下の数、決裁権限の範囲など）
　②業務の成果についての役割

③トラブル発生時や臨時・緊急時に求められる対応の程度

④ノルマ等の成果への期待の程度

4 「人材活用の仕組み、運用等が同一」であるというのは

人材活用の仕組み、運用等については、ある労働者が、ある事業主に雇用されている間に、どのような職務経験を積むこととなっているかを見るものであり、転勤を含むいわゆる人事異動の有無や範囲、本人の役割の変化等（以下「人事異動等」といいます。）を総合判断することとなります。

正社員等とパートとの間で、人材活用の仕組み、運用等を比較する際には、人事異動等の有無だけではなく、その範囲をも比較します。

範囲については、過去の人事異動等により経験したポストだけで判断するのではなく、将来の見込みも含めて、人事異動等により就く可能性のあるポストの範囲を比較します。

また、将来の見込みについては、事業主の主観によるものではなく、文書や慣行によって制度化されているものなど客観的な事情によって判断されなければなりません。

5 すべての待遇で差別的取扱いが禁止

差別禁止の対象となるのは、賃金の決定、教育訓練の実施、福利厚生施設の利用にとどまらず、社宅の貸与や法定以上の育児休業等の福利厚生全般を含む、すべての待遇となります。

6 同様に取り扱った結果、勤務成績等の合理的理由により差異が生じる場合はOK

法9条において求めているのは、正社員等と、それと同視すべきパートとの間で差別的取扱いをしないことですから、所定労働時間が短いことのように通常の労働者との違いに基づく合理的な差異、また、正社員と同様に個人の勤務の成果を評価して生じる待遇の差異については、許容されるものです。

具体的には、正社員等の1日の所定労働時間が8時間であり、パー

トは7時間であり、ともに週5日勤務であるような場合であって、能力、経験等個々のパフォーマンスの評価を行わない、またはその差がない場合を仮定すると、結果として1日あたりの基本給の比が8：7になっていても、問題がないと考えられます。

また、そのような場合に、能力や成果を評価した結果として、基本給の比が8：7とならないことが考えられます。これが、公正な評価に基づく場合であれば、許容されるでしょう。

7 通勤手当、家族手当は同一が原則

他方、前記6のような場合に、所定労働時間の長短に基づく勤務の成果に関係のない、例えば通勤手当や家族手当の支給についてまでも、パートについては正社員等の8分の7にすることは、合理性がないと考えられます。

一般に、通勤手当は実費弁償とされ、また、家族手当は、扶養家族の有無等によって決まることが多く、いずれも所定労働時間の長短によって支給額が決まるものではないと考えられるためです。

8 福利厚生、教育訓練の実施も同一に

さらに、所定労働時間の長短に関係が薄い場合が多いと考えられる、慶弔見舞金の支給などの福利厚生、教育訓練の実施については、時間比例の待遇とすることに合理性がある場合が少ないため、正社員等と同様に利用できるようになっていることが求められると考えられます。

9 差別禁止規定の民事上の効力（損害賠償請求等）は

法9条（差別的取扱い禁止）の規定は強行規定です。つまり、事業主は必ず法規定を守らなければなりません。

事業主がこの規定に違反した場合には、民法の公序良俗違反及び不法行為に該当します。

したがって、該当するパートが、事業主を相手として裁判所に訴えを起こし、事業主が敗れた場合には、差別的取扱いを定めた就業規則、

第1章　平成26年改正パート労働法の規定内容

労働契約、差別的取扱行為などが無効となり、そのパートに対して損害賠償を支払わなければならなくなります。

〔4〕　通常の労働者（正社員等）と職務内容同一パートとのバランスの確保

　パート労働法と同指針では、事業主に対して、職務内容同一パートの賃金の決定、及び教育訓練・福利厚生の実施について、通常の労働者（正社員等）とのバランス（均衡）のとれた取扱いをするように義務、または努力義務を課しています。

　具体的な内容は、**図表11**のとおりです。

図表11　職務内容同一パートについての通常の労働者（正社員等）とのバランスの取れた取扱いの義務・努力義務の内容

待　　遇		求められる内容	根拠規定
賃金の決定	職務関連の賃金（基本給、賞与等）	職務の内容、成果、意欲、能力、経験等を勘案して決定【努力義務】	法第10条
	上記以外（通勤手当等）	就業の実態、正社員等との均衡を考慮して決定	指針第3の1(2)
教育訓練の実施	職務遂行に必要なもの	（一部の者を除き）実施【義務】	法第11条第1項
	上記以外	実施【努力義務】	法第11条第2項
福利厚生の実施	給食施設、更衣室、休憩室	利用機会付与の配慮【義務】	法第12条
	上記以外（慶弔休暇等）	就業の実態、正社員等との均衡を考慮した取扱い	指針第3の1(3)

③　その他の規定

〔1〕　パートの通常の労働者（正社員等）への転換推進措置とは何か

1　パートの通常の労働者（正社員等）への転換推進のための実施事項は

　事業主は、パートの通常の労働者（正社員等）への転換を推進するため、その雇用するパートについて、**図表12**のいずれかの措置を講じなければなりません（法13条）。

図表12　パートから通常の労働者（正社員等）への転換推進のための実施事項

①　正社員等の募集を行う際に、募集事業所に掲示すること等の方法で、従事すべき業務内容、賃金、労働時間その他の募集事項をその事業所の雇用パートに周知すること
②　正社員等の配置を新たに行う際に、配置希望を申し出る機会をその事業所の雇用パートに対して与えること
③　一定資格を有するその事業所の雇用パートを対象とした試験制度を設けること
④　雇用パートが正社員等として必要な能力を取得するために教育訓練を受ける機会を確保すること
⑤　その他の正社員等への転換を推進するための措置を講ずること

2　正社員等への登用にあたって留意することは

　正社員等への登用制度を設ける場合には、例えば、**図表13**のような明確な基準、手続を設け、それに従って行ってください。

　その理由は、すでにパートとして採用している者を正社員等として登用する場合、公正な基準・手続で行わないと、不当あるいは恣意的な登用か否かという問題・トラブルが生じるからです。

第1章　平成26年改正パート労働法の規定内容

図表13　正社員等登用制度を公正にする例

① 正社員等登用試験を実施する
② 正社員等への採用願いを提出してもらい、選考基準にもとづき選考（試験・面接・健康診断等）し、決定する

3　パートの正社員等への登用の実施例は

　A銀行を例にすると、**図表14**のようにフルタイムスタッフの正行員への転換制度を設けています（正行員1,304人、フルタイムスタッフ54人、パートタイムスタッフ751人、店舗数71店の場合）。

　なお、パートタイムスタッフからフルタイムスタッフへの変更は、当人の希望の申出のみで可能です。

図表14　正行員への転換制度のあらまし

① フルタイムスタッフ経験1年以上で、直近の評価が2年連続で一定以上の者、勤務態度・営業成績等が特に優れている者で、所属長の推薦があること
　　正行員への転換後、マネジメント職となる能力を有する者
② 資格取得の条件あり
③ 募集時期　年1回
④ 人事部との面接により決定する

　図表14のうち②の資格取得は、具体的には証券外務員、生命保険関連・損害保険関連など計5資格で、正行員が入行1年目に取得が義務づけられているものと同じです。

　上記のパート活用施策で特筆すべきは、パートの人事管理を専門に行う部署を設置している点です。

　これは、関連会社にある「スタッフサービス部」で、業務委託という形式により、教育や指導・助言のための面接、パートからの意見収集などの機能を担っています。

〔2〕 短時間雇用管理者選任の努力義務とは

1 10人以上のパートを雇用する事業主の努力義務

事業主は、常時10人以上のパートを雇用する事業所ごとに、短時間雇用管理者を選任し、次に掲げる業務を担当させるよう努めるものとする（法17条）。

(1) パート労働法と同指針に定める事項その他のパートの雇用管理の改善等に関する事項について、事業主の指示に基づき必要な措置を検討し、実施すること。

(2) パートの労働条件等に関し、パートの相談に応じること。

2 短時間雇用管理者の氏名の周知

事業主は、短時間雇用管理者を選任したときは、その短時間雇用管理者の氏名を事業所の見やすい場所に掲示する等により、その雇用するパートに周知させるよう努めるものとする。

3 企業の対応は

その事業所でパート従業員の労務管理を担当している者を短時間雇用管理者に選任し、事業所内に周知してください。そのほうがパート従業員との相談、トラブル対応がスムーズに行えます。

〔3〕 事業主に対するパート労働法についての行政指導とは

1 都道府県労働局の雇用環境・均等部（室）が施行する

法18条においては、パートの雇用管理の改善等を図るために必要があると認められるときは、厚生労働大臣または都道府県労働局長（各都道府県ごとに設けられている国の直轄機関）が、事業主に対して報告を求め、助言・指導・勧告を行うことができることとされています。

基本的には、行政指導を行うのは都道府県労働局であり、雇用環境・均等部（室）が中心となります。

第1章　平成26年改正パート労働法の規定内容

2　報告徴収、助言・指導・勧告、公表とは

　報告徴収は、助言・指導・勧告のために行う事実の調査であり、具体的には文書の提出の要請、出頭を求めての事情聴取、事業所への現地実情調査等を行うことなどが考えられます。

　他方、パートおよびパート指針に違反する状況を解消するために事業主に対して行うのが助言・指導・勧告であり、指導については助言の対象事案であってさらに強い要請が必要なもの、勧告については指導の対象事案であってさらに強い要請が必要なものに対して行うこととなります。

　さらに、パート労働法が事業主に義務づけている、**図表15**の規定に違反している事業主に対し、厚生労働大臣が勧告をしてもこれに従わない場合は、その旨が公表される場合があります（法第18条第2項）。

図表15　厚生労働大臣の勧告・事業主名の公表の対象となるパート労働法の規定

```
①　労働条件の文書の交付等（第6条第1項）
②　差別的取扱いの禁止（第9条）
③　職務遂行に必要な教育訓練の実施（第11条第1項）
④　福利厚生施設の利用に関する配慮（第12条）
⑤　パートから通常の労働者（正社員等）への転換推進措置（第13条）
⑥　雇入れ時の説明義務（第14条第1項）
⑦　待遇に関する説明義務（第14条第2項）
⑧　相談対応の体制整備（第16条）
```

　なお、パート労働法に定める努力義務、パート指針に定める事項であっても、それらに沿った雇用管理がなされておらず、改善の必要があると認められるときは、報告徴収、助言・指導・勧告の対象となります。

3　紛争解決援助との関係は

　なお、法24条においては、紛争解決のための援助として、都道府県

労働局長が助言・指導・勧告を行える場合が規定されていますが、前記2で説明した厚生労働大臣および都道府県労働局長の権限は、これとは別に法18条に規定されているものです。

〔4〕 法違反事業主に過料が適用される場合とは

1 過料が適用される場合は

パート労働法にも、罰則による制裁を科すことによって、事業主の義務の履行を担保している規定があります。

すなわち、①パートの雇入れ時における文書の交付等による労働条件の明示義務（法6条1項）に違反した場合には、10万円以下の過料が科せられます（法31条）。

また、②厚生労働大臣からパートの雇用管理の改善に関して必要な報告を求められた（法18条1項）のに、報告しなかったり、あるいは虚偽の報告をした事業主に対しては、20万円以下の過料が科せられます（法第30条）。

2 過料とは何か

「過料」とは、お金を払わなければならない点では「罰金」と似ています。しかし、労基法に罰則として設けられている懲役刑、禁錮刑、罰金刑のような「刑罰」とは異なり、行政上の義務違反、秩序違反に対する行政罰としての性格を持つものです。

過料については、非訟事件手続法の過料事件の規定が適用され、管轄の地方裁判所において手続きがなされます。

第2章　パート専用就業規則の作成と変更

第2章
パート専用就業規則の作成と変更

1 パート専用就業規則の作成・変更のしかた

〔1〕 パート専用就業規則の必要性は

1 労基法の就業規則作成・届出・周知の義務は

　使用者は、常時10人以上の労働者を使用する事業場ごとに、就業規則を作成（変更）し、これをその事業場の所在地を担当する労基署長に届け出なければなりません。

　ここでいう労働者には、正社員、パート、契約社員、派遣労働者、日雇労働者、さらには、外国人労働者、外国人技能実習生などその事業場で雇用され、常時使用されているすべての労働者が含まれます。

　就業規則は、すべての労働者に適用されるもの1つを作成しても、あるいは正社員用、パート用、契約社員用などそれぞれに作成しても適法です。

2 パート専用就業規則がよい理由は

　パート（短時間労働者）と通常の労働者（正社員などのフルタイマー（週40時間等勤務する者））では採用条件、契約期間の定めの有無、賃金、労働時間、退職・解雇・雇止め（契約不更新）等の労働条件、処遇が大きく異なっています。そこでパートに適用する就業規則を作成する場合には、正社員用、契約社員用、パート用といったように、別々に作成するほうが合理的です。

138

1 パート専用就業規則の作成・変更のしかた

　就業規則は、適用されるパートに服務規律、労働条件を正確に理解させ、守ってもらうことで、これらをめぐる労使間のトラブルを防止するためのものです。したがって、パート専用の就業規則を作成することをおすすめします。パートのみに適用される就業規則を定めることにより、**図表1**のような効果を期待できます。

図表1　パート専用就業規則作成による効果

---

①　会社として、ルールにもとづき、パートにきちんと管理、指導を行い、問題の発生を防ぎ、公平に取り扱うことができる。

②　パートとしては、会社の処遇に対する公平な姿勢と誠実さを感じ、労働条件や待遇が明確に保証されている、という安心感をもって働くことができる。

③　労基法、パート労働法等の労働法令違反といった事態を防ぐことができる。

3　既存就業規則の点検・変更の必要性

　最近、パート労働法、安衛法等の労働法令が改正・施行されています。

　これらの改正にあわせて、自社のパート専用就業規則の内容を点検し、必要に応じて、変更し、労基署長への届出、および労働者への周知を行うことが必要です（労基法89条）。

〔2〕　パート専用就業規則と法令・労働契約等との優劣関係は

　パートほか個々の労働者の労働条件、服務規律、退職要件等を決めるものには**図表2**の①～⑤までのものがあります。

　これらに定められた内容が相互に異なっている場合には、同**図表2**の番号順で、先のものが後のものに優先します（労契法6条～13条ほか）。

　例えば、就業規則（または労働協約）に「その事業場に使用されるパートの最低賃金は時間給1,000円以上とする」と規定されていたと

139

第2章　パート専用就業規則の作成と変更

します。

　パートＡさんの労働契約書（労働条件通知書）に時間給800円とすると記載されていたとします。この場合、就業規則（労働協約）が個々の労働契約に優先しますので、パートＡさんの時間給は1,000円となります。

　また、パート用就業規則に１回の契約期間は６カ月とすると定められていても、パートＢさんの労働契約書（労働条件通知書）に、「就業規則の規定にかかわらず、この労働契約の期間は１年とする」と記載されていれば、労働契約書の特約規定が就業規則の規定よりも労働者に有利な内容であるので優先し、パートＢさんの契約期間は１年となります。

図表２　就業規則と法令、労働契約等との優劣関係

① 労働法令
労基法、最賃法その他の法律、政令、省令（規則）はもっとも強い効力をもつ
② 判例（裁判所の裁判例）
法令と同様の効力をもつ。人事異動、懲戒処分、解雇の合理性の有無は主に判例により判断される
③ 労働協約
労組法に基づき、労働組合と使用者またはその団体との間に結ばれる労働条件その他に関する約束文書。文書を作成し、労使両方の当事者が署名または記名押印したもの
④ 就業規則
使用者（会社）が、各事業場において従業員の守らなければならない就業上の規則、職場秩序および労働条件についての具体的内容を文書にしたもの
⑤ 労働契約
使用者と労働者の合意によって雇用契約期間や賃金等の労働条件、退職・解雇事由を定めるもの（文書、口約束）

下記の場合には、労働契約が就業規則に優先する（労働契約法第７、12条）
●労働契約で定める労働条件が就業規則に定める労働条件を上回るもので、かつ、
　労働契約書に「この規定は就業規則の規定に優先する」ことが規定されている場合（特約条項がある場合）

1　パート専用就業規則の作成・変更のしかた

〔3〕　パート専用就業規則の構成・作成手順は

1　パート専用就業規則の構成例は

パート専用就業規則の構成例は、**図表3**のとおりです。

図表3　パート専用就業規則の構成例

①	総則	目的、適用範囲その他全体の基本になること
②	人事	採用、転勤や配置換え、休職、退職など。退職や解雇に関する規定は必須
③	服務規律・企業秩序維持	従業員として守るべきルール
④	労働条件	労働時間、休日、休暇、休業など。これらの規定は必須
⑤	給与	賃金に関する規定は必須。人事考課
⑥	旅費	必須ではないが、決めてあれば税務面でメリットがある
⑦	退職金	設ける場合は記載する
⑧	安全衛生・教育訓練	
⑨	災害補償	
⑩	賞罰	③の服務規律等と表裏一体となる懲戒処分等
⑪	福利厚生	
⑫	雑則	
⑬	附則	実施期日など

2　パート専用就業規則の作成・変更手順は

パート専用就業規則を作成する手順は、**図表4**のとおりです。この手順は、すでにあるパート専用就業規則を変更する場合も同じです。

第2章　パート専用就業規則の作成と変更

図表4　パート専用就業規則の作成・変更の手順

① 使用者（会社）がパート専用就業規則の原案を作成
② その事業場の全労働者及び全パートの過半数代表者への原案提示、説明、意見の聴取（意見書の受取）
③ 聴取した意見の検討
④ 就業規則の正式決定
⑤ 所轄労基署長への届出（労働者の過半数代表者の意見書を添付）
⑥ 全労働者への周知

3　従業員の意見聴取というのは

使用者は、就業規則の原案（または変更案）を作成したら、その事業場の全従業員（正社員、パート、契約社員等）の過半数を代表する者の意見を聴かなければなりません（労基法90条）。

パート専用就業規則の場合も同じです。

さらにパート労働法において、事業主は、短時間労働者に係る事項について就業規則を作成し、または変更しようとするときは、その事業所において雇用する短時間労働者の過半数を代表すると認められるものの意見を聴くように努めるものとすると定められています（パート労働法7条）。

〔4〕　パート専用就業規則の記載事項は

1　パート専用就業規則に記載する事項は

パート専用就業規則に記載する事項には、労基法で義務づけられている項目と、使用者の自由裁量で記載できる項目とがあります。

義務づけられている項目は、さらに必須項目と、定め（ルール）を設ける場合に必ず記載しなければならない項目とがあります。

詳しくは、**図表5**のように3分類されます。

142

1　パート専用就業規則の作成・変更のしかた

図表5　パート専用就業規則の記載事項

① 絶対的必要記載事項
② 相対的必要記載事項
③ 任意記載事項

2　パート専用就業規則の絶対的必要記載事項というのは

　絶対的必要記載事項は、就業規則にかならず記載しなければならないもので（労基法89条）、**図表6**のとおりです。

143

第2章　パート専用就業規則の作成と変更

図表6　パート専用就業規則の絶対的必要記載事項

分類	記載事項	内　容	説　　明
労働時間・休日・休暇関係	①　始業・終業の時刻	その事業場における所定労働時間の開始時刻と終了時刻	例えば、午前8時始業、正午から午後1時までが休憩時間、午後3時終業と明記。その場合の1日の所定労働時間は6時間で、これを超えて働いた場合は所定外労働時間となる。始業・終業時刻が、日勤勤務、交替制勤務によって違ったり、職種別に定めている場合は、個々に規定する。
	②　休憩時間	休憩時間の長さ、与え方（一斉か、交替か）など	
	③　休日（労働義務のない日）	所定休日の日数、与え方（1週1回または1週の特定日）など	所定休日の振替、代休等の制度がある場合は具体的に記載する。
	④　休暇・休業	労基法、育児・介護休業法（育介法）に定められた年次有給休暇（年休）、産前産後休業、生理日の休暇、育児休業、介護休業、妊娠中・出産後の健診時間などの特別休暇。事業場が任意に定めた特別休暇。	事業場が任意に定める特別休暇には、年末年始休暇、夏季休暇、忌引休暇、結婚休暇、教育訓練休暇などがあるが、すべて記載する（設ける場合のみ）。
	⑤　交替制勤務	交替制勤務を行う場合の交替期日、交替順序など	
賃金関係	①　賃金の決定・計算の方法	学歴、職歴、年齢等の賃金決定の要素あるいは職階制等の賃金体系など	
	②　賃金支払いの方法	年俸制、月給制、日給制、出来高払制など	
	③　賃金計算の締切日・支払時期	月給制であれば何日に締め切って、何日に支払うか	
	④　昇降給の有無、昇降給期間、昇降給率、昇降格など	いつ、いくら昇給、昇格するのかなど	
退職関係	退職に関する事項（解雇の事由を含む）任意退職、解雇の事由、定年退職制、労働契約期間の終了による退職、雇止めなど		労働者が従業員としての身分を失うすべての場合に関することを記載する。

144

3 就業規則の相対的必要記載事項というのは

　相対的必要記載事項というのは、就業規則に必ず記載する必要はないが、その事業場として定め（ルール）を設ける場合には就業規則に記載しなければならないと規定してある事項で（労基法89条）、**図表7**のとおりです。

　例えば、退職金制度または賞与制度を設けるかどうかは会社の自由ですが、これらの制度を設ける場合には、その内容を記載しておかなければなりません。

4 就業規則の任意記載事項というのは

　就業規則の任意記載事項は、労基法上、記載を義務づけられてはいないが、会社として決めておきたい場合は、自由に定めることができる事項です。

　一般に、**図表8**のような事項があります。

5 パート専用就業規則作成・変更時の留意点は

　パート専用就業規則の作成・変更時には、**図表9**のことに留意して各条項の案を検討してください。

6 パート専用就業規則に必ず記載すべき事項は

　労使間のトラブルを防ぐために、**図表10**のことは必ず記載してください。

第2章　パート専用就業規則の作成と変更

図表7　就業規則の相対的必要記載事項

記載事項	内　容	説　明
①　退職金制度	①　退職金制度の有無、適用される労働者の範囲 ②　退職金の決定・計算、支払いの方法 ③　退職金の支払時期	勤続年数、退職事由等の退職金額の決定のための要素、退職金額の算定方法、一時金で支払うのか年金で支払うのかなどの支払方法を規定する。不支給や減額のケースを設ける場合には、その事由を記載しておく。支払時期はできるだけ具体的に記載する。
②　臨時の賃金（賞与等）、最低賃金額	種類、金額支給条件、支給時期など	
③　食費、作業用品費、社宅費、共済組合費など	負担の有無。負担する場合は金額	
④　労働安全・衛生に関すること	定期健康診断、ストレスチェック、病者の就業禁止、安全衛生教育、従業員の順守事項など	
⑤　教育訓練に関すること	種類・内容・期間、受講者の資格、受講中・終了後の処遇など	
⑥　労災保険法・健康保険法を上回る補償など	災害補償及び業務外の負傷や病気の扶助に関すること	
⑦　制裁（懲戒処分）、表彰に関すること	懲戒処分の事由・種類・程度・手続、表彰制度	
⑧　その他、全労働者に適用される可能性のある事項	採用、試用期間、服務規律・企業秩序維持、配置転換、出向、転籍、休職、旅費、福利厚生、その他	

図表8　就業規則の任意記載事項

①　就業規則の目的、自社の企業経営の考え方（社是、社訓など）
②　就業規則の適用範囲、就業規則と法令・労働協約・労働契約等との優先順位
③　秩序維持、指揮命令、能率の維持・向上
④　法令に定められている事項の確認規定等

1　パート専用就業規則の作成・変更のしかた

図表9　パート専用就業規則作成時の留意点

① パートが求人に応募するとき、魅力を感じるポイントを盛り込むこと
② 自社のパートの労働実態に合っていること
③ 規定の内容が具体的でパートにもよく理解できること、また、懲戒処分に関する規定などの表現が、適用する際、人により見解が分かれたりしないよう明解な表現とすること
④ 労基法・最賃法・安衛法・パート労働法・パート労働指針などに反しない内容、水準であること

図表10　パート専用就業規則に必ず記載すべき事項

① 服務規律・企業秩序維持とそれに反した場合の制裁（懲戒処分）について、できるだけくわしく。これらの根拠規定が定められていないと懲戒処分を行うことができません。
② 会社は、パートに対して、必要に応じ、法内残業、時間外労働、法内休日労働、法定休日労働及び深夜労働を命じること。この規定がないと会社がパートに残業等を命じても、パートは従う義務がなくなります
③ パートに法内残業（1日8時間以内、または1週40時間以内の残業）を行わせた場合は、時間あたり賃金を支払うこと。パートの多くは割増賃金（25％以上）をもらえると勘違いしています
④ ノーワーク・ノーペイの原則、つまり、遅刻、利用外出、早退、欠勤等により勤務しなかった場合には賃金が支給されないこと。また、これらの場合は、必ず事前に上司に届け出て、承認を得ること。これらがたび重なった場合には、別に懲戒処分が行われること
⑤ 会社は、パートについても、事業運営上の必要に応じ、企業内人事異動（勤務事業所・勤務場所・担当職務の変更、昇格・降格、休職（無給の自宅待機）等）を行うこと。
　　パートはこれに従わなければならないこと。

147

第2章　パート専用就業規則の作成と変更

2 パート専用就業規則のモデル例とポイント解説

　次の就業規則例は、正社員等に適用される就業規則とは別に、パートタイム労働者のみに適用される就業規則を作成（変更）する場合のモデル例です。

　図表11に就業規則の全体構成を、そして、**図表12**に規則例を示します。具体的な条文の例だけでなく、作成・変更のポイントと留意点も掲載してあります。

　この就業規則には、賃金その他必要なことはすべて定めてありますので、原則として、この規則のほかに別規則を定める必要はありません。

図表11　パート社員就業規則の全体構成（例）

第１章　総則
第２章　採用および労働契約
第３章　服務規律・企業秩序維持、企業内人事異動
第４章　労働時間、休憩および休日
第５章　休暇、休業等
第６章　賃金
第７章　退職・解雇および雇止め（契約不更新）
第８章　福利厚生、社会・労働保険および教育訓練
第９章　安全衛生および災害補償
第10章　表彰および懲戒処分
第11章　パート社員の無期契約労働者への転換
附則

148

2　パート専用就業規則のモデル例とポイント解説

図表12　パートタイム労働者就業規則（例）

第1章　総則

（目的）

第1条　この規則は、○○株式会社（以下「会社」という。）に雇用されるパート社員の労働条件、服務規律その他の就業に関することを定めたものである。

2　この規則に定めのないことについては、労働基準法その他の関係法令および個別の労働契約書に定めるところによる。

（定義）

第2条　この規則は、所定労働時間が1日○時間以内、1週○○時間以内または1か月○○○時間以内の契約内容でパート社員として当社に雇用されたものに適用する。

2　パート社員は、時間給勤務者とし、原則として、雇用期間を定めて雇用する。

（就業規則の順守）

第3条　パート社員は、この規則および会社の業務上の指示・命令を順守し、誠実に業務に従事しなければならない。

第1条の解説

1　この就業規則のほかに、一般従業員（正社員）の就業規則の中に「この就業規則は、契約社員、パートタイマー、アルバイト、日雇等の労働者には適用しない。これらの者については、別に定めるところによる。」ことを規定しておくことが必要です。

2　第1条第2項の規定を設けることにより、パートタイマーについて当就業規則に規定がない事項については労働基準法、労働契約法、最低賃金法、労働安全衛生法、男女雇用機会均等法、育児・介護休業法、パート労働法その他の法令の定めるところによることとなります。

第2条の解説

1　この定義規定には、その事業所として、「パートタイマー」とし通常の労働者（正社員等）とは異なる雇用形態、労働条件、待遇、取扱いとする者の範囲を明確に定めてください。

2　正社員との区別をはっきりさせるために「雇用期間」を定めることとしています。

3　パート労働法では、「短時間労働者」とは、1週間の所定労働時間が同一の事業所に雇用される通常の労働者よりも短い労働者のことをいうと定めています（2条）。自社の就業規則で定めるパートタイマーの定義は、これと異なっても何らさしつかえありません。

第2章　採用および労働契約

（採用）

第4条　会社は、パート社員の採用に当たっては、当社のパートタイマー（短時

149

第2章　パート専用就業規則の作成と変更

間労働者）として就職を希望する者のうちから選考して採用する。
2　パート社員として採用された者は、出勤する初日に、次の書類を提出しなければならない。ただし、すでに採用選考時に提出した書類は省略できる。
一　履歴書
二　誓約書（パートタイマー用）
三　通勤届
四　自動車運転免許証その他の業務に必要な資格・免許等の所持を証明する書類の写し
五　その他会社の求める書類
3　前項の提出書類の記載事項に変更が生じたときは、速やかに、会社に書面でこれを提出しなければならない。

第4条の解説
1　採用時の提出書類と提出期限を記載しておくことが必要です。
　　ただし、提出書類の種類と様式は、実情にあわせ、会社にとって必要で簡便なものとしパートに必要以上に負担にならないものとしてください。
2　高校生をパートとして採用する場合には、親権者の同意書をとっておくことが必要です。

（試用期間）
第5条　パート社員については、採用後当初の2週間は試用期間とする。
2　試用期間中パート社員として不適当な事由があったときは、即時解雇する。
（労働契約の締結・更新）
第6条　会社は、労働契約の締結に当たって期間の定めをする場合には、3年（満60歳以上のパート社員との契約については5年）の範囲内で、契約時に本人の希望を考慮のうえ各人別に決定し、別紙の労働契約書（兼労働条件通知書）で示すものとする。ただし、必要に応じて契約を更新することができるものとする。
2　会社は、自社の経営状況、業務量の増減、そのパート社員の健康状態、能力、勤務態度等を総合的に勘案し、そのパート社員の契約更新の有無を決める。
3　契約期間の満了後、そのパート社員の契約を更新する場合であっても、通算契約期間は5年を上限とし、5年を超える契約の更新は行わない。

第6条の解説
1　平成25年4月1日に施行された改正労基法施行規則5条により、労働条件の文書明示事項として、「期間の定めのある労働契約を更新する場合の基準」が追加規定されました。
　　規則第6条第2項は、その改正に対応するために規定したものです。
2　平成25年4月1日に施行された改正労契法18条により、有期契約労働者が、同一の使用者のもとで、2回以上労働契約を締結・更新し、通算契約期間が5年を超えると、その労働者に対して、使用者に、無期労働契約への転換を申し込む権利（無期転換申込権）が自動的に発生することになりました。

規則第6条第3項は、その無期契約転換申込権が発生しない通算契約期間の範囲内で雇用することを規定したものです。

（労働条件の明示）
第7条　会社は、パート社員の労働契約の締結および更新に際しては、別紙の労働条件明示書（兼労働契約書）およびこの規則の写しを交付して労働条件を明示するものとする。

第6条・7条の解説
　別紙の労働条件明示書（兼労働契約書）は121頁の図表5のとおりです。

第3章　服務規律・企業秩序維持、企業内人事異動

（服務規律・企業秩序維持、企業内人事異動）
第8条　パート社員は、業務の正常な運営を図るため、会社の指示命令を守り、誠実に服務を遂行するとともに、次の各事項をよく守り、服務規律及び企業秩序の維持に努めなければならない。
　(1)　本規則および労働契約書（兼労働条件通知書）に定められた事項を守ること。
　(2)　上司の指示命令に従い、誠実に業務に従事すること。
　(3)　会社の名誉または信用を傷つける行為をしないこと
　(4)　会社、取引先等の機密および個人情報を他に漏らさないこと
　(5)　遅刻、早退、私用外出および欠勤をしないこと。やむを得ず遅刻、早退、私用外出および欠勤をするときは、事前に上司に届け出てその承認を得ること。
　　　事前に上司に届け出ることができない事情がある場合には、事後すみやかに届け出ること。
　(6)　勤務時間中は、みだりに定められた場所を離れないこと
　(7)　許可なく職務以外の目的で会社の施設、物品等を使用しないこと
　(8)　職務を利用して自己の利益を図り、また不正な行為を行わないこと
　(9)　セクシュアルハラスメント、パワーハラスメント、及びマタニティハラスメント（妊産婦に対する差別、嫌がらせなど）を行わないこと。
　(10)　その他、業務の正常な運営を妨げ、または職場の秩序を乱し、または顧客あるいは取引先等に不快感を与えるような行為を行わないこと。
　2　会社は、事業運営上の必要に応じ、パート社員に対して、企業内人事異動（勤務事業所・部署・担当職務の変更、昇格、降格、休職等）を行う。パート社員は、この命令に従わなければならない。

第8条の解説
1　この服務規律・企業秩序維持規定には、標準的な事項を例示しています。その事業所として他に必要な事項があれば追加してください。
2　この服務規律・企業秩序維持規定に記載されている事項に違反した場合には懲戒処分（第39条・40条に規定）の対象になります。

151

第4章　労働時間、休憩および休日

（労働時間および休憩）

第9条　パート社員の契約労働時間は1日7時間以内とする。

2　始業および終業の時刻ならびに休憩時間は、次表の3班の中から各パート社員の希望を聴いたうえで会社が調整するものとし、各人別に定め、労働条件通知書（兼労働契約書）により当人に知らせる。

勤務	始業時刻	終業時刻	休憩時間
A班	○時○分	○時○分	○時○分から○時まで
B班	○時○分	○時○分	○時○分から○時まで
C班	○時○分	○時○分	○時○分から○時まで

3　各パート社員の班別所属については、3カ月ごとに各パート社員の希望を聴いたうえで会社が調整、決定し、本人に通知する。

4　前項の規定にかかわらず、業務の都合その他やむを得ない事情により始業および終業の時刻ならびに休憩時間を繰り上げ、または繰り下げることがある。

5　休憩時間は、自由に利用することができる。ただし、構外に外出する場合は、その旨を上司に届け出なければならない。

第9条の解説

1　パートの契約労働時間（各パートの所定労働時間）のパターンはいくつあっても差し支えありません。ただし、標準的なパターンについては就業規則に定めておかなければなりません（労基法第89条第1項第1号）。

2　契約労働時間については、あらかじめ就業規則に規定し、本人に通知すれば、これを繰り上げ、繰り下げ、短縮し、または延長することができます。ただし、延長する場合は法定労働時間（1日8時間、1週40時間）以内にしなければなりません。

3　契約労働時間を超えて労働させる場合には、あらかじめ、就業規則にその旨を規定しておかなければなりません。

　法定労働時間を超えて労働させる場合には、あらかじめ、その事業所の全従業員の過半数代表者（労働組合がある場合は、その代表者）と時間外・休日労働協定（三六協定）を締結し、所轄労働基準監督署長に届け出ることが必要になります。

（所定休日）

第10条　パート社員の所定休日は、次のとおりとする。

　(1)　日曜日および土曜日

　(2)　国民の祝日（振替休日を含む。）および国民の休日（5月4日）

　(3)　年末年始（12月○○日より、1月○日まで）

第10条の解説

　パート社員の休日については、毎週1日または4週に4日間労働義務のない日があれば適法です。

（契約休日の振替え）

第11条　各パート社員の契約休日については、業務の都合によりやむを得ない場合は、あらかじめ本人に通知したうえで他の日と振り替えることがある。

（時間外・休日労働）

第12条　会社は、パート社員については、原則として契約労働時間を超えて労働させ、または契約労働日以外の日に労働させないものとする。

2　前項の規定にかかわらず、業務の都合上、やむを得ない場合には、契約労働時間を超えて、または契約労働日以外の日に労働させることができる。

（出退勤手続）

第13条　パート社員は、出退勤に当たって、各自のタイムカードにより、出退勤の時刻を記録しなければならない。

2　タイムカードは自ら打刻し、他人にこれを依頼してはならない。

第5章　休暇・休業等

（年次有給休暇）

第14条　パート社員が6か月以上継続して勤務し、会社の定める契約労働日数の8割以上出勤したときは、当人の請求により、次表のとおり年次有給休暇を与える。

契約労働時間	契約労働日数		継続勤務した期間に応ずる年休の日数						
	週で定める場合	週以外で定める場合	6カ月	1年6カ月	2年6カ月	3年6カ月	4年6カ月	5年6カ月	6年6カ月以上
週30時間以上			10	11	12	14	16	18	20
週30時間未満	週5日以上	年間217日以上	10	11	12	14	16	18	20
	週4日	年間169日～216日	7	8	9	10	12	13	15
	週3日	年間121日～168日	5	6	6	8	9	10	11
	週2日	年間73日～120日	3	4	4	5	6	6	7
	週1日	年間48日～72日	1	2	2	2	3	3	3

第14条の解説

　第14条の規定内容は、労働基準法第39条第3項により、使用者に義務づけられているものです。

第2章　パート専用就業規則の作成と変更

（産前産後の休業）

第15条　6週間（多胎妊娠の場合は14週間）以内に出産する予定の女性パート社員は、その請求によって休業することができる。

2　産後8週間を経過しない女性パート社員は就業させない。ただし、産後6週間を経過した女性パート社員から請求があった場合には、医師が支障ないと認めた業務に就かせることがある（労働基準法65条）。

（育児時間等）

第16条　生後1年未満の生児を育てる女性パート社員から請求があったときは、休憩時間のほか1日について2回、1回について30分の育児時間を与える。

2　生理日の就業が著しく困難な女性パート社員から休暇の請求があったときは、必要な日数の休暇を与える。

> 第15条・16条の解説
>
> 　使用者は、労働基準法65条、67条および68条により、女性パート社員に対して、産前産後休業、育児時間および生理休暇を与える義務があります。

（妊娠中および出産後の健康管理に関する措置）

第17条　妊娠中または出産後1年以内の女性パート社員が母子保健法による健康診査等のために勤務時間内に通院する必要がある場合は、請求により次の時間内について通院を認める。

　⑴　妊娠23週まで4週間に1回

　⑵　妊娠24週から35週まで2週間に1回

　⑶　妊娠36週以降1週間に1回

　ただし、医師等の指示がある場合は、その指示による回数を認める。

2　妊娠中の女性パート社員に対し、会社は出社、退社時各々30分の遅出、早退を認める。ただし、この遅出、早退を出社時あるいは退社時のいずれか一方にまとめ計60分として取得する場合は、あらかじめ届け出るものとする。

3　妊娠中の女性パート社員が業務を長時間継続することが身体に負担になる場合、請求により所定の休憩時間以外に適宜休憩をとることを認める。

4　妊娠中および出産後1年以内の女性パート社員が、医師等から、勤務状態が健康状態に支障を及ぼすとの指導を受けた場合は、「母子健康管理指導事項連絡カード」の症状等に対応し、次のことを認める。

　⑴　業務負担の軽減

　⑵　負担の少ない業務への転換

　⑶　勤務時間の短縮

　⑷　休業

（育児休業・介護休業等）

第18条　育児休業・介護休業、子の看護休暇、介護休暇その他の育児・家族介護に従事するパート社員に対する措置については、育児・介護休業法に定めるところにより付与する。

2　パート専用就業規則のモデル例とポイント解説

第17条の解説
　　事業主は、パート社員についても、妊娠中および出産後の健康管理に関する措置を講ずる義務があります（男女雇用機会均等法12条、同法施行規則第２条の３）。
第18条の解説
　　パートタイマーのうち一定の者については、育児・介護休業法により、育児休業、介護休業、子の看護休暇・介護休暇等を与える義務があります。

第6章　賃金

（賃金）
第19条　パート社員の賃金は、次のとおりとする。
　一　基本給は、時間給とし、職務内容、技能、経験、職務遂行能力等を考慮して各人別に決定し、当人に労働契約書（兼労働条件通知書）で知らせる。
　二　通勤手当は、通勤実費（上限１ヵ月に○○○○円）を支給する。
　　　ただし、自転車通勤者については、月額○○円を支給する。
　三　精勤手当は、賃金計算期間中の皆勤者には基本給の○日分、欠勤○日以内の精勤者には基本給の○日分を支給する。
　　　遅刻および早退については、○回をもって欠勤１日とみなして取り扱う。
　四　超過勤務手当は、次の方法により計算する。
　　a　時間外労働（１日実労働時間が１日８時間以内かつ週法定時間以内、での場合）時間当たり基本給×当該超勤時間数
　　b　法定残業（１日の実労働時間が８時間を超える場合、または１週40時間を超える場合）時間当たり基本給×当該超勤時間数×１・25)
　　c　法内休日労働（労働契約等に定める法定内の休日に労働した場合）時間当たり基本給×当日の勤務時間数×契約で定めた率
　　d　法定休日労働（法定の休日に労働した場合に限る）時間当たり基本給×休日労働時間数×１・35

第19条の解説
　　法内残業および法内休日労働については、労働基準法上割増賃金の支払義務はありません。時間当たりの基本給を支払えば適法です。

（休暇取得時等の賃金）
第20条　第14条で定める年次有給休暇を取得したときは、所定労働時間の労働をした場合に支払われる通常の賃金を支給する。
2　第15条で定める産前産後の休業期間については、有給（無給）とする。
3　第16条第１項で定める育児時間については、有給（無給）とする。
4　第16条第２項で定める生理日の休暇については、有給（無給）とする。
5　第17条第１項で定める契約労働時間内の通院の時間については、有給（無給）とする。
6　第17条第３項で定める勤務中の休憩時間については、有給（無給）とする。

第2章　パート専用就業規則の作成と変更

7　第17条第4項で定める勤務時間の短縮により就業しない時間および休業の期間については、有給（無給）とする。

8　第18条第1項で定める育児休業・介護休業、子の看護休暇・介護休暇等の期間については、有給（無給）とする。

第20条の解説

　第20条各項の休業、休暇等については、法律上、有給にする義務はありません。

（欠勤等の扱い）

第21条　パート社員の欠勤、遅刻、早退および私用外出の時間については、1時間当たりの基本給賃金額に欠勤、遅刻、早退および私用外出の合計時間を乗じた額を差し引くものとする。

第21条の解説

　第21条で規定する欠勤等については、ノーワーク・ノーペイの原則（労働なければ、賃金なし）に従い、無給としても適法です。

（賃金の支払い）

第22条　パート社員の賃金は、前月○○日から当月○○日までの分について、当月○○日（支払日が休日に当たる場合はその前日）に通貨で直接その全額を本人に支払う。

2　次に掲げるものは、賃金から控除するものとする。

　一　源泉所得税

　二　住民税

　三　雇用保険および社会保険の被保険者については、その保険料の被保険者の負担分

　四　その他事業所の従業員の過半数を代表する者との書面による協定により控除することとしたもの

（昇給）

第23条　パート社員のうち1年以上勤続し、成績の優秀なものは、その勤務成績、職務遂行能力等を考慮し昇給を行う。

2　昇給は、原則として年1回とし、○月に実施する。

（賞与）

第24条　毎年○月○日および○月○日に在籍し、支給日時点で○か月以上勤続したパート社員に対しては、その勤務成績、職務内容、勤続期間等を考慮し賞与を支給する。

2　賞与は、原則として年2回、○月○日および○月○日（支払日が休日に当たる場合は、その前日）に支給する。

3　支給基準および支給金額は、その期の会社の業績等によりその都度定める。

第23条・24条の解説

　昇給および賞与の支給を行うか否かは使用者の自由です。

昇給および賞与の支給については、これらを行う場合にのみ規定を設ければ足ります。

（退職金の支給）
第25条　勤続〇年以上のパート社員が退職し、または解雇されたときは、退職金を支給する。ただし、第39条第四号により懲戒解雇された場合は、退職金の全部または一部を支給しないことがある。

（退職金額等）
第26条　退職金は、退職または解雇時の基本給に勤続年数に応じて定めた別表の支給率を乗じて計算した金額とする。（別表は省略）。
2　退職金は、支給事由の生じた日から1か月以内に支払う。

第25条・26条の解説
　退職金を支給するか否かは使用者の自由です。
　退職金を支給する場合にのみ第25条・第26条の規定を設けます。

第7章　退職・解雇および雇止め

第27条　パート社員が次の各号のいずれかに該当するときは、退職とする。
　一　労働契約に期間の定めのある場合は、その期間が満了したとき
　二　本人の都合により退職を申し出て会社が認めたとき、または退職の申し出をしてから30日を経過したとき
　三　本人が死亡したとき
　四　本人または家族から会社に対して何ら連絡のないまま、欠勤が〇契約労働日以上続いたとき（重症の私傷病、天災地変等により会社と連絡をとることが困難な場合を除く）。

第27条第4号の解説
　パートタイマーが無断欠勤を続け、会社が本人と連絡がとれず、退職の意思も確認できないため、取扱いに苦慮する場合があります。このような場合には、自動退職として取り扱うこととします。

（解雇）
第28条　パート社員が、次の各号のいずれかに該当するときは解雇する。この場合においては、少なくとも30日前に解雇の予告をするか、または平均賃金の30日分の解雇予告手当を支払う。
　一　事業の休廃止または縮小その他事業の運営上やむを得ないと会社が判断したとき
　二　本人の身体または精神に障害があり、会社の指定する医師の診断に基づき業務に耐えられないと会社が判断したとき
　三　勤務成績が不良で就業に適しないと会社が判断したとき
　四　前各号に準ずるやむを得ない事由があると会社が判断したとき

第2章　パート専用就業規則の作成と変更

（雇止め）

第29条　会社は、期間の定めのある労働契約の更新により1年を超えて引き続き使用するに至ったパート社員について、期間の満了により労働契約を終了させる場合には、少なくとも30日前に、その予告をする。

> 第28条の解説
>
> 　　30日前の解雇予告または解雇予告手当の支払いについては、労働基準法第20条に規定されています。
>
> 第29条の解説
>
> 　　有期労働契約の締結・更新・雇止め（契約不更新）に関する基準（厚生労働大臣告示）により30日前の予告が義務づけられています（労働基準法第14条第2項、3項）。

第8章　福利厚生、社会・労働保険および教育訓練

（福利厚生）

第30条　会社は、パート社員の福利厚生施設の利用および行事への参加については、正社員と同様の取扱いをするように配慮する。

（労働・社会保険）

第31条　会社は、雇用保険、健康保険および厚生年金保険の被保険者に該当するパート社員については、必要な手続きをとる。

> 第31条の解説
>
> 　　パートの社会保険の適用基準は、原則として、通常の労働者の所定労働時間のおおむね4分の3（週30時間）以上となっています。平成28年10月1日から一定の条件を満たすと週20時間以上が適用基準となりました（271頁参照）。また、パートのうち①65歳未満で、②31日以上雇用される見込みがあり、③1週間の契約労働時間が20時間以上の場合には、雇用保険（一般被保険者）に加入させなければなりません。

（教育訓練の実施）

第32条　会社はパート社員に対して、雇入れ時及び配置転換時に必要な教育訓練を実施する。

2　会社は前項のほかキャリアアップ等を図るため、適宜必要な教育訓練を実施する。

> 第32条の解説
>
> 　　パート労働法で、パートの教育訓練および福利厚生の実施について事業主に義務または努力義務が課されています（第11条・第12条）。

第9章　安全衛生および災害補償

（安全衛生の確保）

第33条　会社は、パート社員の労働環境の改善を図り安全衛生教育、健康診断の

実施その他必要な措置を講ずる。

2　パート社員は、安全衛生に関する法令、会社の規程ならびに会社の指示を守り、会社と協力して労働災害の防止に努めなければならない。

（健康診断・ストレスチェック）

第34条　会社は、法令で実施義務のあるパート社員に対しては、採用の際および毎年定期に健康診断を行う。

2　会社は、有害な業務に従事するパート社員については、特殊健康診断を行う。

3　会社は、毎年、法令で実施義務のあるパート社員に対して、ストレスチェックを行う。

4　パート社員は、会社の行う前各項の健康診断及びストレスチェックを受けなければならない。

（安全衛生教育）

第35条　パート社員に対し、採用の際および配置換え等により作業内容を変更した際には、必要な安全衛生教育を行う。

（災害補償）

第36条　パート社員が業務上の事由もしくは通勤により負傷し、疾病にかかりまたは死亡した場合は、労働者災害補償保険法に定める保険給付を受けるものとする。会社は、これらの受給手続について必要な助力を行う。

2　パート社員が業務上負傷し、または疾病にかかり休業する場合の最初の3日間については、会社は平均賃金の60％の休業補償を行う。

第34条の解説

　「常時使用する労働者」については、使用者に健康診断及びストレスチェックの実施義務が課せられています（労働安全衛生法第66条等）。また「有害業務従事者」については年2回の特殊健診が義務づけられています（同法）。

第35条の解説

　パートについても、雇入れ時、作業内容変更時及び一定の危険有害業務に就かせるときの安全衛生教育の実施が義務づけられています（同法第59条〜第60条の2）。

第10章　表彰及び懲戒処分

（表彰）

第37条　パート社員が次の各号のいずれかに該当するときは、表彰をする。

一　永年勤続し、勤務成績が優れているとき（永年勤続は○年、○年、○年とする）。

二　勤務成績が優れ、業務に関連して有益な改良、改善、提案等を行い、会社の業績の向上に貢献したとき。

三　重大な事故・災害を未然に防止し、または事故・災害等の非常の際に適切な行動により災害の拡大を防ぐ等特別の功労があったとき。

四　人命救助その他社会的に功績があり、会社の名誉を高めたとき。

五　その他前各号に準ずる行為で、他の従業員の模範となり、または会社の名

第2章　パート専用就業規則の作成と変更

誉信用を高めたとき。

（表彰の種類）

第38条　表彰は、表彰状を授与し、併せて表彰の内容により賞品もしくは賞金の授与、特別昇給または特別休暇を付与する。

2　表彰は、個人またはグループを対象に、原則として会社創立記念日に行う。

第37条・38条の解説

　表彰については任意的必要記載事項なので、実施する場合のみ規定を設けてください。

（懲戒処分の種類）

第39条　パート社員の懲戒処分は、その状況に応じ次の区分により行う。

一　けん責　業務報告書を提出させ将来を戒める。

二　減給　業務報告書を提出させ減給する。ただし、減給は、1回の額が平均賃金の1日分の5割（2分の1）を超えず、また、総額が一賃金支払期間における賃金の1割（10分の1）を超えることはない。

三　出勤停止　業務報告書を提出させるほか、3労働日を限度として出勤を停止し、その間の賃金は支給しない。

四　懲戒解雇　即時に、または30日以上前に予告して解雇する。

（懲戒処分の事由）

第40条　パート社員が次の各号のいずれかに該当するときは、けん責、減給または出勤停止（無給）とする。

一　やむを得ない理由がないにもかかわらず無断欠勤○日以上に及ぶとき。

二　しばしば欠勤、遅刻、早退をするなど勤務に熱心でないとき。

三　過失により会社に損害を与えたとき。

四　素行不良で会社内の秩序または風紀を乱したとき。

五　その他この規則に違反し、または前各号に準ずる不都合な行為があったとき。

2　パート社員が次の各号のいずれかに該当するときは、懲戒解雇とする。

一　やむを得ない理由がないにもかかわらず無断欠勤○日以上におよび、出勤の督促に応じないとき。

二　やむを得ない理由がないにもかかわらず遅刻、早退および欠勤を繰り返し、数回にわたって注意を受けても改めないとき。

三　会社内における窃取、横領、傷害等刑法犯に該当する行為があったとき、またはこれらの行為が会社外で行われた場合であっても、それが著しく会社の名誉もしくは信用を傷つけたとき。

四　故意または重大な過失により会社に損害を与えたとき。

五　素行不良で著しく会社内の秩序または風紀を乱したとき。

六　重大な経歴を詐称したとき。

七　その他前各号に準ずる不適切な行為があったとき。

（第39条・第40条の解説）
1　第39条（懲戒処分の種類）および第40条（懲戒処分の事由）については一般的に各企業で定めているものを規定しました。
2　本規則第39条第二号の減給制裁の制限については労働基準法第91条に、本規則と同内容の規定が設けられています。

第11章　パート社員の無期労働者への転換

第41条　パート社員の無期労働者への転換については「限定正社員等規則」の定めるところによる。

（第41条の解説）
　無期労働契約への転換ルールについては、第1部で解説しています。

附則
　この規則は、平成○○年○月○日から実施する。

第3部

契約社員・パートの
労務管理

第1章　総括事項

第1章

総括事項

〔1〕 契約社員・パートの募集・採用から退職までに会社が行うことは

契約社員・パートの募集・採用から退職までに会社が行うことは、**図表1**のとおりです。

図表1　契約社員・パートの募集・採用から退職までに会社が行うこと

❶ 年間募集計画の作成〈作成手順のポイント〉
　① 月別の生産高、売上高を予測する
　② 労働分配率を決める
　③ 月別の人件費比率を出す
　④ 月間の1人あたり平均労働時間数を決める
　⑤ 各月の適正在籍従業員数を決める
　⑥ 月別の職種別募集従業員数を決める
　⑦ 募集条件を決める
　⑧ 契約社員・パートなどのいずれにするかを決める
❷ 募集活動の展開〈募集活動のステップ〉
　① 自社の従業員から紹介してもらう
　② 日常の就職希望者名簿への登録、登録者への打診
　③ 従来の退職者への再就職の打診
　④ ポスター掲示
　⑤ 売り場でのスカウト
　⑥ 投込み広告
　⑦ 大学などへの依頼、チラシ配布
　⑧ 公共職業安定所（ハローワーク）、パートバンクへの求人申込み
　⑨ 新聞折込広告の利用
　⑩ 新聞広告、就職情報誌の利用
❸ 面接選考と採用手続〈チェックポイント〉

164

① 事前に面接時の評価基準を決めてあるか
② 面接選考で、応募者の働く目的、健康、通勤時間、本人の資質、能力を十分チェックできたか
③ 労働条件明示書（兼労働契約書）を渡したか
パート労働法、労基法による明示義務事項の記載が必要（117頁図表3参照）
④ 履歴書、住民票、扶養控除申請書などの必要書類を受けとったか
⑤ 労働保険、社会保険の加入手続はしたか
❹ 配置先の受入準備〈チェックポイント〉
① どんな新入従業員かを確認してあるか
② 担当させる仕事の内容、勤務スケジュールを決めてあるか
③ 机、ロッカー、作業用具、制服、ネームプレートなどの物品は用意できているか
④ 世話役（直接指導する者）を決めてあるか
⑤ 契約社員・パート用就業規則、部署の組織図・職務分担表、勤務予定表など、新入従業員に渡す書類は用意できているか
❺ 契約社員・パートに対する基礎教育の内容
① 会社概要、経営上のモットーなど
② 労働条件、福利厚生の内容、施設利用のしかた
③ 担当する職務の内容（業務内容・責任）・しかた
④ 部署全体の仕事の流れ、各人の職務分担
⑤ 服務上の心得、安全衛生面の注意事項
⑥ その他必要事項
❻ 在職中の人事・労務管理・教育訓練全般、福利厚生施設の提供、労働契約の更新手続
❼ 解雇・退職・雇止め（契約不更新）時の取扱い〈チェックポイント〉
① 解雇をする場合、その理由、根拠、手続に問題はないか
② 解雇の場合、30日以上前の解雇予告または解雇予告手当の支払いを行っているか
③ 雇止め（契約不更新）時の30日以上前の予告など必要手続をとっているか
④ 退職の場合、「退職願」を受理しているか
⑤ 解雇・退職・雇止めの場合、次の事務手続を終えているか
　　イ　賃金、退職金の支払い
　　ロ　社内積立金などの返還
　　ハ　身分証明書、制服などの貸与品の返却受理
　　ニ　社会・労働保険関係書類の交付、担当行政機関の手続
　　ホ　使用証明書の交付（請求があった場合）

第1章　総括事項

〔2〕　契約社員・パートに関係する労働法令は

1　ポイントは

労基法、労契法、パート労働法、その他があります。

2　契約社員・パートに適用される労働関係の法令にはどんなものがあるか

契約社員・パートに適用される労働関係法令には、労基法、労契法、およびパート労働法のほかに、**図表2**に示すものなどがあります。

図表2　契約社員・パートに適用される主な労働法令

名　称	規定のポイント
①最低賃金法	使用者が労働者に支払わなければならない最低賃金額を定めています。とくに、契約社員・パートの賃金額を決めるときに確認が必要です。
②賃金支払確保法	会社の倒産等で、労働者に未払いの賃金や退職金がある場合、労働者の請求によりそれらの8割を、国が立替払いをする制度です。
③高年法	会社に対して、60歳定年後、段階的な65歳までの期間雇用者、有期パート等としての雇用継続・定年延長など雇用確保の措置の実施を義務づけています。
④労災保険法	次の災害に対して保険給付を行う、国の保険制度です。 ①業務上の事由による傷病、死亡、障害 ②通勤による傷病、死亡、障害
⑤雇用保険法	労働者が失業した場合に、国が基本手当等の給付を行い、再就職するまでの生活を安定させ、安心して就職活動をできるようにすることを主な目的としています。
⑥均等法	会社に対して、労働者の募集・採用から退職・解雇までの人事労務管理の各事項について、男女双方を性別により差別することを禁止しています。 　また、事業主のセクハラ防止措置の実施義務、妊娠中・出産後の女性労働者の健康管理措置の実施義務を定めています。
⑦育介法	男女労働者に対して、育児・家族介護のための休業、小学校就業前の子の看護休暇、介護休暇の付与、短時間勤務、所定時間外労働・深夜業の制限等を会社に義務づけています。
⑧派遣法	人材派遣会社が適正に運営されるように規制し、パートを含む派遣労働者を保護するように派遣会社と受入会社に義務づけています。

3 契約社員・パートは、正規労働者とは取扱いが異なる

契約社員・パートについては、**図表3**のように、それぞれの法律が必要に応じて名称と定義を定めて、正規労働者とは異なる取扱いをしています。

労働法上は、図表3に掲げられた事項以外については、契約社員・パートは、原則として、正規労働者と同じ取扱いになっています。

図表3　契約社員・パートを正規労働者と異なる取扱いにしている主な例

規定内容	根拠法
①契約社員・有期契約パートの契約期間の上限 原則：3年以内 特例：次のいずれかの者と結ぶ契約については5年以内 　(a)　一定の高度・専門的な知識・技能・技術を有する者 　(b)　60歳以上の者	労基法14条1項
②有期契約締結時の契約更新についての説明義務	労基法14条2項にもとづく基準告示1条
③原則として、通常の労働者（正社員等のフルタイマー）の4分の3以上の労働時間等のパートに社会保険を適用	健康保険法 厚生年金保険法
④1日8時間、1週40時間以内の法内残業には割増賃金の支払義務なし（時間当たり賃金を支払えばよい）	労基法37条1項
⑤所定労働日数の少ない労働者に対する年次有給休暇の比例付与	労基法39条3項
⑥　次の契約社員・パートに育児休業を付与 　(a)　同一企業に1年以上継続雇用されていること 　(b)　子が1歳6カ月になるまで契約更新の可能性があること	育介法 （平成29年1月〜）
⑦　雇用形態の変更についての男女差別の禁止	均等法6条1項3号
⑧　労働契約の更新についての男女差別の禁止	均等法6条4号
⑨　次の契約社員・パートの解雇の際の予告義務の免除 　(a)　日々雇い入れられる者（1カ月を超えて引き続き雇用されるようになった場合を除きます） 　(b)　2カ月以内の期間を定めて雇用される者（当初の期間を超えて引き続き雇用されるようになった者を除きます）	労基法21条

第1章　総括事項

(c) 季節的業務に4カ月以内の期間を定めて雇用される者（当初の期間を超えて引き続き雇用されるようになった者を除きます） (d) 試用期間中の者（14日を超えて引き続き雇用されるようになった場合を除きます）	
⑩一定の場合の雇止め（契約不更新）の制限	労契法19条、判例
⑪1年以上継続雇用している有期パート等の雇止め（契約更新拒否）についての30日前の予告義務	労基法14条2項にもとづく基準告示2条
⑫期間の定めのない契約で、週当たり一般労働者の4分の3以上の労働時間のパートに対する定期健康診断実施の義務	安衛法、関係通達
⑬パート向け退職金共済制度　パート（週30時間未満の者）は特別に2,000円、3,000円、4,000円の掛金でも加入できる	中小企業退職金共済会
⑭パートの賃金額は、最低賃金額以上でなければならない	最賃法
⑮労働時間の長さに対応した休憩時間の付与 　労働時間6時間までは休憩時間不要。6時間超え8時間までは45分	労基法34条

〔3〕 契約社員・パートに関係する法律、担当行政機関、法違反事業主に対する処分等は

これらについてのあらましは、**図表4**のとおりです。

図表4　契約社員・パートに関係する法律、担当行政機関、法違反事業主に対する処分権限等

1　法律名 （担当行政機関）	2　法違反事業主に対する処分等		
	(1)　行政上の処分	(2)　罰則規定の有無、刑事上の処分	(3)　民事上の取扱い
①　労基法、最賃法、賃金支払確保法、安衛法（労働基準監督署、都道府県労働局労働基準部）	労働基準監督官による臨検監督（立入調査）、指導票・是正勧告書・使用停止命令書等の交付	・罰則規定有・労働基準監督官が悪質な事案を地方検察庁に送検	労働者は、規定によっては、法違反事業主に対して、法律行為の無効・取消し、損害賠償請求等ができる。
②　労契法(同上)	労基署の周知、指導	・罰則規定なし	
③　パート労働法、均等法、育介法（都道府県労働局雇用環境・均等部（室))	・指導、助言、勧告、違反事業主名の公表 ・紛争調整委員会による調停	・罰則規定なし	
④ⓐ派遣法 ⓑ高年法 ⓒ職安法（ハローワーク)、都道府県労働局職業安定部等)	・ⓐ、ⓒについては立入調査、指導、助言、勧告、改善命令、事業廃止命令等 ・ⓑについては指導、勧告等	・ⓐ、ⓒは罰則規定あり ・ⓑは罰則規定なし	

169

第2章　賃金

第2章

賃　金

1 最低賃金

〔1〕 最低賃金の金額、適用対象者は

1 法定の最低賃金とは

　最低賃金制とは、最低賃金法で、使用者が労働者に支払う賃金の最低支払金額を定め、使用者にこれを守ることを義務づけたものです。違反すると罰則が科される制度です。最低賃金は、日本国内で働くすべての労働者に適用され、使用者は最低賃金額に満たない賃金で従業員を使用することはできません。

　最低賃金は都道府県ごとに、①地域別最低賃金（**図表1**）と②産業別の最低賃金（東京都内の鉄鋼業の場合は871円）とが、時間額で決められています。

　毎年10月頃に金額の改定が行われています。そのときどきの金額は、最寄りの労働基準監督署または都道府県労働局の賃金担当部署（賃金課・室）に問い合わせてください。

　その都道府県に産業別の最低賃金の定めがある場合、その産業で働いている労働者には、地域別最低賃金ではなく、その産業別の金額が適用されますが、産業別最低賃金が地域別最低賃金より低い場合は地域別最低賃金が適用されます。産業別最低賃金の定めのない場合は、各都道府県ごとの地域別最低賃金が適用されます。

170

ただし、上記の場合、その都道府県によっては、次のような労働者については、産業別最低賃金ではなく地域別最低賃金が適用される取扱いになっています。

①　18歳未満の者または65歳以上の者

②　雇い入れ後6カ月未満で、技能習得中の者

③　清掃または片づけの業務に主として従事する者

図表1　各都道府県の地域別最低賃金（時間額：円）（平成28年10月時点）

北海道	786	埼玉	845	岐阜	776	鳥取	715	佐賀	715
青森	716	千葉	842	静岡	807	島根	718	長崎	715
岩手	716	東京	932	愛知	845	岡山	757	熊本	715
宮城	748	神奈川	930	三重	795	広島	793	大分	715
秋田	716	新潟	753	滋賀	788	山口	753	宮崎	714
山形	717	富山	770	京都	831	徳島	716	鹿児島	715
福島	726	石川	757	大阪	883	香川	742	沖縄	714
茨城	771	福井	754	兵庫	819	愛媛	717	平均	823
栃木	775	山梨	759	奈良	762	高知	715		
群馬	759	長野	770	和歌山	753	福岡	765		

2　最低賃金はすべての労働者に適用される

　最低賃金は、常用労働者だけでなく、パート、アルバイト、臨時、日雇労働者にも適用されます。雇用形態、性別、国籍（日本人か外国人か）、不法就労者かどうかはまったく関係ありません。

　仮に会社と労働者の間の労働契約で、最低賃金額未満の賃金額で働くことの合意があっても、その労働契約は無効です。この場合、最低賃金額と同じ金額で合意をしたものとみなされます。

3　最低賃金の減額特例制度とは

　雇用する労働者が次のいずれかに該当する場合は、使用者の申請にもとづき、都道府県労働局長により、その労働者について法定の最低

第2章　賃金

賃金額よりも減額された金額が決められ、その額が最低賃金として適用されます。

　この場合、使用者は、その労働者の所属する事業場の所在地を管轄する労働基準監督署長経由で都道府県労働局長に申請し、許可を受ける必要があります。

図表2　最低賃金の減額特例制度の対象労働者

① 精神又は身体の障害により著しく労働能力の低い者
② 試用期間中の者
③ 基礎的な職業訓練を受講中の者
④ 軽易な業務及び断続的労働に従事する者

〔2〕　支払賃金額が最低賃金額以上か否かの確認方法は

　現在、最低賃金は、ほとんどが時間額で定められています。その労働者に日給制や月給制で賃金が支払われている場合は、支給賃金額〔基本給と職務関連手当（作業手当、職務手当等）との合計額〕を1時間あたりの金額に換算して、これを最低賃金額と比較します。

　賃金の支給形態ごとの計算のしかたは、**図表3**のとおりです。なお、支払賃金額と最低賃金額との比較にあたって除外される賃金は、**図表4**のとおりです。

　また、具体的な比較のしかたの事例は、**図表5**とおりです。

172

1 最低賃金

図表3 支払賃金額と最低賃金額との比較方法

(1) 時間給の場合
  時間給≧最低賃金額（時間額）
(2) 日給の場合
  日給÷1日平均所定労働時間≧最低賃金額（時間額）
  ただし、日額が定められている産業別最低賃金が適用される場合には、
  日給≧最低賃金額（日額）
(3) 月給の場合
  月給÷1カ月平均所定労働時間≧最低賃金額（時間額）
(4) 出来高払制その他の請負制によって定められた賃金の場合
  出来高払制その他の請負制によって計算された賃金の総額を、当該賃金算定
  期間に出来高払制その他の請負制によって労働した総労働時間数で除して時
  間当たりの金額に換算し、最低賃金額（時間額）と比較します。
(5) 上記(1)、(2)、(3)、(4)の組み合わせの場合
  例えば、基本給が日給制で、各手当（職務手当など）が月給制などの場合は、
  それぞれ上記(2)、(3)の式により時間額に換算し、それを合計したものと最低
  賃金額（時間額）を比較します。

図表4 最低賃金の対象とならない賃金

最低賃金額との比較にあたって次の賃金は除外されます。
①臨時に支払われる賃金（結婚手当など）
②1カ月を超える期間ごとに支払われる賃金（賞与など）
③所定労働時間を超える時間の労働に対して支払われる賃金（時間外割増賃金な
 ど）
④所定労働日以外の日の労働に対して支払われる賃金（休日割増賃金など）
⑤午後10時から午前5時までの間の労働に対して支払われる賃金のうち、通常の
 労働時間の計算額を超える部分（深夜割増賃金など）
⑥精皆勤手当、通勤手当、家族手当、住宅手当等の職務に関係のない手当

173

第2章　賃金

図表5　支払賃金額と最低賃金額との比較のしかた

【事例1】 月給制の場合：○○県で働くＡさんの場合

基本給	125,000円
職務手当	25,000円
通勤手当	8,000円
合計	158,000円
労働時間／日	7時30分
年間所定労働日数	250日
○○県最低賃金	900円

○○県で働く労働者Ａさんは、基本給が月125,000円、職務手当が月25,000円、通勤手当が月8,000円支給され、Ｍ月の合計が158,000円です。

なお、Ａさんの会社は、年間所定労働日数は250日、1日の所定労働時間は7時間30分で、○○県最低賃金額は時間額900円です。

Ａさんの賃金が最低賃金額以上となっているか否かは、次の方法で比較します。

(1) Ａさんに支給された賃金のうち、通勤手当は算入しないので、

158,000円－8,000円＝150,000円

(2) この金額を時間額に換算し、最低賃金額と比較すると、

150,000円÷（250日×7.5時間／12カ月）＝960円＞900円

であり、 最低賃金額以上 となっています。

【事例2】 日給制と月給制の組み合わせの場合：○○県で働くＢさんの場合

基本給（日額）	5,000円
Ｍ月の労働日数	20日
職務手当	25,000円
通勤手当	8,000円
合計	133,000円
労働時間／日	8時間
年間所定労働日数	250日
△△県最低賃金	900円

△△県で働く労働者Ｂさんは、基本給が日給制で1日あたり5,000円、各種手当が月給制で、職務手当が月25,000円、通勤手当が月8,000円支給され、Ｍ月は20日間働き、合計が133,000円です。なお、Ｂさんの会社は、年間所定労働日数は250日、1日の所定労働時間は8時間で、△△県最低賃金額は時間額900円です。

Ｂさんの賃金が最低賃金額以上となっているか否かは、次の方法で比較します。

(1) Ｂさんに支給された賃金のうち、通勤手当は算入しないので、職務手当（月給制）を時間額に換算すると、

25,000円÷1カ月平均所定労働時間（250×8時間／12カ月）＝150円

(2) 基本給（日給制）を時間額に換算すると、

5,000円÷8時間／日＝625円／時間

(3) 上記(1)と(2)を合計すると、

150円＋625円＝775円＜900円

となり、 最低賃金額を下回る ことになります。

（資料出所）労働調査会労働基準広報2012.3.21を一部修正のうえ使用。

2 休業手当

〔1〕 休業手当

1 ポイントは

会社は、経営上の理由で労働者を休業させた場合には、平均賃金の60％以上を休業手当（法定賃金）として支払わなければなりません。

2 休業手当とは

休業とは、事業の全部または一部が停止される場合だけでなく、会社が特定の労働者に対して、その意思に反して、勤務を拒否する場合も含まれます。

使用者（会社）は、労働者を使用者の責に帰すべき事由により休業させた場合には、休業期間中、その労働者に平均賃金の60％以上の休業手当を、法定賃金として、支払わなければなりません。

使用者の責に帰すべき事由とは、資材・資金不足、事業場の設備の欠陥など経営上の理由による休業、使用者の故意、過失による休業等を広く含みますが、天災地変等の不可抗力によるものは含まれません。

また、一部労働者のストライキにより残りの労働者を就労させることができない場合や就労させることが無意味な場合には、たとえ残りの労働者の就労を拒否しても、休業手当の支払義務はありません。ストライキは労組法で認められた労働者の権利の行使であり、事業の外に起因するものということです。

原料、資材等の不足であっても、会社の関与範囲外の原因によるものは、休業手当の支払義務はありません。

3 休業手当の支払額・支払期日は

1日勤務のうち半日を休業とした場合、または半日勤務の日を休業とした場合には、いずれもそのパートタイム労働者の1日の平均賃金

第2章　賃金

の60％以上の支払義務があります。1日分の最低生活費を保障する趣旨です。

　パートの場合、1週のうちある日の所定労働時間がたまたま短く定められていても、その日の休業手当は、そのパートの平均賃金の100分の60以上に相当する額を支払わなければなりません。

　休業手当は、労基法26条にもとづく法定賃金です。

　したがって、例えば、賃金を毎月末日に締め切り、翌月10日に支払うことになっている場合、11月中の休業日についての休業手当は、12月10日（賃金支払日）に支払わなければなりません。

　休業手当は、支給額が不足したり、支払いが支給期日よりも遅れると、賃金不払い（労基法24条違反）となります。

3 賃金支払いの5原則

〔1〕 賃金支払いの5原則とは

1 賃金支払いの5原則とは

　賃金は労働者の生活の基礎です。そこで、賃金が確実に労働者の手にわたるように労基法24条で次の5つの原則を定めています。

① 通貨払いの原則

② 直接払いの原則

③ 全額払いの原則

④ 毎月1回以上払いの原則

⑤ 一定期日払いの原則

2 5原則の内容は

(1) 通貨払いの原則

　賃金は、原則として、通貨で支払わなければなりません。実物による賃金支払いは価格が不明瞭で換価にも不便なことから禁止されています。通貨払いの原則についての例外は、**図表6**の3つのみです。

(2) 直接払いの原則

　賃金は、原則として、労働者本人に直接支払わなければなりません。したがって、労働者の代理人、つまり未成年者の親や後見人、労働者の委任を受けた代理人に支払っても無効です。ただし、労働者が病気で、その配偶者や子が使者（手足）として受け取りにきた場合には、支払っても差し支えありません。

(3) 全額払いの原則

　賃金は、原則として、その全額を支払わなければなりません。ただし、**図表7**の2つの場合には、賃金から一部控除（天引）して差し支えありません。

177

第2章　賃金

　なお、使用者が労働者に有している債権をもって、労働者の賃金と相殺することは、全額支払いの原則に反し、労基法違反となります。しかし、それが労働者の完全な自由意志によるものであれば認められます。例えば、退職金から住宅ローン（会社から借りているもの）の返済残額を相殺するようなケースです。

図表6　賃金の通貨払いの原則の3つの例外

例外事項	説　　　　明
①　労働組合との労働協約に規定がある場合	労働組合との労働協約に定めがあれば、定期券の現物支給、組合員に対して自社製品といった物で支払っても労基法違反になりません。
②　賃金の金融機関への口座振込み	賃金の金融機関への口座振込みについては、次の要件を満たしていれば認められます。 (a)　労働者の同意があり、労働者の指定する本人名義の口座に振り込まれる (b)　賃金の総額が所定の賃金支給日に引き出せる 　さらに労基署では、支払日の午前10時までには引き出せるようになっていること、賃金支払日には労働者本人に賃金支払計算書が交付されているようにすることなどを指導しています。 　対象となる金融機関は、銀行、信用金庫、農協、商工中金、証券総合口座です。
③　退職金	退職金は高額で、現金払いでは危険が多いことなどから、上記②の方法のほか、労働者の同意があれば、銀行振出自己宛小切手、銀行支払保障小切手、郵便為替で支払うことも認められています。

図表7　賃金からの一部控除が認められる場合

ケース	控除が認められるもの
①　法令に別段の定めがある場合	所得税の源泉徴収、社会・労働保険料（健康保険、雇用保険、厚生年金保険）の控除など
②　労使協定に定めている場合	親睦会費、労働組合費、社宅料、購入物品の代金その他

(4) 毎月1回以上払いの原則

　賃金は、原則として、毎月、1日から末日までの間に少なくとも1回以上支払わなければなりません。年俸制の場合も同じです。

(5) 一定期日払いの原則

　賃金は、原則として、あらかじめ、毎月5日とか、毎月の末日とか、日を特定して支払わなければなりません。「毎月第2水曜日」のように日が変動するような定め方、「毎月15日から20日の間」のように日が特定しない定め方をすることは許されません。

　ただし、決められた支払日が休日にあたる場合は、その支払日を後日に繰り下げる、あるいは前日に繰り上げるように、あらかじめ、定めることは認められます。これでも日が特定できるからです。

　なお、「毎月1回以上払いの原則」と「一定期日払いの原則」は、次の賃金については適用されません。

① 臨時に支払われる賃金（私傷病手当、結婚手当、退職金等）

② 賞与

③ 1ヵ月を超える期間によって算定される精勤手当、勤続手当、奨励加給、能率手当

4 正社員とパートの異なる取り扱いは？

　例えば、正社員は月給制、パートは週給制としている企業は多いでしょう。月給制も週給制も毎月1回以上賃金支払いしているので「毎月1回以上払いの原則」に反していません。正社員とパートとで異なる取り扱いとなっていますが、収入額の少ないパートについて支払回数を多くしているので、この点も問題ありません。

　また、正社員とパートで賃金の支払期日が異なっていても、その労働者について一定期日ごとに支払われていれば適法です。

〔2〕 賃金から一部控除する手続きは

　労働者（パート等を含む。）の賃金から、その従業員が使用者に支

第2章　賃金

払わなければならない何かしらの金額を、使用者の賃金支払い時に、一部控除する場合には、あらかじめ、①就業規則（または賃金規程）に規定を設けること、および②労使協定を結び、その事業所に保管しておくこと、という2つの手続きが必要です。

1　就業規則の賃金控除の規定例は

就業規則における賃金控除の規定例は**図表8**のとおりです。

図表8　就業規則の賃金控除の規定例

第○条　会社は、従業員への賃金の支払いに際して、次のものを控除する。
1　所得税、住民税、労働・社会保険料等法令で定められたもの
2　労働組合費
3　社宅・寮の使用料
4　会社取扱製品の購入代金
5　各種貸付金の毎月の返済金
6　社員食堂での食券購入代金

2　労使協定の結び方と協定例は

賃金から控除するために、使用者はあらかじめ、事業所の従業員の過半数の代表者（過半数労働組合がある場合は、その代表者）と労使協定を結ぶことが必要です。労使協定例を**図表9**に示します。この労使協定は、労働基準監督署に届け出る必要はありません。ただし、労働基準監督署の労働基準監督官が事業場に立入調査する場合には、必ずこの協定書の呈示を求められます。協定書を呈示できない場合は、労基法違反として是正勧告さらには摘発されますので、労使協定書はその事業所で保管しておいてください。

180

3　賃金支払いの5原則

図表9　賃金の一部控除に関する労使協定例

賃金の一部控除に関する労使協定書

　○○株式会社と労働者の過半数代表者○○○○は、労働基準法第24条第1項に基づき、賃金の一部控除に関し、下記のとおり協定する。
1　会社は、毎月の賃金の支払いの際、次の各号に掲げるものを控除する。
　⑴　所得税、住民税、労働・社会保険料等法令で定められたもの
　⑵　労働組合費
　⑶　社宅・寮の使用料
　⑷　会社取扱製品の購入代金
　⑸　各種貸付金の各月ごとの返済金
　⑹　社員食堂での食券購入代金
2　前記1の⑷及び⑸については、賞与支払いの際に控除することができる。
3　この協定は、締結した日から3年間有効とする。ただし、有効期間満了後も、当事者の何れかが60日前までに文書により破棄の通告をしない限り効力を有するものとする。
平成○年○月○日

○○株式会社代表取締役
○○○○　㊞
労働者の過半数代表者
○○○○　㊞

181

第2章　賃金

4　その他

〔1〕　男女の賃金差別が認められる場合は

　労基法では、使用者は女性であることを理由として、賃金について男性と差別的取扱いをすることを禁止しています（労基法4条）。

　男女間の仕事の内容や能率、年齢、勤務年数等の違いに基づく賃金の違いは認められます。差別的取扱いにあたるのは、例えば**図表10**のケースです。

　また、女性が一般的に勤続年数が短いこと、作業能率が低いこと、扶養家族がいないことなどを理由に、実際にそうであるか否かを問わず一律に賃金につき男性とは異なる取扱いをすることは、女性であることを理由とする賃金差別となります。しかし、産前産後休業等を有給とすることは、出産という肉体的条件による休業に対して無給にしないということにとどまり、とくに女性であることを理由として男性に比較して有利に取り扱うものとはいえません。上記の労基法4条に違反した場合は、労働基準監督官により過去2年間さかのぼって、差額を支払うように、使用者に対して是正指導が行われます。これに従わない場合は、裁判により、6ヵ月以下の懲役または30万円以下の罰金に処せられます（労基法119条）。この規定は強行規定ですので、民事上、就業規則や労働契約の中の差別的賃金規定等は無効となり、差別された女性はそれまでの差別額と慰謝料を損害賠償として請求できます。

図表10　差別的取扱いにあたるケース

①　男女別に賃金表を定める。
②　男性は月給制であるのに、女性は週給制にする。
③　女性のみについて年功給に上限を設ける。
④　住宅手当や家族手当を男性にのみ支給する。

182

4　その他

〔2〕　パートの産休・育休等の賃金支払いは

1　ポイントは

　パートがこれらの制度を利用した時間を有給にすることは法令のうえで義務づけられていません。したがって、法令上、使用者に賃金支払い義務はありません。

2　ノーワーク・ノーペイの原則とは

　賃金は、労働に対する報酬です。したがって、従業員が労働に従事しない場合には、使用者は賃金を支払わなくてよいのが原則です。これを「ノーワーク・ノーペイの原則」といいます。

　ただし、労働に従事しない場合であっても、賃金支払いの有無、控除額の算定方法等を、就業規則、労働契約書、労働条件通知書等にはっきりと記載しておくことが必要です。

3　不就労時の賃金の取扱いをまとめると

　不就労の場合の賃金の取扱いをまとめると、**図表11**のとおりです。

183

第2章　賃金

図表11　不就労時の賃金の取扱い

項　目	説　明
① 欠勤・遅刻・早退・私用外出	これらについては、就業規則、労働条件通知書、労働契約書のいずれかに規定を設ければ、1時間あたりの通常賃金額を遅刻等の合計時間にかけ算した額を差し引いても、法令上問題はありません。
② 年次有給休暇	労働者が年休を取得したときは、働いていないにもかかわらず、特例として賃金の支払いが義務づけられています（労基法39条）。
③ 休業手当	使用者に責任のある休業については、法定賃金として、平均賃金の60％の支払いが義務づけられています（労基法26条）。
④ 会社独自の休暇	会社が独自に設けている年末年始、夏季、会社の創立記念日、慶弔等の休暇を、従業員が取得した際の賃金支払いは、法令では義務づけられていません。無給にするか有給にするかは、会社の自由です。
⑤ 休職期間	休職期間中の賃金の取扱いについては、法令上とくに規制はありませんので、会社で自由に決めてかまいません。
⑥ 労働組合活動による労務不提供	労働組合員が、勤務時間内に労働組合の日常活動、団体交渉、ストライキ等の争議行為をした場合は、それが労組法上正当な活動であっても、仕事から離れた時間分の賃金をカットできます。 これが「ノーワーク・ノーペイの原則」のもともとの意味です。

〔3〕　労働者の賃金請求権の消滅時効とは

労働者の賃金と退職金の請求権は、賃金支払期日から**図表12**の期間を経過すると、時効によって請求権は消滅します（労基法115条）。

つまり、使用者は労基法上、支払い義務がなくなります。

このため、例えば使用者が賃金不払いを行った場合、労基署は過去2年間分（請求権の消滅時効にかかっていない期間の部分のみ）について是正勧告書により、支払いを勧告します。

4　その他

図表12　労働者の賃金請求権の消滅時効年数

賃金等の種類	消滅時効期間
①　賃金（退職金を除く）、労働災害補償（使用者に支払義務のある場合）、休業手当、年次有給休暇中の賃金、帰郷旅費	2年
②　退職金	5年

第2章　賃金

5 同一労働同一賃金指針（案）

―非正規社員にも賞与・通勤費の支払いが必要―

　政府は、平成28年12月20日、働き方改革実現会議の会合を開き、非正規労働者と正社員の待遇格差を是正するための「同一労働同一賃金ガイドライン（指針）案」を示しました。この案のポイントは、**図表13**のとおりです。この指針案では、正社員と同じ仕事をする非正規の賃金は「同一の支給をしなければならない」と明記し、賞与や通勤費などの手当の支給も必要であるとしています。給与の中核となる基本給については経験や能力、実績などに一定の違いがある場合、正社員と非正規社員労働者の間で支給額の格差を認めるとしています。

図表13　「同一労働同一賃金」実現に向けた指針案のポイント

待　遇		内　　容
異なる待遇認める	基本給	経験や能力、実績などが同じであれば「同一」、差異があればそれに応じた待遇
	昇給	能力の向上が同じ水準であれば「同一」、差異があればそれに応じた待遇
	賞与・役職手当	会社の業績への貢献の度合いや役職の内容・責任が同じであれば「同一」、差異があればそれに応じた待遇
同じ待遇を求める	時間外労働手当	非正規労働者にも正社員と同一の割合率で支給
	深夜・休日労働手当	非正規社員労働者でも正社員と同一の割増率で支給
	通勤手当・出張旅費	非正規社員労働者でも正社員と同一の支給
	食堂・休憩室・更衣室	非正規社員労働者でも正社員と同一の利用を認める

　政府は、今後、この指針案の内容を労働契約法、パート労働法、労働者派遣法等の改正案に盛り込み、これらの改正案を、早ければ平成29年中に、国会に提出することとしています。

第3章

労働時間、休日、年休

1 労働時間、休憩、休日

〔1〕 労働時間のルール

1 1日あたりの法定労働時間は

使用者は、労働者に、原則として、休憩時間を除き、1日について8時間を超えて労働させてはなりません（労基法32条2項）。

2 1週あたりの法定労働時間は

使用者は、労働者に、原則として、1週間（任意の連続した7日間）について40時間を超えて労働させてはなりません（労基法32条1項）。

3 特例措置対象事業場の取扱いは

図表1に掲げる業種で、常時9人までの労働者を使用する事業場の法定労働時間は、現在、1週44時間となっています。

この場合、事業場の規模（常時労働者数9人まで）は、企業全体の規模をいうのではなく、支店、営業所等の個々の事業場の規模をいいます。

第3章　労働時間、休日、年休

図表1　法定労働時間44時間の事業場

業　種	具体的内容
商業	卸売業、小売業、理美容業、倉庫業、その他の商業
映画・演劇業	映画の映写、演劇、その他の興業の事業
保健衛生業	病院、診療所、社会福祉施設、浴場業、その他の保健衛生業
接客娯楽業	旅館、飲食店、ゴルフ場、公園・遊園地、その他の接客娯楽業

4　変形労働時間制・みなし労働時間制の特例は

　変形労働時間制またはフレックスタイム時間制を導入すれば、時間外労働協定を結ばず、時間外労働の割増賃金を支払うことなく「1日8時間・1週40時間」を超えて、適法に労働者に労働させることができます。また、みなし労働時間制という会社側にとって使い勝手のよい制度があります。

　これらの制度の種類、適用要件等は、**図表2**のとおりです。

1 労働時間、休憩、休日

図表2　労基法に定められた労働時間制度

制度名		適用範囲、要件	規制内容
①原則		1日あたりの法定労働時間：8時間 1週あたりの法定労働時間：40時間（特例措置対象事業場は44時間）	
②変形制、フレックスタイム制による特例	(1) 1カ月変形制	① 労使協定、就業規則、書面のいずれかが必要 ② 請求のあった妊産婦（妊娠中・出産後1年以内の者）、年少者（満18歳未満の者）は除く	1カ月以内の対象期間を平均し、週40時間（特例事業場は44時間）を超えない範囲内。 ※1日、1週あたりの所定労働時間の上限なし。
	(2) 1年変形制	① 就業規則と労使協定が必要 ② 一般職の地方公務員、請求のあった妊産婦、年少者は除く	① 1年以内の対象期間を平均し、1週40時間以内。 ② 1日10時間、週52時間が限度。
	(3) 1週間変形制	① 労使協定が必要 ② 労働者数29人までの小売業、旅館、料理店、飲食店 ③ 請求のあった妊産婦、年少者は除く	1週40時間以内、1日10時間が限度。
	(4) フレックスタイム制	① 就業規則等と労使協定が必要 ② 一般職の地方公務員、年少者は除く	1カ月以内の対象期間を平均し、1週40時間（特例事業場は44時間）以内。
③業種・業務による特例	(1) みなし労働時間制	① 専門業務型裁量労働制 ② 規格業務型裁量労働制 ③ 事業場外労働のみなし制	実労働時間の算定に、みなし労働時間制を適用できる。
	(2) 労基法の適用除外	次の各者が対象。年少者は除く ① 管理監督者、機密事務取扱者 ② 監視・断続的労働従事者で労基署長の許可を受けた者 ③ 農業、畜産水産業に従事する者	労働時間、休憩、休日に関する規定は不適用。
④年齢による特例	(1) 原則	15歳の学年末までの者	就業禁止。
		年少者（満18歳未満の者）	変形制・フレックスタイム制不可。
	(2) 1日の労働時間の延長	年少者	1週40時間を超えていない範囲で、週のうち1日を4時間以内に短縮した場合、他の日を10時間まで延長可。
	(3) 7時間労働制	修学児童（満13歳以上）で労基署長の許可を受けた者	労働時間と修学時間を通算して1週40時間、1日7時間。

189

第3章　労働時間、休日、年休

〔2〕　パートの法定労働時間・契約労働時間・法定休日・深夜労働とは

1　法定労働時間・所定労働時間・契約労働時間・実労働時間の違いは

これらの労働時間の違いは、**図表3**のとおりです。

図表3　法定労働時間・所定労働時間・契約労働時間・実労働時間の違い

名　称	意　味
① 法定労働時間	労基法で、使用者が、労働者をその時間を超えて労働させてはならないと定められている労働時間の最長限度のことです。 　1日あたりの法定労働時間は8時間、1週間あたりの法定労働時間は原則40時間、特例措置対象事業場は44時間です。
② 所定労働時間	その事業場で、就業規則または労働契約で、通常労働者（正社員）について定められている労働時間のことです。 　例えば、午前9時始業、正午から午後1時まで休憩、午後6時終業となっていれば、その事業場の1日の所定労働時間は8時間です。
③ 契約労働日・契約労働時間	そのパートが使用者と契約した労働日、労働時間のことです。 　例えば、週3日、1日4時間労働のパートは、これらが契約労働日、契約労働時間です。
④ 実労働時間	そのパートが実際に働いた時間のことです。上記②の所定労働時間の事業場で午前9時から午後7時まで働けば、実労働時間は9時間です。

2　所定契約時間外労働（法内残業）と時間外労働（法外残業）との違いは

所定契約時間外労働（法内残業）というのは、法定労働時間（1日8時間、1週40時間）以内の残業のことです。

例えば、1日の所定（契約）労働時間が4時間のパートが6時間労働した場合、契約労働時間を超える2時間は法内残業です。

この2時間分については時間あたり賃金を支払えば適法です。例えば、時間給1,000円のパートには、残業代として、2時間分、2,000円

を支払えば適法です。

労基法で定められている25％以上の割増賃金の支払いは、法律上は不要です。もちろん、会社の判断で支払うことはよいことです。

時間外労働（法外残業）というのは法定労働時間（1日8時間、または1週原則40時間のいずれか）を超える実労働時間のことです。

時間外労働については25％以上の割増賃金の支払いが義務づけられています（労基法37条）。

3　深夜労働というのは

深夜労働とは、当日の午後10時から翌日の午前5時までの間の労働のことです。

深夜労働については、25％以上の割増賃金の支払いが義務づけられています（労基法37条）。

時間給1,000円のパートに深夜労働をさせた場合、1時間あたり1,250円の支払いが必要です。

4　法定休日と法定外休日の違いは

法定休日とは、労基法により毎週1日または4週間に4日与えることが義務づけられている休日（労働義務のない日）のことです。

法定外休日というのは、法定休日以外に会社が決めた休日（労働義務のない日）をいいます。

例えば、毎週、月、火、水の3日間が所定（契約）労働日である（勤務している）パートの場合、日曜日が法定休日、木曜日、金曜日、土曜日が法定外休日です。

法定休日の労働には35％以上の割増賃金を支払わなければなりません。他方、法定外休日の労働については通常（所定労働日）の賃金を支払えば適法です。割増賃金の支払いは必要ありません。

5　労働の種類ごとの賃金支払義務は

パートの法内残業、法定外休日労働の賃金支払義務をまとめると、**図表4**のとおりです。

第3章　労働時間、休日、年休

図表4　パートの法内・法外の残業・休日労働等についての賃金支払義務

労働の種類	賃金支払義務
① 契約労働日の労働	労働時間内の労働 当初の契約どおりの賃金額の支払義務
② 契約時間外労働（法内残業）	通常の賃金額の支払義務（割増賃金支払い不要）
③ 時間外労働（法外残業）	原則として、25％以上の割増賃金の支払義務。 ただし、平成22年4月1日からは、1カ月60時間を超える時間外労働について、会社は50％以上の割増賃金を支払わなければなりません。 次の中小企業については、当分の間、上記取扱いの適用が猶予されています。 小売業（飲食業を含む）：資本金5,000万円以下、または従業員50人以下 卸売業：資本金1億円以下、または従業員100人以下 サービス業：資本金5,000万円以下、または従業員100人以下 その他の業種：資本金3億円以下、または従業員300人以下
④ 深夜労働	25％以上の割増賃金の支払義務
⑤ 法定外休日労働	通常の賃金額の支払義務（割増賃金支払い不要）
⑥ 法定休日労働	35％以上の割増賃金の支払義務

〔3〕 パートの2つの労働時間管理・算定方法とは

1　ポイントは

　パートの労働時間の管理・算定方法には、「所定（契約）実労働時間主義」と「所定（契約）時刻主義」とがあります（**図表5**のA・B欄、**図表6**）。

　所定実労働時間主義のほうが所定時間外労働時間、つまり支払残業代が少なくなります。

　あらかじめ、就業規則に、どちらの方法にするのかをきちんと規定

し、パートに周知しておくことが必要です。

2 所定実労働時間主義というのは

所定実労働時間主義は、所定労働時間（契約労働時間）を超えて労働した場合にのみ、所定時間外労働（法内残業）として取り扱うものです（**図表5のA欄**）。

例えば、パートAの所定の始業時刻は午後1時、所定の終業時刻は午後7時で1日の契約労働時間は6時間とします。

パートAさんが、その日は30分遅刻し、1時間法内残業をして、午後1時30分から午後8時30分まで7時間の実労働をしました。

この場合に、所定実労働時間主義で取り扱うと、所定時間外労働（法内残業）は1時間です。

3 所定時刻主義というのは

所定時刻主義は、次の(1)と(2)の時間が所定時間外労働（法内残業）となります（**図表5のB欄**）。

(1) 所定の始業時刻よりも前に労働した時間

(2) 所定の終業時刻よりも後に労働した時間

図表6の始業・終業時刻の場合、所定時刻主義では、所定終業時刻の後に働いた1時間30分が所定時間外労働となります。

4 実際の取扱いの違いは

「所定実労働時間主義」と「所定時刻主義」との取扱いの違いは、**図表6**の例のとおりです。

図表5のA欄の「所定実労働時間主義」とするほうが、所定時間外労働の時間が少なくなります。

各企業はどちらにしているかについてみると、多くの企業が①の所定実労働時間主義にしています。

あらかじめ、就業規則に、どちらの方法にするのかをきちんと規定し、従業員に周知しておくことが必要です。

就業規則の規定例は、**図表5**の③のとおりです。

図表5　所定実労働時間主義と所定時刻主義の違い

	A 所定実労働時間主義	B 所定時刻主義
①定義	労働の開始または終了の時刻に関係なく、所定労働時間（契約労働時間）の長さを実際に超えて労働した場合にのみ、所定時間外労働（法内残業）として取り扱います。	実際の労働時間の長短に関係なく、所定の始業時刻よりも早く労働を開始した場合には、その始業時刻以前の実労働時間を早出残業（所定時間外労働）とします。また、所定終業時刻を超える実労働時間を、実際の労働時間の長さに関係なく所定時間外労働として計算します。
②実際の取扱い	始業の時刻前の早出とか終業時刻後の労働であっても、その日の実際の労働時間の長さが契約労働時間を超えなければ、所定時間外労働（法内残業）にはなりません。	実際の労働時間の長さが契約労働時間に満たなくても、始業時刻以前の労働と終業時刻以後の労働は所定労働時間外労働となります。
③就業規則の規定例	第○○条　所定時間外労働とは、前条の所定労働時間（1日6時間）を超えた長さの労働をいう。	第○○条　所定時間外労働とは、前条の始業時刻以前の労働及び終業時刻以後の労働をいう。

図表6　所定実労働時間主義と所定時刻主義の取扱いの例

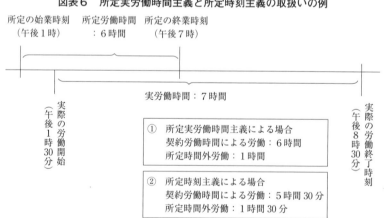

1　労働時間、休憩、休日

〔4〕　パートの選択労働時間制、始業・終業時刻の繰上げ・繰下げ制・自由勤務制は

1　ポイントは

　選択労働時間制とは、使用者があらかじめ数種類の始業・終業時刻のパターンを決めておき、各パートにその中から希望するパターンを選ばせるものです。

　始業・終業時刻の繰上げ・繰下げ制（ずらし勤務制）というのは、使用者の都合により、契約労働時間の長さはそのままにして、実際の労働時間帯を、当初の契約労働時間帯よりも早めたり、遅くしたりするものです。

　選択労働時間制とずらし勤務制は、あらかじめ一定の事項を就業規則または労働条件通知書（兼労働契約書）に定めておけば適法です。

2　選択労働時間制は認められるか

　選択労働時間制というのは、使用者が、例えば、**図表7、8**のように、あらかじめ数種類の始業・終業時刻のパターン（勤務時間帯）を決めておき、各パートにその中から希望するパターンを選ばせる制度のことをいいます。選択労働時間制は、就業規則または労働条件通知書（兼労働契約書）に勤務態様、職種の別ごとに始業と終業の時刻を定めておけば適法です。

図表7　選択労働時間制とは

①　使用者が、あらかじめ、数種類の始業・終業時刻のパターン（勤務時間帯）を決めておきます。
②　各パートは、その中から希望するパターンを選び、使用者の了解を取ります。
③　希望したパターンで、1週間、1ヵ月、3ヵ月といったように一定期間その勤務を続けます。
④　一定期間終了後、各パートが再度希望するパターンを選び直し、その勤務を続けます。

195

第3章　労働時間、休日、年休

図表8　パートの選択労働時間制の勤務パターン例

班別	始業時刻	終業時刻	休憩時間
A班	午前6時	午後0時45分	午前9時〜午前9時45分
B班	午前9時	午後3時45分	午後0時45分〜午後1時30分
C班	午後0時	午後6時45分	午後3時〜午後3時45分

3　選択労働時間制を実施する場合の留意点は

選択労働時間制については、**図表9**の厚生労働省通達のように取り扱わなければなりません。

図表9　選択労働時間制についての厚生労働省通達の要旨

> (1)　同一事業場で、パートの勤務態様、職種等によって始業と終業の時刻が異なる場合は、就業規則に勤務態様、職種等の別ごとに始業と終業の時刻を規定しなければなりません。
> (2)　(1)にかかわらず、パートのうち本人の希望等により勤務態様、職種等の別ごとに始業及び終業の時刻を画一的に定めない者については、就業規則には、基本となる始業と終業の時刻を定めるとともに、具体的には個別の労働契約等で定める旨の委任規定を設けることで差し支えありません。
> 　なお、個別の労働契約等で具体的に定める場合には、できる限り、労働条件通知書（兼労働契約書）により明確にしてください。
> (3)　(1)(2)の適用については、休憩時間及び休日についても同様です。
> （昭63.3.14基発150号）

4　就業規則の規則例は

就業規則の規則例は、**図表10**のとおりです。

1 労働時間、休憩、休日

図表10　選択勤務制度の就業規則の例

（労働時間及び休憩時間）
第○○条　パートタイマーの契約労働時間は、1日○時間とする。
2　始業及び終業の時刻並びに休憩時間は、次の3班の中から各パートタイマーに選択させるものとする。

班別	始業時刻	終業時刻	休憩時間
A班	○時○分	○時○分	○時○分から～○時○分まで
B班	○時○分	○時○分	○時○分から～○時○分まで
C班	○時○分	○時○分	○時○分から～○時○分まで

3　各パートタイマーの班別所属については、3ヵ月ごとに各パートタイマーの希望を聴いて調整し、決定したうえ、当人に通知する。

5　パートの始業・終業時刻の繰上げ・繰下げ制度というのは

　始業・終業時刻の繰上げ・繰下げ制度は、使用者の都合により契約労働時間（所定の実労働時間、例えば6時間）の長さはそのまま変更せずに、その労働時間の配置される時間帯のみを早くしたり、遅くしたりするものです。

　例えば、**図表11**のように、始業11時、終業15時、1日の契約労働時間4時間のものを、2時間繰り上げて始業9時、終業13時にするものです。あるいは、2時間繰り下げて始業13時、終業17時とするものです。

図表11　始業と終業時刻の繰上げ・繰下げ制度例

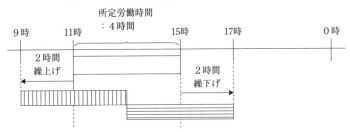

6　始業・終業時刻の繰上げ・繰下げ制度が認められる要件は

　始業・終業時刻の繰上げ・繰下げの制度は、**図表12**の実施手続き

第3章　労働時間、休日、年休

を踏めば適法です。

図表12　勤務時間の繰上げ・繰下げ制度の実施手続き

① あらかじめ、就業規則にそのことを規定する
② 少なくとも前日の勤務終了前までに始業・終業時刻の繰上げ・繰下げを対象
　パートに伝える

　この繰上げ・繰下げ制度は、その事業場全体についても実施できるし、パート各人についても実施できます。

　就業規則の規定例は、**図表13**のとおりです。

図表13　就業規則の規定例

第○条　各パートタイマーの始業・終業の時刻及び契約労働時間は労働条件通知
　書（兼労働契約書）に記載して交付する。
2　前項の始業・終業の時刻は、これを繰り上げ、又は繰り下げて変更すること
がある。

7　パートの自由勤務制の実施は認められるか

　自由勤務制というのは、各パートがいつでも自由に出勤し、契約労働時間の労働をすればよいというものです。

　労基法では、フレックスタイム制の場合を除き、使用者に、あらかじめ始業・終業時刻を定めておくことを義務づけています（始業・終業時刻特定の原則、89条1項1号）。

　これは、労働者保護のため、決められた時間以外は出勤を命じられることがないようにするものです。

　したがって、自由勤務制は認められません。

　このため、自由勤務制に代わるものとして、遅刻・早退した場合に、自動的に始業・終業時刻を繰下げ・繰上げできる制度として、就業規

1 労働時間、休憩、休日

則に規定を設けておけば適法です。

〔5〕 パートの特殊勤務手当・時間帯別賃金の割増賃金は

1 ポイントは

　時間外・休日・深夜労働の時間帯に特殊勤務に従事していた場合は、特殊勤務手当も割増賃金の算定基礎に加えます。

　時間帯別賃金制を実施している場合には、4つの算定方式のうちのいずれかをとります。

2 特殊勤務手当を割増賃金算定時にどのように取り扱うか

　特別な知識、技能や資格、免許を要する仕事につく場合、あるいは他のパートの嫌がる仕事（汚れ作業、重量物を取り扱う作業、集金等）につく場合に特殊勤務手当、特殊作業手当等の名称の手当が支給されています。

　労基法上、このような手当は割増賃金の算定の際に、どのように取り扱ったら適法でしょうか？

　厚生労働省通達では、これらの手当は、①これらの手当の支給対象になる業務に従事し、かつ、②その業務に従事した時間が時間外労働に該当した場合にのみ、その特殊勤務手当も割増賃金の基礎に算入して単価を計算しなければならないとしています（手術手当については昭26.8.6基収3305、昭33.2.1基発90号）、（集金手当については、昭28.8.1基収2813号、昭33.2.13基発90号）。

3 通常と異なる業務で残業した場合の割増賃金の算定基礎は

　割増賃金算定の基礎となる「通常の労働時間または労働日の賃金」（以下、通常の労働時間の賃金といいます。）とは、割増賃金を支払うべき労働が、深夜でない所定労働時間中に行われた場合に、その労働に対して支払われるところの賃金です。

　したがって、例えば、所定労働時間内にA作業に従事し、時間外労働としてB作業に従事したような場合には、その時間外労働について

199

第3章 労働時間、休日、年休

の「通常の労働時間の賃金」は、B作業について定められている賃金ということになります（昭23.11.22基発第1681号）。

例えば、B作業に特殊勤務手当がつくことになっている場合には、割増賃金の中に割増特殊勤務手当が含まれることになります。

4 時間帯別賃金制というのは

時間帯別賃金制とは、同一の職種、業務にもかかわらず、働く希望者の少ない時間帯、超多忙な時間帯についてパートの時間給を高くするものです。

これは、例えば、レストランの接客業務について、**図表14**のように時間給に差を設けるものです。

図表14 レストランにおけるパートの時間帯別賃金の例

午前11時〜午後2時まで	時間給 1,100円
午後2時〜午後6時まで	時間給 1,000円
午後6時〜午後10時まで	時間給 1,200円

5 時間帯別賃金制の場合、割増賃金の算定基礎となる時間給をどうするか

このような場合の取扱いについて、労基法では特別な定めはありません。現在、各企業では、**図表15**のいずれかの方法がとられています。これら4つの方法のうちいずれの方法をとっても労基法上適法であり、問題ありません。

1 労働時間、休憩、休日

図表15　時間帯別賃金制における割増賃金算定の基礎となる時間あたり賃金の算出方法

算定方式	説　　　明
Ａ方式	当日のそのパートタイマーの時間帯別時間給のうち最も低い時間給を算定基礎とするもの。例えば、前述の図表14のケースであれば、時間給1,000円を算定基礎とします。
Ｂ方式	法定の時間外労働（１日８時間を超える労働）になる直前の時間帯の時給を算定基礎として、その２割５分増しを割増賃金として支払うもの。例えば、直前の時間給が1,000円であれば、その２割５分増の1250円を支払う。
Ｃ方式	当日のそのパートタイマーの全実労働時間（８時間以内）の賃金の平均時間給を算定基礎とするもの。
Ｃの１方式 ①単純平均方式	これは、1,100円、1,000円、1,200円と３種類の時間帯別賃金があった場合は、単純に次の算式とするもの （1,100円＋1,000円＋1,200円）÷３時間＝1,100円
Ｃの２方式 ②加重平均方式	これは、次の算式によるもの （1,100円×３時間）＋（1,000円×４時間）＋（1,200円×１時間） ＝1,063円

6　労基署は、最も低い時間給以上を算定基礎としていれば労基法違反としない考え

労基法は刑罰が規定されている法規です。

このため、罪刑法定主義の立場にもとづいて最も確実な計算方法をとることが求められています。したがって、労基署では、最も低い時間給以上を算定基礎としていれば労基法違反としないという考え方に立っています。

〔6〕　2つ以上の事業場掛け持ち勤務のパートの労働時間管理は

1　ポイントは

例えば、労働者が１日のうち、Ｘ社のＡ事業場で働いた後で、同じＸ社のＢ事業場で働く場合は、これらを合計した実労働時間について、労基法の規定に違反しないようにしなければなりません（労基法

第3章　労働時間、休日、年休

38条)。

　C社とD社という異なる2つの会社で働く場合も、同じく通算されます。

2　労働時間の通算が適用されるのは

　労働時間の通算の規定が適用されるのは、**図表16**の事項です。

図表16　通算適用される事項

①　1日8時間・1週40時間の労働時間の限度（労基法32条〜32条の5、40条） ②　時間外労働の割増賃金の支払い（労基法37条） ③　時間外・休日労働協定の締結・届出（労基法36条） ④　年少者（満18歳未満の者）の労働時間（労基法60条）等

　例えば、ある労働者が、ある1日に、X社のA事業場で6時間働いた後で、同じX社のB事業場で3時間働く場合には、原則として、B事業所の使用者は、事前の時間外・休日労働の労使協定の締結と事後の割増賃金の支払い（1日8時間を超えた1時間分）が必要です。

3　対応はどちらの事業場がすればいいか

　前記2の場合、労使協定を結び、割増賃金を支払わなければならないのは、原則として、そのパートと後で労働契約を結んだ事業場です。後で契約した使用者は、そのパートとの労働契約の締結にあたって、その労働者が他の事業場で労働していることを確認したうえで行うべきだからです。

　ただし、AとBの事業場でそれぞれ4時間ずつ働いている者の場合、A使用者が、この後B事業場で4時間働くことを知りながら、労働時間を延長するときは、A事業場の使用者が時間外労働の手続きをしなければなりません。

　それは、時間外労働をさせることとなったA事業場の使用者が労基法違反者となるからです。

1　労働時間、休憩、休日

4　会社（法人）が異なる場合の取扱いは

　パートがC社とD社の2社で働いている場合も、前記2・3と同じ取扱いになります。

〔7〕　パートに残業等をさせるときの注意点は

1　ポイントは

　法内残業（1日8時間・1週40時間以内の残業）については、時間あたりの賃金を支払えばよいです。

　1日8時間、または1週40時間（特別措置対象事業場は44時間）を超えて働かせることは、時間外労働（法外残業）となります。

　法内残業および時間外労働（法外残業）については、次の①～③の手続きや対応が必要になります。

①　あらかじめ、就業規則か労働契約書に、「使用者は、従業員に対し、業務上の必要に応じ法内残業および時間外・休日・深夜の労働を命ずることができる」と規定しておくこと。

②　あらかじめ、時間外・休日労働に関する労使協定を結び、これを所轄の労働基準監督署長に届け出ておくこと。

③　労基法で定められた率の割増賃金を支払うこと。

2　時間外労働というのは

　労基法では、法定労働時間を1日8時間、1週40時間（特例措置対象事業場においては44時間）と決めています。また、変形労働時間制、フレックスタイム制およびみなし労働時間制による労働時間の弾力化を認めています（189頁、図表2）。

　時間外労働とは、労働者が、これらの労基法で定められた労働時間の限度を超えて働く時間のことです。

3　1日における法内残業と時間外労働は

　たとえば、Aパートの契約労働時間（労働契約であらかじめ決められている労働時間）が6時間であるとします（**図表17**のA参照）。法

203

定労働時間（労基法による労働時間の限度）は8時間です。

そのパートがある日に11時間働きました。そのパートにとって残業時間（契約労働時間を超えて働いた時間）は5時間です。

しかし、これを労基法からみると、

(1) いわゆる法内残業2時間（契約労働時間：6時間を超えて、法定労働時間：8時間内で働いた時間）と、

(2) 時間外労働3時間（法定労働時間：8時間を超えて働いた時間）とに分かれます。

労基法でいう「時間外労働」とは、図表17のAのbの労働のことです。他方、図表17のBのケースでは、契約労働時間は法定労働時間と同じ8時間ですから、残業時間（終業時刻を超えて働いた時間）は、すべて労基法上の時間外労働となります。

図表17　時間外労働と法内残業の違い

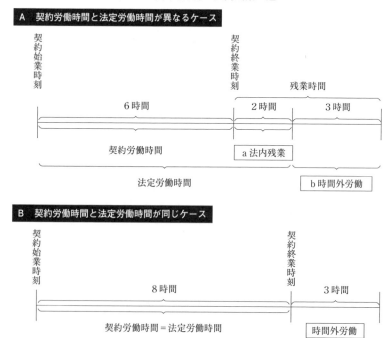

1 労働時間、休憩、休日

4　1週間における法内残業と時間外労働（法外残業）は

Bパートの1日の契約労働時間が7時間、1週の契約労働時間が38時間、週法定労働時間が40時間であるとします（**図表18**）。

Bパートに土曜日に4時間の残業をさせた場合、法内残業は2時間、時間外労働（法外残業）は2時間となります。

5　時間外労働の判断基準は

前記2～4で説明したことをまとめると、時間外労働（法外残業）になるか否かは次の基準で判断されます。

第1に、1日あたり8時間を超えているか否か。第2に、1週あたり40時間（特例事業場は44時間）を超えているか否か。

これら2つの点については、契約労働時間と法内残業の合計時間で判断します。日々の時間外労働については、図表18で判断されていますから、ここでは除きます。それでは、具体的なケース（**図表19**）でみますと、Cパートの1週間の契約労働時間が38時間、1週間の法定労働時間が40時間であるとします。

契約労働時間＋法内残業①、③＝法定労働時間40時間となり、Cパートの時間外労働は、②の1時間と④の2時間、計3時間となります。

6　法内残業と時間外労働（法外残業）の取扱いの違いは

法内残業（1日8時間または1週間40時間以内の残業）には、その時間分の通常の賃金を支払えばよく、労基法上、割増賃金を支払う必要はありません。

他方、パートに適法に時間外労働（法外残業）をさせるためには、次の①と②の要件を満たさなければなりません。

① 時間外労働については、使用者は、あらかじめ、その事業場の労働者の過半数代表者とで時間外・休日労働協定（三六協定）を結び、労基署長に届け出ておかなければなりません。他方、法内残業には、三六協定は必要ありません。

205

第3章　労働時間、休日、年休

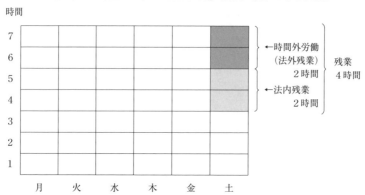

図表18　1週間における時間外労働（法外残業）と法内残業

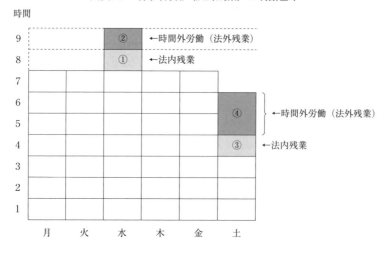

図表19　時間外労働（法外残業）の判断基準

② 時間外労働には、「25％以上」の割増賃金を支払わなければなりません。

〔8〕 パートの休憩時間のルールは

1　パートに対する休憩時間の付与義務は

　1日の実労働時間が6時間までのパートの場合には、休憩時間を全

く与えなくても労基法には違反しません。

しかし、実労働時間が6時間を超え、8時間までのパートの場合には、45分の休憩時間を、労働時間の途中に与えなければなりません（労基法34条）。

この点は、パートもフルタイマー（一般の労働者）も同じです。

2　パート本人が休憩時間のカットや短縮を希望するときは

1日の実労働時間が6時間を超えている場合には、たとえパート本人が望んでいなくても法定の休憩時間を、労働時間の途中に、与えなければなりません。

3　休憩時間の与え方は

「休憩時間」とは、労働の間に労働から離れることを保障されている時間のことです。したがって、現実に作業はしていなくとも、待機しているという「手待時間」は休憩時間ではなく、実労働時間です。

休憩時間は1回にまとめて与えても、また、2回なり3回なりに分けて与えてもさしつかえありません。例えば、昼休み30分間、午後3時からの休み15分間としてもよいわけです。

休憩時間の配置については、「労働時間の途中に与えなければならない」と規定されているのみで、何時から何時までの間に与えなければならないとは規定されていません。

4　休憩時間の与え方・交代休憩ができるのは

休憩時間は、原則として、事業場ごとに、全労働者に対して、一斉に与えなければなりません（**図表20**）。

図表21の場合には、交替休憩制が認められます（労基法34条2項）。

第3章　労働時間、休日、年休

図表20　休憩時間のルール

① 休憩時間の長さ
　　労働時間6時間超〜8時間まで：休憩時間45分
　　8時間超：休憩時間60分
② 休憩時間の与え方
　　1回にまとめても、数回に分けても可
③ 同一事業場一斉付与の原則
　　［例外］図表21の場合
④ 労働者の自由利用の原則

図表21　交替休憩ができる事業

① 公衆を直接相手にする次の8つの事業
　　運輸交通業、通信業、商業、保健衛生業、金融・広告業、接客娯楽業、映画・演劇業、官公署
② ①以外の業種で、次のイ、ロの事項について「労使協定」を結べば、その定めにより交替で休憩時間を与えることができます。労使協定のモデル例は、図表22のとおりです。この協定は労基署長等への届出は不要です。その事業場で保管しておいてください。
　　イ　一斉に休憩時間を与えない労働者の範囲
　　ロ　イの労働者に対する休憩時間の与え方

5　パートと正社員とで休憩時間を別にすることは

　図表22の労使協定を結んだうえで行えば適法です。

1 労働時間、休憩、休日

図表22　労使協定のモデル例（一斉休憩の適用除外）

一斉休憩の適用除外に関する労使協定書

　○○株式会社と従業員の過半数代表者○○○○は、休憩時間の与え方について、下記のとおり協定する。

記

1　○○株式会社における営業業務に従事する従業員については、班別交替で、休憩時間を与えるものとする。

2　各班の休憩時間は、次に定めるとおりとする。
　　第1班　午前11時30分～午後0時30分
　　第2班　午後0時30分～午後1時30分

3　出張等のため、本人の属する班の時間帯に休憩時間を取得できない場合には、所属長が事前に指定して他の班の休憩時間の時間帯を適用する。

4　本協定は、平成○○年○月○○日から効力を発する。

平成○○年○月○○日

　　　　　　　　　　　　　　　　　　　　　　○○株式会社
　　　　　　　　　　　　　　　　　　　代表取締役　○○○○　㊞
　　　　　　　　　　　　　　　　　　　○○株式会社　　営業部
　　　　　　　　　　　　　　　　　　　　　　　○○○○　㊞

6　休憩時間の自由利用は

　休憩時間は、従業員に自由に利用させなければなりません。仮眠等も問題ありません。

　ただし、休憩の目的を害さない程度であれば、事業場の施設管理、服務規律保持のうえで、使用者が、必要な制限を加えても差し支えありません。

　また、外出を許可制にすることは、事業場内で自由に休憩をとれれば、かならずしも違法ではありません。しかし、外出を不許可とするには、合理的な理由が必要です。

209

第3章　労働時間、休日、年休

7　休憩時間中に来客当番・電話当番をさせる場合は

　これらの時間は実際働いていなくても拘束されるので実労働時間となります。したがって、交替休憩制を導入して、これらの者には別に休憩時間を与えなければなりません。

〔9〕　パートの休日のルールは

1　ポイントは

　使用者は、パートに毎週1日または4週間に4日間の法定休日（労働義務のない日）を与えなければなりません（労基法35条1項）。

　出勤日数が毎週6日以内のパートについては、週ごとに1日以上出勤義務のない日がありますので、これと別に休日を与える義務はありません。

2　暦日休日制の原則・例外というのは

　休日とは、労働契約において労働義務がないとされている日のことです。

　労基法にいう休日（法定休日）は、原則として、暦日です。すなわち、午前0時から午後12時までの間（24時間）に勤務させない場合が休日です。所定休日（会社が、就業規則、労働契約等で休日と定めている日）とされている日でも前日の労働が延長されて午前零時を超えて労働した場合などは、休日を与えたことにはなりません。

　ただし、これについては、勤務の態様により若干の例外（継続24時間制）を認めています。

　例えば、勤務が3交替連続作業で行われている場合は、法定休日は2日間にわたる継続24時間で差し支えありません。また、旅館のフロント等は、1回の法定休日は30時間でよいとされています。

　なお、一昼夜交替勤務制（例えば、当日の午前8時から翌日の午前8時までの労働と、同じく翌日午前8時から翌々日午前8時までの非番を繰り返すもの）の場合は、非番の24時間は法定休日と認められ

ず、非番の翌日にさらに1日の法定休日を与えなければなりません。

3　4週4休制というのは

　労基法は、変形労働時間制を認めているのと同様に、厳格な週休制（1週間に1日の法定休日を与える制度）を実施できない場合については、変形休日制、すなわち4週間を通じて4日以上の休日を与えることを認めています（労基法35条2項）。

　「4週を通じ4日」の意義については、特定の4週間に4日の間に休日があればよく、どの4週間を区切っても4日の休日が与えられていなければならないという趣旨ではありません。

　会社（使用者）は、「4週間を通じ4日以上の休日の付与義務」により労働者に休日を与える場合には、就業規則その他これに準ずるもの（労働契約書、文書）において、4日以上の休日を与えることとする4週間の起算日を明らかにしておかなければなりません。

4　パートの法定休日の扱いは

　労基法の週休制の原則というのは、1週6日間働き続けた場合には、毎週1日の休息日を確保しようという趣旨です。

　したがって、1週間のうち契約労働日数が4日・5日・6日といったパートや契約社員の場合は、すでにその他の日が休日（労働義務のない日）として確保されていますので、別途に休日を与える必要はありません。

5　パート労働指針の定めは

　パートの労働時間および労働日については、パート労働法にもとづくパート労働指針において、

　「事業主は、短時間労働者の労働時間や労働日を定め、又は変更するにあたっては、その短時間労働者の事情を十分考慮するよう努めるものとする。事業主は、短時間労働者について、できるだけ所定労働時間を超えて、又は所定労働日以外の日に労働させないように努めるものとする」

　と定めています。

第3章 労働時間、休日、年休

6 パートの選択休日制は認められるか

選択休日制というのは、例えば週4日勤務のパートに、使用者が**図表23**のようにいくつかの休日パターンを設け、各パートに希望するパターンを選ばせるものです。

就業規則にパターンの種類・内容、パートが選択できることを定めておけば、適法に導入できます。

図表23　選択休日制の例

班別	所定休日（労働義務のない日）
A班	月・火・水曜日
B班	水・木・金曜日
C班	金・土・日曜日

7 1日の労働時間の短かいパートにも毎週1日の休日付与は必要か

パートについては、1日あたりの労働時間の長短と関係なく、毎週1日，または4週間に4日の休日を与えなければなりません。

例えば、1日2時間や4時間勤務のパートについても同様です。

8 自社の休日に他社で働くパートの取扱いは

198頁、項目〔6〕で説明したように、2つ以上の会社や同一会社の2つ以上の事業場で働くパートの実労働時間については、通算した時間について労基法が適用されます（労基法38条）。

しかし、労基法上、休日付与については通算されません。

したがって、その使用している事業場として毎週1日の休日（労働義務のない日）を与えてさえいれば、適法です。

そのパートが休日に他社、他事業場で働いていて実質的に休養日が1日もなくても労基法上問題ありません。

9 正社員の時短や休日増加に伴いパートの労働時間、労働日数が減少し、収入減となることは

パートがこのことに異議を述べなかった場合には、本人の黙示の承

212

認があったことになり、このような変更は有効です。

10　週休1日制から週休2日制にした場合、新たに休日とした日について、パートに休業手当の支払いは必要か

　使用者は、その責に帰すべき事由による休業日には、平均賃金の6割以上を休業手当（法定賃金）として支給しなければなりません（労基法26条）。

　しかし、厚生労働省通達では、その事業場で週休1日制から週休2日制にしたため、パートの休日が増えた場合には休業手当の支払いを要しないとしています（昭30.2.17基収826号）。

11　今後の時短・休日増についての対応方法は

　今後、事業場で労働時間短縮または休日増を進めるための事前の対応法としては、パート用就業規則の中に「正社員の労働日数、労働時間等の労働条件を変更する場合には、これに対応してパートの労働日数、労働時間等の労働条件を変更することがある」と定めておけば、将来変更に伴い、パートの労働時間が減少しても問題ありません。

　また、パートの契約更新の際に、新たな労働契約書に上述の旨の規定を追加しておくことでも対応できます。

〔10〕　女性に男性と同じ時間外・休日・深夜労働をさせることは

1　ポイントは

　女性に男性と同じ時間外・休日労働や深夜労働をさせることは、労働法上、何ら問題ありません。

　ただし、妊産婦、育児・介護を行う男女パート、年少者パート（18歳未満の男女）については、時間外・休日労働、深夜労働について規制が設けられています。

2　女性の時間外・休日労働、深夜勤務の規制の廃止とは

　平成11年4月から、従来の女性の時間外・休日労働、深夜労働に関

第3章　労働時間、休日、年休

する法規制がすべて廃止され、現在は、**図表24・25**のような取扱い
になっています。

図表24　女性の時間外・休日・深夜労働の取扱い

> ①　満18歳以上の女性の時間外労働の限度基準は、男性と同じく厚生労働大臣の
> 定める限度基準（原則として、1カ月に45時間、1年間に360時間）になりま
> す（労基法）。
> ②　時間外労働については、育児・家族介護を行う男女労働者が請求したとき
> は、1カ月24時間、年間150時間が限度です（育介法）。
> ③　深夜労働については、育児・家族介護を行う男女労働者が請求したときは、
> 禁止されます（育介法）。
> ④　(a)妊産婦（妊娠中または出産後1年を経過しない女性）が請求した場合、(b)
> 満18歳未満の男女（年少者）については、時間外労働、休日労働、深夜労働に
> 従事させることはできません（労基法）。

図表25　女性に関係する制限事項

事　　　項	時間外労働	休日労働	深夜労働
①　育児・家族介護に従事する男女の就業制限（本人の請求による）	×		
②　育児・家族介護に従事する男女の就業禁止（本人の請求による）			×
②　妊産婦の就業禁止（本人の請求による）	×	×	×
④　年少者（満18歳未満の男女）の就業禁止	×	×	×

(注)　×印は規制あり

〔11〕　女性に深夜労働をさせるときの注意点は

「深夜業に従事する女性労働者の就業環境の整備等に関する指針」
（平成10年労働省告示21号）によって、事業主が講ずるべき措置が**図
表26**のように定められています（均等法施行規則13条の努力義務規
定が根拠）。

1　労働時間、休憩、休日

図表26　女性を深夜労働に従事させる事業主の講ずべき措置

項目	内　　容
①　通勤および業務の遂行の際における安全の確保	事業主は、送迎バスの運行、公共交通機関の運行時間に配慮した勤務時間の設定、従業員駐車場の防災灯の整備、防犯ベルの貸与等を行うことにより、深夜業に従事する女性労働者の通勤の際における安全を確保するよう努めるものとする。 　また、事業主は、防犯上の観点から、深夜業に従事する女性労働者が１人で作業をすることを避けるよう努める。
②　子の養育または家族の介護等の事情に関する配慮	事業主は、その雇用する女性労働者を新たに深夜業に従事させようとする場合には、子の養育または家族の介護、健康等に関する事情を聴くことなどについて配慮を行うよう努めるものとする。 　なお、事業主は、子の養育または家族の介護を行う一定範囲の労働者が請求した場合には、育介法の定めるところにより、深夜業をさせてはならない。
③　仮眠室、休業室等の整備	事業主は、夜間に労働者に睡眠を与える必要のあるとき、または労働者が就業の途中に仮眠することのできる機会があるときは、安衛法にもとづく労働安全衛生規則の定めるところにより、男性用と女性用を区分して、適当な睡眠または仮眠の場所を設ける。 　なお、事業主は、同法に基づく命令の定めるところにより、男性用と女性用に区分して便所及び休養室等を設ける。
④　健康診断等	事業主は、安衛法にもとづく命令の定めるところにより、深夜業を含む業務に常時従事させようとする労働者を雇い入れる際、または該当業務への配置替えを行う際及び６カ月以内ごとに１回、定期に、医師による健康診断を行う。 　また、事業主は、健康診断の結果、その健康診断の項目に異常の所見があると診断された場合には、同法の定めるところにより、医師の意見を勘案し、必要があると認めるときは、その労働者の実情を考慮して、深夜以外の時間帯における就業への転換、作業の転換、労働時間の短縮等の措置を講ずる。 　なお、事業主は、労基法の定めるところにより、妊産婦が請求した場合には、深夜業をさせてはならない。

〔12〕　18歳未満パート（中学生、高校生等）の就業制限・労働時間規制は

1　ポイントは

　満15歳の３月31日までの男女児童については、使用者が、雇い入れ、使用することが、原則として、禁止されています（労基法56条）。

第3章 労働時間、休日、年休

　また、年少者（18歳未満の男女）については、時間外・休日労働、深夜労働（午後10時から翌日午前5時までの間の労働）が禁止されています（労基法60、61条）。

　使用者は、満18歳に満たない労働者については、その年齢を証明する戸籍証明書を事業場に備え付けておかなければなりません（労基法57条1項）。

2　年少者の就業制限／最低使用年齢の特例は

　満15歳に達した日以後の最初の3月31日が終了する以前であっても、①製造業、建設業などの事業以外の事業の職業で児童の健康・福祉に有害でなく、かつ、②その労働が軽易な業務については、労基署長の許可を得て、修学時間外に使用することができます（労基法56条）。

3　修学児童の法定労働時間は

　労基署長の許可を受けて使用する満13歳以上の児童の法定労働時間は、修学時間を通算して、1日に7時間、1週間に40時間です（労基法60条2項）。

4　年少者の就業制限／労働時間の特例は

　年少者（満18歳未満の者）を、1カ月、1年、1週間の変形労働時間制、またはフレックスタイム制により働かせることは、原則として、できません。

　ただし、満15歳以上18歳未満の者（満15歳に達した日以後の最初の3月31日が終了していない者は除く）については、次の①と②により働かせることはできます（労基法61条）。

①　1週間の労働時間が40時間を超えない範囲内において、1週間のうち1日の労働時間を4時間以内に短縮した場合には、他の日の労働時間を10時間まで延長することができます。

②　1週間の労働時間が48時間以内で、かつ、1日の労働時間が8時間以内であれば、1カ月単位の変形労働時間制、1年単位の変形労働時間制により使用できます。

216

2 年次有給休暇

〔1〕 年休の与え方の基本ルールは

1 労働者の年次有給休暇の取得要件は

　会社は、6カ月以上継続勤務し、全労働日の8割以上出勤した従業員に、その後1年間に6日間の年次有給休暇を与えなければなりません。

　休暇日数は、継続勤務年数に応じて最大20日間与えなければなりません。労基法に定める年次有給休暇（以下、年休と略称します）を請求できるのは、①6カ月以上継続勤務し、かつ、②全労働日の8割以上勤務した労働者です（労基法39条）。

2 年休の取得日数は

　入社後6カ月を経過していない労働者には、労基法にもとづく年休を与える必要はありません。

　入社後6カ月を経過した労働者には、その6カ月間の出勤率が8割以上である場合には10日の年休を与えなければなりません。

　入社後1年6カ月を経過し、その前1年間の出勤率が8割以上であれば、年休は11日です。勤続2年6カ月で12日です。勤続3年6カ月からは、毎年、年休日数が2日ずつ加算されます。6年6カ月継続勤務した場合には、年休は20日となり、それ以降は同じ20日です。以上のことをまとめると、**図表27**のとおりです。

　ただし、その前1年間の出勤率が全労働日の8割に満たない場合は、その後1年間の年休は与えられません。しかし、会社に在籍していれば、継続勤務年数としては通算されます（以上、労基法39条）。

3 全労働日の8割以上の出勤というのは

　労働者が年休を請求するためには、6カ月以上の継続勤務のほか

217

第3章　労働時間、休日、年休

図表27　正社員（フルタイマー）の年休日数

勤続年数	年休日数
勤続6カ月～	10日
1年6カ月～	11
2年6カ月～	12
3年6カ月～	14
4年6カ月～	16
5年6カ月～	18
6年6カ月～	20
7年6カ月～	20
8年6カ月～	20
9年6カ月～	20
10年6カ月～	20

に、①6カ月間継続勤務した者は、その6カ月間に、また、②1年6カ月間以上継続勤務した者は、その直前1年間に、それぞれ「全労働日の8割以上」出勤しなければなりません。

「全労働日」とは、就業規則等によって、労働義務の課せられている日のことです。休日労働をしても、その日は全労働日の日数に含まれません。8割以上出勤したか否かの計算にあたっては、**図表28**の①から⑤までの場合は出勤したものとみなされます。

なお、法定の生理休暇、会社独自の慶弔休暇、その他の就業規則に定められた休暇を取得した日をどのように取り扱うかは、労基法上使用者の自由ですが、出勤したものとみなすことが望ましいでしょう。

全労働日の8割未満の出勤日数であった場合には、それ以降1年間の現実の年休は与えられません。しかし、会社に在籍していれば、継続勤務年数としては通算されます。

218

2　年次有給休暇

図表28　出勤したものとみなされる期間

①　業務上の負傷・疾病による療養のため休業した期間
②　労基法の規定による産前産後休業をした期間
③　育介法に規定する育児・介護休業をした期間
④　年休を取得した日
⑤　使用者の責に帰すべき事由によって休業した日

〔2〕　労働日数・労働時間数の少ないパートの年休付与は

1　ポイントは

　労働日数、労働時間数の少ないパートについては、そのパートの1週間の所定労働日数に比例した日数（**図表29**）の年休を与えなければなりません（労基法39条3項）。

　この労働日数は所定労働時間の長短を問いません。1日1時間勤務でも1日です。

2　所定労働日数の少ないパートに対する年休の比例付与とは

　パートなど所定労働日数の少ない労働者については、年休の比例付与の制度（通常の労働者とパートとの労働日数の差に比例をさせた日数の年休を与える制度）が設けられています。

　次の①または②に該当するパートなどに対する年休の付与日数は、**図表29**のとおりです。

　①　週の所定労働日数が4日以下の者

　②　週以外の期間によって所定労働日数が定められている者については、1年間の所定労働日数が216日以下の者

　ただし、①または②に該当していても、所定労働時間が1週間に30時間以上の者については、正社員（フルタイマー）の年休日数が与えられます。

　例えば、週4日勤務、1日の所定労働時間が8時間のパートがこれに該当します。

219

第3章　労働時間、休日、年休

図表29　パート等の年次有給休暇の付与日数

1週間の所定労働日数	1年間の所定労働日数	勤続年数						
		勤続6カ月〜	1年6カ月〜	2年6カ月〜	3年6カ月〜	4年6カ月〜	5年6カ月〜	6年6カ月〜
4日	169日〜216日	7	8	9	10	12	13	15
3日	121日〜168日	5	6	6	8	9	10	11
2日	73日〜120日	3	4	4	5	6	6	7
1日	48日〜 72日	1	2	2	2	3	3	3

3　年休付与の要件は

　パートや契約社員、登録型派遣社員等については、1カ月あるいは3カ月といったように期間を定めて労働契約を結んでいる場合には、年休を与えなくてもよいと考えている事業主が少なくありません。

　しかし、6カ月未満の期間を定めて労働契約していても、何回か契約更新を行って、事実上6カ月以上引き続き同一企業に勤務している場合は、年休を与える義務が生じます。

4　継続勤務年数というのは

　継続勤務年数とは、同じ企業のもとでの労働契約の継続期間、在籍期間のことです。継続勤務年数の取扱いは、図表30のとおりです。

図表30　継続勤務年数の扱い

項　　目	説　　　　明
①　基準日	継続勤務期間の起算日は、原則として、労働者の採用日です。
②　パート、契約社員・派遣社員	短期契約の社員との労働契約を更新した場合、それまでの勤務期間は継続勤務期間として通算されます。契約期間満了後、数日、間をおいて契約更新をしても同様です。
③　雇用形態の変更	パートから正社員への雇用形態の切り替え、定年退職者の嘱託（契約社員）としての再雇用は、単なる雇用形態の変更ですから、継続勤務として取り扱います。

2 年次有給休暇

5 短期契約を更新している労働者についての判断基準は

短期契約労働者については、実質的に労働関係が継続していれば継続勤務とみなされます。

契約更新をする場合に直ちに更新せず、数日の間隔を置いてから更新する場合であっても、専ら同一事業場の業務に従事していれば、休日以外に欠勤その他就業しない日が多少あっても継続勤務が中断されないと判断されます。

契約更新時に間隔を置くことが年休付与義務を免れるための脱法的意図でなされているものかどうかも考慮して労基法の適正な運用が図られます。

6 会社の合併・事業の一部を労働者ごと譲渡したときは

会社の合併は、個人財産の相続の場合と同様に債権債務の包括継承がなされるので、合併前の会社とその労働者との間における労働関係も合併後の会社との間に当然継承され、勤務関係も継承されることになります。

〔3〕 契約更新時に空白期間がある場合の年休の継続期間の判断は

1 有期契約パートの勤務期間の中断は

年休を与える要件の「6カ月間継続勤務し」や「1年6カ月以上継続勤務」という「継続勤務」の判断について、雇用期間の定めのあるパートの労働契約の更新にあたり、一定の期間をあければ継続勤務が「中断」となり、年休の発生要件を欠くことになるかという問題があります。パートについては、「年次有給休暇の付与に係る『1年間継続勤務』の要件に該当するか否かについては、勤務の実態に即して判断すべきものですので、期間の定めのある労働契約を反復して短時間労働者を使用する場合、各々の労働契約期間の終期と始期の間に短時日の間隔を置いているとしても、必ずしも当然に継続勤務が中断され

221

第3章　労働時間、休日、年休

るものではない」とされています（平5.12.1基発633号）。

　一方、他の通達では、期間満了による雇用終了と再雇用との間に「相当期間が存し客観的に労働関係が断絶していると認められる場合」には、継続勤務に該当しないとされています（昭63.3.14基発150号）。

2　「相当な期間」があり「断絶している」と認められるときの期間は

　空白期間の長さについては、１カ月間勤務が中断していれば「継続勤務」には該当しないとほぼいえます。

　その理由としては、①賃金支払いは１カ月間に１回以上支払うことになっていること（労基法24条）、②解雇予告期間が30日以上前となっていることがあげられます。

　しかし、必ず１カ月の空白期間が必要か、10日とか２週間では断絶とは認められないかということについては、定説はありません。

〔4〕　年休を半日単位・１時間単位で与えることは

　年休を半日単位で与え、0.5日分として計算することは、使用者が社員にそれを認めても違法とはなりません（労基法の通達）。使用者が半日付与を認めるか否かは使用者の自由です。

　また、年休を１年間に５日分まで１時間単位で与えることが、労基法で認められています。年休を１時間単位で与えるためには、使用者は、労使協定により、①その事業場における上限日数、②対象労働者の範囲の２つのことを、あらかじめ、決めておくことが必要です（労基法39条４項）。

　年休の１時間単位付与についての労使協定例は、**図表31**のとおりです。

図表31　年休の時間単位付与に関する労使協定（例）

年休の１時間単位付与に関する労使協定

○○株式会社（以下「会社」と略す。）と同社従業員の過半数を代表する者○○○○とは、標記について次のように協定する。
1　会社は、各従業員が、各年ごとに取得できる年休日数のうち５日分を限度として１時間単位で取得することを認める。
2　標記制度の対象とする従業員は、当社における継続勤務期間が６カ月以上の者とする。
平成○○年○○月○○日

　　　　　　　　　　　　　　　　　　　　　　　○○株式会社
　　　　　　　　　　　　　　　　　　　代表取締役○○○○㊞
　　　　　　　　　　　　　　　　　　　同社従業員過半数
　　　　　　　　　　　　　　　　　　　代表者○○○○　　㊞

〔5〕　正社員の計画年休の際の年休のないパートの扱いは

1　ポイントは

　パートの就業規則または労働契約書等に、あらかじめ、「一斉休暇（計画年休）の際は無給の休日とする」と規定しておけば、無給休日としても違法ではありせん。

2　計画年休というのは

　計画年休とは、各従業員がその年に取得できる年休のうち、「５日を超える日数分」については、会社側が日を指定し、その日に年休を付与することができます。これを計画年休（年休の計画付与）といいます（労基法39条６項）。

　なお、５日分については、各従業員が自分の都合に合わせて取得できるように残しておきます。

3　計画年休の方式は

　計画年休を実施する場合、**図表32**の３つの方式が考えられます。

第3章　労働時間、休日、年休

4　労使協定の結び方は

　計画年休を実施する場合には、あらかじめ、**図表32**の**Ⅲ**欄の事項について労使協定を結ぶことが必要です。労基署長に届け出る必要はありません。

　年休は、もともと従業員の側で月日を指定して取得する権利（時季指定権）があるものです。しかし、労使協定が結ばれ、計画年休の対象となった年休については、従業員のこの権利は失われます。従業員は労使協定で定められたところにより年休を取るしかありません。

図表32　計画年休の実施方法・労使協定を結ぶ事項

Ⅰ　計画年休の方式	Ⅱ　方式のあらまし	Ⅲ　労使協定を結ぶ事項
①　一斉休暇方式	その事業場全体を特定の日に休業とし、全従業員に対しその日に年休を与えるものです。流れ作業の工場などに向いています。 　この方式の場合、事業場全体を休業とするので、5日を超える年休がない従業員も休ませなければなりません。	具体的な年休の付与日
②　グループ別方式	課、係などをいくつかのグループに分け、交替で年休を与えるものです。例えば、計画年休を、Aグループ［7月21日〜24日］、Bグループ［8月1日〜4日］の4日間ずつ与えるといった方式です。この方式は、事務所などに向いています。	グループ分けのしかた、グループ別の年休の付与日
③　個人別方式	会社側が個人別に年休計画表を作成し、年休を与えるものです。 ・山田一男……7月20日、21日 ・青山みどり…7月22日、23日 　この方式をとると、特定の日に年休をとる人が集中しないので、販売接客業、サービス業などに向いています。	計画表を作成する時期、手続

5　就業規則の規定は

さらに、就業規則にも計画年休の規定を設けておくことが必要です。

6　一斉休暇方式の場合のパートの取扱いは

1年間に5日間を超える必要な年休日数のあるパートについては、計画年休の対象者に加えれば問題ありません。

また、5日間を超える年休のないパートについて、①会社独自の特別の有給休暇を与えるか、または②平均賃金の60％以上の「休業手当」を支払うか（労基法26条）のいずれかの方法をとれば問題ありません。

7　パートの収入減になる一斉休暇を一方的に実施できるか

5日間を上回る年休日数のないパートに対して計画年休で一斉連続休暇（事業場全体の休業）を実施すると、賃金支払いが時間給制や日給制のパートにとって収入減になります。

使用者が前述の収入確保の方法をとることなく、一方的に実施することは認められるでしょうか？

就業規則、労働条件通知書または労働契約書のいずれかにより、一斉連続休暇の期間中、これらのパートについては無給の休日となることが規定されていれば、無給の休日となっても違法ではありません。

その理由としては、①計画年休は労働者の福祉の増進につながるものであること、②労使協定にもとづいて行われること、③パートは、もともと正社員よりも勤務日数が少ないことが予定されている労働者であることがあげられます。

第4章　服務規律等と懲戒処分・配置転換

第4章

服務規律等と懲戒処分・配置転換

1　服務規律・企業秩序維持と懲戒処分

〔1〕　服務規律・企業秩序維持とは

1　ポイントは

①　服務規律・企業秩序維持というのは、従業員が就業規則、労働契約書等にもとづき守らなければならない会社のルールのことです。

②　使用者は服務規律・企業秩序維持に違反する行為を行った従業員に対して制裁（懲戒処分）を行うことができます。

2　服務規律・企業秩序維持とは

　労働者は、特定の企業と労働契約を結び、採用されると、使用者の支配下において、その指揮命令を受けて働くことになります。これを使用従属関係といいます。この関係から、労働者にさまざまな法律上の義務が生じます。

　まず第1に、労務提供の義務とそれに伴う業務命令に従う義務、人事異動の命令に従う義務等々が生じます。それに加えて会社の施設、物品の管理、保全のための指示、命令に従う義務が生じます。

　第2に、特定企業の従業員という身分をもつことにより、その組織の一員として、組織秩序・信用維持の義務を負います。

　これらの使用従属関係から生ずる、従業員の順守しなければならないルールを服務規律・企業秩序維持といいます。

226

1　服務規律・企業秩序維持と懲戒処分

3　服務規律・企業秩序維持の具体的内容

　各企業では、服務規律・企業秩序維持に関する事項のあらましを就業規則等で「服務規律・企業秩序維持に関する規定」として定めたり、あるいは「懲戒処分に関する規定」として間接的に定めています。その内容は**図表1**のとおりです。

図表1　服務規律・企業秩序維持の内容

労働者の就業と職場に関する規律	1　精勤等の義務	始業・終業時刻を守る。 出退勤の通路（通用門）、手続き（タイムカードの打刻、身分証明書の提示、所持品検査）を守る。 制服、制帽等所定の服装をする。 私品を持ち込まない。 遅刻、早退、欠勤、休暇の手続きを守る。 離席、外出、面会の規制を守る。 勤務時間中、職務に専念する。
	2　業務命令に従う義務	会社の規則、通達を守る。 上司の指示、命令に従う。 残業命令、休日労働命令、出張命令に従う。
	3　人事権に従う義務	転勤、配置換え、出向等の命令に従う。
	4　職場秩序、安全衛生等に関する義務	会社の規則、上司の命令に従う。 従業員が協力して職場の風紀、秩序維持に努める。 会社の安全衛生規則を守る。 けんか、暴行、酩酊、賭博をしない。 職務上、金品を授受しない。 セクハラ・パワハラ・マタニティハラスメントの行為をしない。 会社の生産性向上、社員研修等に協力する。
会社の施設、物品管理・保全についての規律		不正行為（盗取、横領ほか）をしない。 会社の財産、施設、物品の破損、浪費、私的利用をしない。 会社施設利用のルールを守る。 事業場内の政治活動、宗教活動の規制を守る（前記4にも該当）。
従業員としての地位、身分による規律		刑罰法規に違反しない。 経歴詐称をしない。 企業の名誉、信用を失墜させない。 自社、自社の商品等について誹謗中傷しない。 企業秘密を外部にもらさない。 個人情報をもらさない。 会社の許可を得ずに兼職・兼業に従事しない。 公職立候補、公職従事の届出・承認を守る。 身上異動（住所変更、扶養家族の変更等）を会社に届け出る。 退職後同業に従事しない（競業避止義務）。

第4章　服務規律等と懲戒処分・配置転換

4　懲戒処分とは

　使用者は、就業規則及び労働契約書の服務規律・企業秩序維持に関する規定に違反する行為を行った従業員に対して制裁として懲戒処分を行うことができます。

5　服務規律・企業秩序維持の限界は

　最高裁判例は、使用者は企業の存立、運営に不可欠な服務規律・企業秩序を定立し、維持する当然の権限を有する。労働者は労働契約を結ぶことによって当然にこの企業秩序を遵守する義務を負うとしています。

　ただし、これには限界があります。第1に、企業を円滑に運営するうえで必要かつ合理的なものであることが必要です。

　第2に、労働者の私生活に対する使用者の支配を正当化するものではないし、労働者の人格、自由に対する行きすぎた支配や拘束までも認めるものではありません。

〔2〕　懲戒処分とその種類は

1　ポイントは

① 　懲戒処分（制裁）は、従業員の服務規律・企業秩序維持の違反に対し、使用者によって科せられる一種の制裁罰です。業務外の行為であっても、企業の社会的信用を著しく傷つけた場合は懲戒処分の対象となります。

② 　懲戒処分の手段・内容は労働関係上の不利益措置です。

2　懲戒処分の種類

　懲戒処分の種類と内容としては、おおむね、**図表2**のようなものが各企業の就業規則に定められています。

　懲戒処分の種類は、民法の公序良俗規定（90条）及び労基法の減給制裁の制限（91条）に反しない範囲で、各企業の判断により定めることが認められています（89条9号）。

228

1　服務規律・企業秩序維持と懲戒処分

図表2　懲戒処分の種類とその内容例

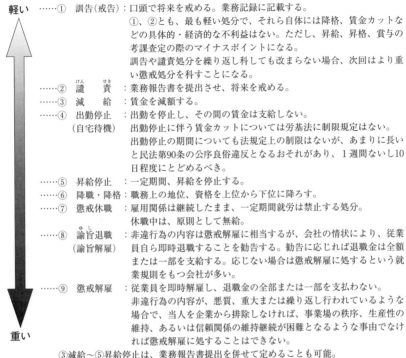

③減給～⑤昇給停止は、業務報告書提出を併せて定めることも可能。

〔3〕　懲戒処分の有効要件

1　ポイントは

　その懲戒処分が有効であるためには、**図表3**の1～5のすべての要件を満たしていることが必要です。このことは、判例においても、「使用者の懲戒権の行使も客観的に合理的な理由を欠き、または社会通念上相当として是認しえない場合には懲戒権の濫用として無効になる」と要約されています（ダイハツ工業事件、昭和58年9月16日、最二小判　労働判例415号16頁）。

229

第4章　服務規律等と懲戒処分・配置転換

図表3　懲戒処分の有効要件

1　相当性の原則
2　罪刑法定主義
3　不遡及の原則
4　一事不再理の原則（二重処罰の禁止）
5　適正手続きの原則

2　相当性の原則

　懲戒処分の有効要件5項目の中でも、とりわけ、この「相当性の原則」が重要です。つまり、従業員の非違行為（服務規律・企業秩序維持に関する就業規則の規定についての違反行為）の悪質・重大さの程度と懲戒処分の重さとのバランスがとれていることが重要です。例えば、1回の無届欠勤を理由に懲戒解雇を行ったりすると、「懲戒権の濫用」であるとして裁判で無効になります。

　裁判において、多くの懲戒解雇の事案が、懲戒事由に該当する事実（非違行為）があることは認められているにもかかわらず、その行為や被処分者に関する諸般の事情を考慮すると懲戒処分が重きに失するとして無効とされています。

3　罪刑法定主義

　あらかじめ、就業規則または、労働契約書、労働協約に懲戒処分の事由や種類、程度を明確に定めておき、それらの規定どおり懲戒処分を行うことが不可欠です。就業規則等に根拠規定のない懲戒処分は認められません。労基法では10人以上の事業場に、「制裁の定めをする場合においては、その種類および程度」の記載を義務づけています（89条1項9号）。

4　不遡及の原則

　従業員の非違行為があった後で就業規則等に懲戒処分の根拠規定を定め、過去にさかのぼってその規定を適用し、懲戒処分をすることはできません。

230

5 一事不再理の原則

一つの非違行為について2回の懲戒処分を行うことは認められません。これは、例えば、まず減給制裁にし、そのあとで出勤停止にするといったことです。

6 適正手続きの原則

懲戒処分の手続きが就業規則や労働協約、労働契約書で定められている場合には、それらの定めを厳守することが必要です。特に、「懲戒処分を行う場合には、事前に、懲戒委員会等の審議を経る」ことになっている場合は、これを守ることが必要です。また、重大な懲戒処分（懲戒解雇、諭旨退職等）を行う場合には、事前に、本人の弁明（説明、言いわけ）の機会を与え、その議事を記録しておくことが必要です。

第4章　服務規律等と懲戒処分・配置転換

2 | 配置転換

〔1〕 配置転換のルール

1 ポイントは

① 配置転換（配転：企業内人事異動）とは、使用者が同一会社内において、従業員の勤務事業所、勤務場所、勤務部署、職種、職階、職務（担当業務、権限、責任）等を、相当長期間にわたって、変更することをいいます。

② 判例で確立している配転に関する考えでは、使用者は、就業規則または労働契約書に根拠規定があれば、原則として、従業員の同意を得ることなく、配転を命ずることができます。

2 配置転換というのは

配置転換とは、使用者が同一会社内において、従業員の勤務事業所、勤務場所、勤務部署、職種、職務等を相当長期間にわたって変更することをいいます。

このうち、同一企業内の他の事業所への配置転換（配転ともいいます）を「転勤」と呼び、同一事業所内における職種・勤務部署等の変更は「配置換え」などと呼んで区別しています。このほかに、昇格、降格、休職等も含まれます。

判例で確立している配転に関する考えでは、使用者は、就業規則または労働契約書に**図表4**のような根拠規定があれば、原則として、従業員の同意を得ることなく、配転を命ずることができます。

232

2 配置転換

図表4　配置転換に関する根拠規定（就業規則）

（配置転換）
第○○条　会社は、事業運営上の必要により、従業員を配置転換（勤務事業所、勤務場所・部署・担当職務の変更、昇格・降格、休職等）を行うことがある。

　ただし、使用者は無制限に配転命令を出すことができるわけではなく、①労働契約による制限と②配転命令権による制限とがあります。

〔2〕　配転命令権についての制限とは

　配転命令権については、①労働契約による制限と②配転命令権の濫用による制限を受けます（**図表5**）。

1　労働契約による制限というのは

　使用者がその従業員を雇い入れる際に結んだ労働契約またはその展開の中で職種・勤務地等が限定されている場合には、その従業員の同意を得ることなく、限定範囲を超えて配転を命ずることは認められません。
　労働契約による配転命令権の制限は、**図表6**のように2つあります。

図表5　配転命令権の制限

① 労働契約等による制限
　　労働契約、確立された労使慣行により職種・勤務地等が限定されている場合は、従業員の同意なしに、その限定範囲を超えて配転することはできません。

② 配転命令権の濫用による制限
　　権利の濫用になる配転命令は認められません。

図表6　労働契約による配転命令権の制限

① 労働契約の締結またはその展開の中でその従業員の勤務場所、職種が限定されている場合

② 特殊の資格、技術が採用条件となっている場合

233

(1) 労働契約の締結とその展開で本人の勤務場所・職種が特定されている場合とは

　労働契約書で、はっきりと従業員本人の勤務場所や職種が特定されている場合は、本人の同意なしにそれらを変更する配転はできません。

　企業が公共職業安定所に申し込んだ求人票に職種、勤務地が記載されていたケースについては、裁判例では、それは当初における予定の職種、勤務場所を一応示すにとどまるものであって、将来ともそれらを限定する趣旨のものではないと判断しています。

　労働契約書に明確な記載がない場合には、現地採用といった採用時の事情その他にもとづいて判断されます。例えば、現地採用で、慣行上転勤がなかった工員を新設の他の工場に転勤させる場合には、本人の同意が必要です。

　他に勤務場所の特定が認められやすいものとしては、女性の事務補助職員、半農半工の労働者や主婦パート等があります。

　これに対して、本社採用の大卒幹部要員の場合は、日本全国のどこへでも転勤する旨の合意ができているのが普通です。

　長い間同じ職種に従事していても、それだけで勤務地や職種が特定されているとはいえません。

(2) 特殊の資格・技術が採用条件となっている場合とは

　特殊の資格・技術が採用条件となっている場合には、職種が特定されていることになり、従業員本人の承諾を得ずに他の職種に配転できません。

　例えば、医師、看護師、臨床検査技師、ボイラーマンなどは、それに該当するといわれています。

　最近、技術職、研究職からセールスエンジニアや技術的営業職への配転については、裁判例で有効とされる傾向にあります。

　また、アナウンサーについては、職種特定の有無につき裁判例の判断が有効と無効の２つに分かれています。

2　使用者の権利濫用とみなされる配転命令とは

　その配転命令が使用者の権利の濫用になるか否かは、**図表7**の①〜④の点を総合的に勘案して判断されます。

図表7　その配転命令が権利濫用になるか否かの判断ポイント

①　その配転に業務上の必要性があるか
②　その従業員を当てること（人選）に合理性があるか（不当な動機・目的はないか）
③　その配転によってもたらされる従業員の生活上の不利益は著しいか（不利益が通常甘受すべき程度を著しく超えていないか）
④　配転後の労働条件が著しく悪化していないか

(1)　配転の業務上の必要性とは

　使用者は、業務上の必要に応じ、自己の裁量で従業員の配転を決定し、命令することができます。

　業務上の必要性の具体的な内容については、定期異動、合理化、教育目的、職場の和を守るためなど、広範囲な理由が認められています。

(2)　対象従業員の人選の合理性の有無（不当な動機・目的による配転）とは

　その配転命令が正当な業務上の必要性によらず、使用者の恣意的な理由にもとづくものである場合、その配転命令は無効とされます。

　判例では、社長の娘と従業員が親しくなりすぎたからとか、従業員の所有している土地を会社に売却しないからというような、業務とまったく関係ない動機にもとづく配転理由が不当な動機に該当するとしています。

　また、労働組合活動を嫌悪し、組合活動に打撃を与えることをねらいとした転勤等は不当労働行為に該当し、無効です（労働組合法7

第4章　服務規律等と懲戒処分・配置転換

条)。

　男女差別、思想、信条その他による差別的取扱いとなる配転命令は、男女雇用機会均等法・労基法・民法等の規定により無効です。

(3)　従業員の私生活に著しい不利益をもたらす配転とは

　配転がその従業員の私生活に著しい不利益をもたらすかどうかの例として、判例では、病気の子供や母を抱えているなど、その者の転勤により一家が破綻し生活困窮となるような特別な場合は、転勤はあまりに酷であるとして従業員の正当な転勤拒否理由になるとしています。

　共働き夫婦の別居、家の新築直後の転勤など、通常予想される私生活上の不利益は正当な転勤拒否理由とはならず、従業員として我慢すべきものであるとされています。

(4)　労働条件が著しく悪化する配転とは

　このような配転は、使用者の権利の濫用になり無効です。

3　契約社員・パートの配転についての注意点

　契約社員・パートとして採用される者のほとんどは、求人広告や労働条件明示書（労働契約書）に記載されている職種、勤務場所等に退職するまで勤務し、配置転換されることはないものと思い込んでいます。

　しかし、事業経営を行っていれば契約社員・パートについても配置転換が必要になることがあります。

　このため、配置転換をめぐって労使間で配転拒否などのトラブルが生じないようにするため、あらかじめ、次の①、②の必要な措置をとっておくことが必要です。

①　あらかじめ、就業規則と労働条件明示書（労働契約書）に233頁**図表4**のこと及び勤務場所の範囲（例えば東京都内とか関東一円など）を規定しておいてください。

②　そして、採用者を初めの就業場所に配置する際に、上司が上記①のことを口頭で説明し、納得させておいてください。

236

1 セクハラ

第5章

セクハラ・パワハラ対応

1 セクハラ

〔1〕 事業主のセクハラ防止措置義務

1 セクハラとは

セクハラ（セクシュアル・ハラスメントの略称です）というのは、男女を問わず、相手方の意に反する性的な言動を行うことによる相手の権利・利益の侵害のことです。均等法11条により、事業主には「職場でのセクハラ防止の措置」が義務づけられています。同条で規定している職場でのセクハラには、**図表1**の対価型と環境型の2種類があります。

図表1　セクハラの種類

①	対価型セクハラ	職場で行われる性的言動に対する労働者の対応により、その労働者が労働条件について不利益を受けるもの
②	環境型セクハラ	職場で行われる性的な言動により、相手方労働者の働く環境が害されるもの

2 職場というのは

均等法11条でいう「職場」とは、事業主が雇用する労働者が業務を遂行する場所を指します。労働者が通常就業している場所以外の場所であっても、労働者が業務を遂行する場所は、「職場」に含まれます。

237

第5章　セクハラ・パワハラ対応

例えば、取引先の事務所や、取引先と打合せをするための飲食店、顧客の自宅等であっても、労働者が業務を遂行する場所であれば、職場に該当します。

3　性的な言動というのは

性的な言動とは、性的な内容の発言及び性的な行動を指します。

このうち「性的な内容の発言」には、性的な事実関係を尋ねること、性的な内容の情報を意図的に流布することなどが、また「性的な行動」には、性的な関係を強要すること、必要がないのに相手の身体に触ること、わいせつな図画を配布することなどが、それぞれ含まれます。

4　対価型セクハラというのは

職場で労働者の意に反する性的な言動が行われ、それに対する労働者の対応により、その労働者が解雇、降格、減給等の不利益を受けることをいいます。その状況は多様ですが、典型的な例として、**図表2**のようなものがあります（厚生労働大臣指針）。

図表2　対価型セクハラの典型例

```
① 事業所内で事業主が女性労働者に対して性的な関係を要求したが、拒否され
  たため、女性労働者を解雇する。
② 出張中の車中で上司が女性労働者の腰、胸等に触ったが、抵抗されたため、
  女性労働者について不利益な配置転換をする。
③ 営業所内で事業主が日頃から女性労働者に性的な事柄について公然と発言し
  ていたが、抗議されたため、女性労働者を降格する。
```

5　環境型セクハラというのは

環境型セクハラとは、職場で労働者の意に反する性的な言動が行われることにより労働者の就業環境が不快なものとなったため、能力の発揮に重大な悪影響が生じる等その労働者が就業するうえで見過ごすことのできない程度の支障が生じることをいいます。

その状況は多様ですが、典型的な例として、**図表3**のようなものがあります（厚生労働大臣指針）。

6 「意に反する」というのは

相手が望んでいないもの、相手の同意のないもののことをいいます。つまり、相手が合意していればセクハラにはなりません。

行為者は、相手が自分に好意をもっていると思い込み、親愛の表現のつもりで言動したとしても、相手が嫌悪や不快を感じればセクハラになります。

7 事業主のセクハラ防止措置実施義務の内容は

セクハラ防止措置の実施義務については、均等法11条において、事業主は、職場におけるセクハラ行為を防止するために「被害を受けた労働者からの相談に応じ適切に対応するために必要な体制の整備その他の雇用管理上必要な措置を講じなければならない」と定めています。

事業主が講じなければならない措置の具体的内容は、厚生労働大臣が指針で定めるとしています（均等法11条2項）。この指針では、事業主は、職場におけるセクハラを防止するため、雇用管理上**図表4**の措置を講じなければならないとしています。これらの措置については、企業の規模や職場の状況のいかんを問わず、必ず講じなければなりません。

また、措置の方法については、企業の規模や職場の状況に応じ、適切と考える措置を事業主が選択できるよう具体例を示してあります。

図表3　環境型セクハラの典型例

① 事務所内で上司が女性労働者の腰、胸等にたびたび触ったため、女性労働者が苦痛に感じて就業意欲が低下している。
② 同僚が取引先で女性労働者の性的な内容の情報を意図的かつ継続的に流布したため、女性労働者が苦痛に感じて仕事が手につかない。
③ 女性労働者が抗議をしているにもかかわらず、事業所内にヌードポスターを掲示しているため、女性労働者が苦痛に感じて業務に専念できない。

第5章　セクハラ・パワハラ対応

図表4　厚生労働大臣指針の内容

① 事業主の方針の明確化及びその周知・啓発
② 相談（苦情を含みます）に応じ、適切に対応するために必要な体制の整備
③ 職場におけるセクハラに係る事後の迅速かつ適切な対応
④ ①から③までの措置とあわせて講ずべき措置

〔2〕　日経連・人事院資料でいう「セクハラ」とは

　日経連・人事院の資料（**図表5、6**）では、セクハラについて厚生労働大臣指針の具体例よりも広範囲にとらえており、これには、ホモセクシュアル、ジェンダーセクハラ、相手が不快に思うことなども含んでいます。

　これらは、裁判例や学説の考え方に近く、企業が人事労務管理、訴訟リスク・マネジメントの立場から対応する場合には、この考え方にもとづくことが必要です。

240

1 セクハラ

図表5 レッドカードとイエローカード

1. レッドカード（絶対に避けるべき言動）

① 雇用上の利益や不利益の与奪を条件に性的誘いをかけるなどをする
　・人事考課、配置異動などの配慮を条件にして誘いかける
　・性的要求への服従や拒否によって雇用上の扱いを変える
② 性的な嗜好などによって人事管理の差別的取扱いをする
　・性的な好き嫌いなどによって雇用上の扱いを不公平にする
③ 弾圧的に性的行為に誘ったり執拗に交際の働きかけをする
　・業務上の指導などの名目にかこつけて個人的な接触をはかる
　・性的関係を求める発言を繰り返す
　・食事やデートにしつこく誘ったり、いやがられているのにつきまとったりする（いわゆるストーカー行為も含む）
④ 相手の身体への一方的な接近や接触をはかる
　・抱きついたり、腰や胸にさわる
　・職場で通りがかるたびに逃げようとしても髪や肩や手をさわる
⑤ 性的な言動によって極度に不快な職場環境をつくる
　・繰り返し性的な電話をかけたり、電子メールを送ったりする
　・職場にポルノ写真やヌードカレンダーを継続的に掲示する
　・性的冗談を繰り返したり、複数の者が取り囲んでしつこく言う
　・化粧室や更衣室の前などで胸や腰をじっと見る
　・接待においてお酒の酌やデュエットを強要する
　・性的魅力をアピールするような服装や振る舞いを強要する
⑥ 人格を傷つけかねない性的表現や性的風評をする
　・性的にふしだらなどと悪質な中傷を繰り返す
　・私生活上の秘密や個人の性に関する噂などを意図的に流す

2. イエローカード（できるだけ避けるべき言動）

① 性別による差別的発言や蔑視的発言をする
　・女性のみ「ちゃん」づけで呼んだり、「女の子」と呼ぶ
　・「女性に仕事は無理だ」「男だったら徹夜しろ」などという
② 性的な言動によって正常な業務の遂行を妨害する
　・相手が返答に窮するような性的冗談をいう
　・個人的な性的体験談を話したり、聞いたりする
③ 性的な言動によって望ましくない職場環境をつくる
　・髪、肩、手などに不必要にふれる
　・休憩時間にヌード雑誌をこれみよがしに読んだり見せたりする
④ 性的に不快感をもよおすような話題づくりや状況づくりをする
　・任意参加の会合で上司の隣りに座ることやお酒の酌を要求する
　・ある女性と他の女性との性的魅力について比較する
⑤ 不必要に相手の個人領域やプライベートを侵犯する
　・スリーサイズを尋ねたり、身体的特徴を話題にする
　・顔をあわせるたびに「結婚はまだか」「子どもはまだか」と尋ねる

（資料出所：日経連出版部「セクハラ防止ガイドブック」より）

241

第5章　セクハラ・パワハラ対応

図表6　セクシュアル・ハラスメントになり得る言動

1．職場内外で起こりやすいもの

(1)　性的な内容の発言関係
　①　性的な関心、欲求にもとづくもの
　　・スリーサイズを聞くなど身体的特徴を話題にすること
　　・聞くに耐えない卑猥な冗談を交わすこと
　　・体調が悪そうな女性に「今日は生理日か」「もう更年期か」などというこ
　　　と
　　・性的な経験や性生活について質問すること
　　・性的な噂を立てたり、性的なからかいの対象とすること
　②　性別により差別しようとする意識等にもとづくもの
　　・「男のくせに根性がない」「女には仕事をまかせられない」「女性は職場の
　　　花でありさえすればいい」などと発言すること
　　・「男の子、女の子」「僕、坊や、お嬢さん」、「おじさん、おばさん」など
　　　と人格を認めないような呼び方をすること
(2)　性的な行動関係
　①　性的な関心、欲求にもとづくもの
　　・ヌードポスター等を職場に貼ること
　　・雑誌等の卑猥な写真・記事等をわざと見せたり、読んだりすること
　　・身体を執拗に眺め回すこと
　　・食事やデートにしつこく誘うこと
　　・性的な内容の電話をかけたり、性的な内容の手紙・Eメールを送ること
　　・身体に不必要に接触すること
　　・浴室や更衣室等をのぞき見すること
　②　性別により差別しようとする意識等にもとづくもの
　　・女性であるということだけで職場でお茶汲み、掃除、私用などを強要す
　　　ること

2．主に職場外で起こるもの

①　性的な関心、欲求にもとづくもの
　・性的な関係を強要すること
②　性別により差別しようとする意識等にもとづくもの
　・カラオケでのデュエットを強要すること
　・酒席で、上司の側に座席を指定したり、お酌やチークダンスなどを強要す
　　ること

資料出所：人事院規則「セクシュアル・ハラスメントの防止等の運用について」より

1　セクハラ

〔3〕　セクハラのこんな取扱いはどうなるか

　①男性に対するセクハラの扱い、②社外でセクハラが起きたときの責任、③派遣社員についてのセクハラ防止措置義務は、人材派遣会社（派遣元）と派遣先のうちどちらの会社か、④いわゆる「ジェンダー・ハラスメント行為」はセクハラになるかについて教えてください。

1　男性に対するセクハラの扱い、社外で起きたときの企業責任

　均等法11条でいうセクハラは、男女双方が加害者にも被害者にもなります。均等法11条でいう「職場」には、取引先の事務所、取引先と打合せをするための飲食店、顧客の自宅等も含まれます。したがって、事業主はその雇用する社員について、上述の場所においてもセクハラ行為を防止するための措置を講ずる法的義務を負っています。

2　派遣社員についてのセクハラ防止措置義務は

　派遣社員が人材派遣元会社に雇用され、現在、派遣先会社で働いている場合は人材派遣会社（派遣元会社）と派遣先会社の双方にセクハラ防止措置義務があります（均等法11条1項、派遣法47条の2）。

3　いわゆる「ジェンダー・ハラスメント行為」とは

　ジェンダー・ハラスメント行為というのは、男女の役割を固定的に考える意識にもとづく、例えば次のような言動のことです。

・「女性に仕事は無理」、「女性は職場の花」など。

・女性のみにコピー取りなどを言いつける。

・男だったら徹夜でも仕事をするのが当たり前。

・男のくせに根性がない。

　これらの言動は、状況によってはセクハラに該当する恐れがありますので、十分注意してください。

4　企業としてのセクハラの防止・相談・対応のしかたは

　これらについてはパワハラとほぼ同様です。次の②パワハラの4（243頁）以降を参照してください。

243

第5章　セクハラ・パワハラ対応

2 パワハラ

〔1〕 パワハラとは何か

1）近年、職場での地位・権限を背景にした上司・同僚等からのいじめ、嫌がらせや暴行など、パワー・ハラスメント（パワハラ）が注目されています。

　　例えば、都道府県労働局に寄せられる「いじめ・嫌がらせ」に関する相談は、平成14年度には約6,600件であったものが、平成24年度には5万1,670件と、年々急速に増加しています。

2）パワハラという言葉がさす内容や定義については、現時点では、きちんとした法令等の定めがあるわけではなく、これを直接規制する法令もありません。

3）厚生労働省の「職場のいじめ・嫌がらせ問題に関する円卓会議ワーキング・グループ報告」（平成24年1月30日）では、パワハラについて**図表7**のように定義しています。

図表7　パワハラの定義

> 　職場のパワーハラスメントとは、同じ職場で働く者に対して、職務上の地位や人間関係などの職場内の優位性を背景に、業務の適正な範囲を超えて、精神的・身体的苦痛を与える又は職場環境を悪化させる行為をいう。

4）上記報告では、パワハラを**図表8**にような行為類型に分類しています。

244

2　パワハラ

図表8　職場のパワーハラスメントの行為類型

1	身体的な攻撃	暴行・障害		4	過大な要求	業務上明らかに不要なことや遂行不可能なことの強制、仕事の妨害
2	精神的な攻撃	脅迫・名誉毀損・侮辱・ひどい暴言		5	過小な要求	業務上の合理性なく、能力や経験とかけ離れた程度の低い仕事を命じる、仕事を与えない
3	人間関係からの切り離し	隔離・仲間外し・無視		6	個の侵害	私的なことに過度に立ち入る

【考え方】
1は、業務の遂行に関係するものでも「業務の適正な範囲」に含まれません。
2と3は、原則として「業務の適正な範囲」を越えると考えられます。
4～6は、何が「業務の適正な範囲」を越えるかは業種や企業文化の影響を受け、具体的な判断も、行為が行われた状況や行為が継続的であるかどうかによって左右される部分があるため、各企業・職場で認識をそろえ、その範囲を明確にすることが望ましいです。
（平成24年1月職場のいじめ・嫌がらせ問題に関する円卓会議ワーキング・グループ報告より）

CHECK！

□ささいなミスに対し、執拗な嫌がらせをくり返す

→パワハラに該当する

□「やる気がないならやめてしまえ」などと発言した

→叱咤激励するのが目的であれば、すべてがパワハラとまではいえないが、表現は不適切

2　どのような行為がパワハラに含まれるか

図表8・9を参考にして判断してください。

3　職場のいじめ・嫌がらせに関する判例（企業等の不法行為責任等を認めた裁判例）

職場のいじめ・嫌がらせによるメンタルヘルス不調に関して、事業者や上司に不法行為責任などによる損害賠償の責任が認められた判例には、**図表10・11**のようなものがあります。

245

第5章 セクハラ・パワハラ対応

4 企業としての対応策

Point 1
会社の基本方針を示す
- パワハラを認めない姿勢を就業規則に定め、社員に周知する
- カウンセラーやビデオ教材などによる社員教育が必要

Point 2
適切な指揮指導を行う
- 叱る基準は公平・公正に
- 相手のキャリアや人格、存在自体を否定するような叱責はさける
- 叱責のあとのアフターフォローを忘れない

Point 3
社内・社外に相談や苦情の窓口を設置
- 当事者がじっくり相談できる環境をつくる
- 第三者機関に委託するのもよい

Point 4
問題が生じたら、すばやい対応、記録を
- 被害社員やまわりの社員の話などから事実を確認する
- 加害社員に適切な処分を下す
- 配置換え等、人事面の配慮

本来の指揮命令とパワハラとの境界はあいまいだからこそ、問題になりやすい。

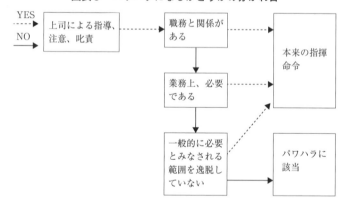

図表9 パワハラになるかどうかの分かれ目

2　パワハラ

図表10　【横浜地川崎支判平成14年6月27日　労働判例833号61頁】（高裁で控訴が棄
　　　　　却された後、確定した）

---

① 事実関係

　新たに配属された労働者に対して、職場の同僚が、本人の能力を揶揄したり、
性的な話題などで日常的にからかったり、労働者の親が事業者に所有地を貸さな
かったことに対して本人を非難するような発言をした。
　労働者本人がストレスから休みがちとなった。（後にいじめを行った同僚の昇
進についての情報を得たことをきっかけとして自殺未遂を繰り返す。）
　事業者はいじめの有無について調査したが最終的な確認には至らなかった。ま
た、労働者からの異動の希望が出されたが、当初は「休んでいるので難しい」と
回答し、その後主治医の診断書を受けて異動させた。
　本人は新しい職場に出勤したが、その2日後に自殺した。

② 裁判所の判断

　被告側は、いじめ・嫌がらせは存在せず、被害者の関係妄想、被害妄想が生じ
た結果に過ぎないと主張したが、裁判所は詳細に証拠を分析し、この主張を退け
た。また、いじめによって心理的苦痛を蓄積した者が、心因反応を含む何らかの
精神疾患を生じることは社会通念上認められるなどとして、いじめと自殺の因果
関係を肯定した。
　また、裁判所は、事業者は労働者の管理者的立場に立って、職務行為から生じ
る一切の危険から労働者を保護すべき責務を負うとした上で、労働者の安全の確
保のためには、ほかの労働者からもたらされる生命、身体等に対する危険につい
ても、加害行為を防止するとともに、生命、身体等への危険から労働者の安全を
確保して被害発生を防止すべき注意義務（安全配慮義務）があるとして、事業者
の責任（不法行為責任）を認めた。

図表11　【東京高判平成17年4月20日　労働判例914号82頁】（上告されたが最高裁は不
　　　　　受理とした）

---

① 事実関係

　職場の上司が部下に対し、「やる気がないなら、会社を辞めるべきだと思いま
す。当SC^(注)にとっても、会社にとっても損失そのものです」「あなたの給料で
業務職が何人雇えると思いますか。あなたの仕事なら業務職でも数倍の実績を挙
げますよ。これ以上、当SCに迷惑をかけないで下さい。」というメールを送信し、
同じ職場の職員十数名にも送信した。

② 裁判所の判断

　裁判所は、メール中に退職勧告とも取れる表現や、人の気持ちを逆撫でする侮
辱的な表現があり、これを一本人だけでなく職場の同僚十数名にも送信したこと
は、本人の名誉感情をいたずらに毀損するものであり、叱咤督促しようとした目
的が正当であったとしても、表現が許容限度を超え著しく相当性を欠き不法行為
を構成するとした。
　また、裁判所は、上司のメールを送付した目的は部下の指導であり是認できる
が、部下は名誉感情を損なわれたとし、上司に対し不法行為による損害賠償責任
を認めた。
　注：SC＝被災者の所属部署

247

第5章　セクハラ・パワハラ対応

5　パワハラについての相談・対応のしかたは

標記の対応のしかたの例は、**図表12**のとおりです。

6　就業規則にパワハラの禁止規定を定める例は

１）就業規則（本則）中に、パワハラの禁止規定を定め、併せて同規

図表12　パワハラについての相談・苦情への対応の流れの例

相談・苦情

人事部・労働組合　──　苦情相談窓口

（必要に応じて）

「本人」ヒアリング　　「相手」ヒアリング　　「第三者」ヒアリング

事実関係の有無　──誤解であると判断した場合──→　本人に説明　相手に説明

事実関係があると判断した場合

メンバー
会　　社：人事担当取締役
　　　　　人事課長
　　　　　人事課　○○○○
労働組合：委員長、書記長

パワーハラスメント対策委員会による協議

（必要に応じて）

「本人」事情聴取　　「相手」事情聴取　　「第三者」事情聴取

懲戒に値しない場合　　判　定　　懲戒に値する場合　就業規則に基づく

「本人」説明
配置転換
行為者謝罪
関係改善援助
不利益回復
職場環境回復
メンタルケアなど

減　給
降　格
けん責
出勤停止
諭旨解雇
懲戒解雇など

（必要に応じて）

解　決

再発防止措置

248

2　パワハラ

則の懲戒規定と連動して適用する際の規定例は、**図表13**のとおり
です。

2）就業規則（本則）に、別規程に委任する旨の根拠規定を定め、こ
れに基づいた別規程を定める方法もあります。この場合、別規程も
就業規則に含まれます。

就業規則（本則）と別規程の例は、**図表13〜15**のとおりです。

図表13　パワハラに関する就業規則（本則）の規定例

（職場のパワーハラスメントの禁止）
第○○条　従業員は、職務上の地位や人間関係などの職場内の優位性を背景にし
　　た、業務の適正な範囲を超える言動により、他の従業員に精神的・身体的な苦
　　痛を与えたり、就業環境を害するようなことをしてはならない。
（懲戒処分の種類）
第○△条　会社は、従業員が次条のいずれかに該当する場合は、その情状に応じ、
　　次の区分により懲戒処分を行う。
（略）

（懲戒処分の事由）
第□□条　従業員が、次のいずれかに該当するときは、情状に応じ、けん責、減
　　給又は出勤停止とする。
（略）
⑥　第○○条に違反したとき
2　従業員が次のいずれかに該当するときは、懲戒解雇とする。ただし、平素の
　　服務態度その他情状によっては、第△△条に定める普通解雇、前条に定める減
　　給又は出勤停止とすることがある。
（略）
⑩　第○○条に違反し、その情状が悪質と認められるとき

図表14　就業規則（本則）のハラスメント防止規程への委任の根拠規定例

【就業規則（本則）】
（パワーハラスメントの禁止）
第□□条　パワーハラスメントについては、第○○条（服務規律・企業秩序維
　　持）及び第△△条（懲戒処分）に定めるほか、詳細は「パワーハラスメントの
　　防止に関する規程」により別に定める。

249

第5章　セクハラ・パワハラ対応

図表15　パワハラ防止に関する就業規則の別規程例

パワーハラスメントの防止に関する規程

（目的）

第1条　この規程は、就業規則（本則）第□□条に基づき、職場におけるパワー
　　ハラスメントを防止するために従業員が順守すべき事項及び雇用管理上の措置
　　について定めることを目的とする。

（定義）

第2条　この規程においてパワーハラスメントとは、同じ職場で働く者に対し
　　て、職務上の地位や人間関係などの職場内の優位性を背景に、業務の適正な範
　　囲を超えて、精神的・身体的苦痛を与える又は職場環境を悪化させる行為をい
　　う。

2　前項の「職務上の地位や人間関係などの職場内の優位性を背景に」とは、直
　　属の上司はもちろんのこと、直属の上司以外であっても、先輩・後輩関係など
　　の人間関係により、相手に対して実質的に影響力を持つ場合のほか、キャリア
　　や技能に差のある同僚や部下が実質的に影響力を持つ場合を含むものとする。

3　第1項の「職場」とは、勤務部署のみならず、従業員が業務を遂行するすべ
　　ての場所をいい、また、就業時間内に限らず実質的に職場の延長とみなされる
　　就業時間外を含むものとする。

4　この規程の適用を受ける従業員には、正社員のみならず、パートタイム労働
　　者、契約社員等名称のいかんを問わず会社に雇用されているすべての労働者及
　　び受け入れ使用している派遣労働者を含むものとする。

（禁止行為）

第3条　前条第1項の規定に該当する行為は、これを禁止する。

2　上司は、部下である従業員がパワーハラスメントを受けている事実を認めな
　　がら、これを黙認する行為をしてはならない。

（懲戒処分）

第4条　前条に定める禁止行為に該当する事実が認められた場合は、就業規則第
　　○○条及び第△△条に基づき懲戒処分の対象とする。

（相談及び苦情への対応）

第5条　パワーハラスメントに関する相談及び苦情の相談窓口は本社及び各事業
　　場で設けることとし、その責任者は人事部長とする。人事部長は、窓口担当者
　　の名前を人事異動等の変更の都度、社内に周知するとともに、担当者に対する
　　対応マニュアルの作成及び対応に必要な研修を行うものとする。

2　パワーハラスメントの被害者に限らず、すべての従業員はパワーハラスメン
　　トに関する相談及び苦情を窓口担当者に申し出ることができる。

3　相談窓口担当者は、前項の申し出を受けたときは、対応マニュアルに沿い、
　　相談者からの事実確認の後、本社においては人事部長へ、各事業場においては

250

所属長へ報告する。人事部長又は所属長は、報告に基づき、相談者のプライバシーに配慮した上で、必要に応じて行為者、被害者、上司並びに他の従業員等に事実関係を聴取する。

4　前項の聴取を求められた従業員は、正当な理由なくこれを拒むことはできない。

5　所属長は、対応マニュアルに基づき人事部長に事実関係を報告し、人事部長は、問題解決のための措置として、前条による懲戒処分のほか、行為者の人事異動等被害者の労働条件及び就業環境を改善するために必要な措置を講じる。

6　相談及び苦情への対応に当たっては、関係者のプライバシーは保護されるとともに、相談をしたこと、又は事実関係の確認に協力したこと等を理由として不利益な取扱いは行わない。

（再発防止の義務）

第6条　人事部長は、パワーハラスメントが生じたときは、職場におけるパワーハラスメントがあってはならない旨の会社の基本方針及びその行為者については厳正に対処する旨の方針について、再度、社内に周知徹底を図るとともに、事案発生の原因の分析、研修の実施等、適切な再発防止策を講じなければならない。

附則　この規程は、平成〇〇年〇〇月〇〇日から実施する。

第6章　安全衛生、妊産婦等の健康管理、仕事と育児・介護の両立支援制度

第6章

安全衛生、妊産婦等の健康管理、仕事と育児・介護の両立支援制度

1 安全衛生

〔1〕 安全衛生教育とは

1 事業者の安全衛生教育の実施義務は

　事業者は、未経験の労働者や決められた技能を有しない労働者を、法令が禁じている業務に就かせてはなりません。

　安衛法では、事業者に対して、**図表1**の安全衛生教育の実施を義務づけています（安衛法59条～60条の2）。

図表1　安全衛生教育の実施義務

① 労働者を雇い入れるとき
② 作業内容を変更するとき
③ 建設機械、クレーン、リフトの運転その他の危険有害業務に就かせるとき

　なお、安全衛生教育は、一般労働者に対してばかりでなく、職長等の第一線監督者に対しても一定の教育が義務づけられています。

2 雇入時・作業内容変更時の安全衛生教育の内容は

　労働者の雇入時と作業内容変更時の安全衛生教育の内容は、**図表2**のとおりです。

　ただし、同図表の①から④については、そのような作業を含まない

業種は省略してよいことになっています。

図表2　労働者の雇入時・作業内容変更時の安全衛生教育

① 機械・原材料等の危険性・有害性と取扱方法
② 安全装置・有害物抑制装置・保護具の性能に関する知識とその取扱い
③ 作業手順
④ 作業開始時の点検
⑤ その業務に関して発生する恐れのある疾病に関する知識とその予防法
⑥ 整理、整頓、清潔の必要性とそれを保持する方法
⑦ 事故時などにおける応急措置と退避方法
⑧ その他、その業務に関する安全衛生のために必要な事項

〔2〕　健康診断・ストレスチェックの実施義務は

1　健康診断の実施義務は

　会社は、雇用する労働者に対して、雇入れ時および1年に1回、定期的に**図表3**の項目について健康診断を実施しなければなりません。

　パートには、健康診断の必要がないと考えている事業主が多いようです。しかし、パートでも「常時使用する労働者」として1年以上雇用する場合および1週間の所定労働時間が、その事業場の通常の労働者の4分の3以上の場合は、正社員と同様に健康診断を実施しなければなりません（安衛法66条）。

図表3　健康診断の検査項目

①既往歴・業務歴の調査、②自覚症状・他覚症状の有無の検査、③身長、体重、腹囲、視力、聴力の検査、④胸部エックス線検査及び喀痰検査[※]、④血圧の測定、⑤貧血検査、⑥肝機能検査、⑦尿検査、⑧心電図検査、⑨血糖検査、血中脂質検査
※喀痰検査は定期健康診断のみ

　深夜労働と危険有害業務の従事者には、6カ月に1回、定期健康診

第6章　安全衛生、妊産婦等の健康管理、仕事と育児・介護の両立支援制度

断を行わなければなりません。また、X線業務従事者などについては、別に、特殊健康診断を実施しなければなりません。

2　健康診断の結果による就業上の措置対応は

　会社は、健康診断の結果、必要に応じ、労働者に対して就業場所の変更、労働時間の短縮などの対策をとらなければなりません。

3　ストレスチェックの実施義務は

　平成27年12月から、事業者に対して、毎年1回、従業員にストレスチェックを行うことが義務づけられました（改正労働安全衛生法）。

　ストレスチェックというのは、ストレスに関する質問票（選択回答）に労働者が記入し、それを集計・分析することで、自分のストレスがどのような状態にあるのかを調べる簡単な検査です。

　対象従業員の範囲は、上記1の健康診断と同じです。

　この検査の結果、ストレスが高かった従業員は、会社に申し出ることにより、医師による面接指導を受けることになります。

　その結果、必要な場合には、会社は、上記2と同じように、就業上の措置をとらなければなりません。

4　病者の就業禁止とは

　会社は、次に示す病気にかかった労働者については、産業医その他専門の医師の意見を聴いたうえで、就業を禁止しなければなりません（安衛法68条）。

　イ．伝染病（伝染予防措置をした場合を除く）

　ロ．精神病（自他損傷の恐れのある場合）

　ハ．労働のために病勢が著しく悪化する恐れがある疾病

5　長時間労働者等に対する面接指導制度とは

　1カ月間に100時間を超える時間外労働を行い、疲労の蓄積があり、面接を申し出た者について、会社は医師（産業医等）による面接指導を行わせなければなりません。

　医師は、会社に対して事後措置についての意見をいいます。

1　安全衛生

　会社は、その意見にもとづき必要な事後措置を講じなければなりません（安衛法66条の8）。

第6章　安全衛生、妊産婦等の健康管理、仕事と育児・介護の両立支援制度

2 妊産婦等の健康管理

1 法規定は

　妊産婦等の健康管理については、使用者に対して**図表4**の取扱いが義務づけられています。

2 問い合わせ行政機関は

　妊産婦等の健康管理に関する法規定の内容については、各都道府県

図表4　妊産婦等の健康管理の規定

法律名	規定内容		条　文	違反した場合
1.労基法	①	生理休暇の付与	68条	強行規定・罰則あり
	②	育児時間の付与	67条	〃
	③	妊産婦（妊娠中・出産後1年以内の女性労働者）の軽易業務転換（本人の請求による）	65条3項	〃
	④	妊産婦の時間外・休日労働、深夜労働等の禁止	66条	〃
	⑤	妊産婦等の坑内労働・危険有害業務の就業禁止	64条の2、64条の3	〃
	⑥	妊産婦の産前6週間、産後8週間の休業の付与	65条1項、2項	〃
	⑦	産前産後休業中およびその後30日間の解雇禁止	19条	〃
2.均等法	⑧	妊産婦の通院時間の確保	12条	強行規定・罰則なし
	⑨	医師の指導事項を守るための妊産婦の勤務の軽減等	13条	〃
	⑩	女性労働者の婚姻、妊娠、出産を退職理由として予定する定め（就業規則、労働契約等）の禁止	9条1項	〃
	⑪	女性労働者の婚姻を理由とする解雇の禁止	9条2項	〃
	⑫	女性労働者の妊娠、出産、産前産後休業の取得等を理由とする解雇その他不利益取扱いの禁止	9条3項	〃
	⑬	妊産婦の解雇の無効	9条4項	〃

労働局(厚生労働省の直轄機関)の雇用環境・均等部(室)に問い合わせてください。

〔1〕 妊産婦等の健康管理措置(産前産後休業、育児時間等)

1 ポイントは

子を産む女性、産んだ女性には、労基法、均等法に定められている必要な配慮をしてください。

2 妊産婦等の健康管理措置

妊産婦や育児中の女性従業員に対して、会社は労基法および均等法を守り、適切な措置を講じなければなりません。妊産婦とは、妊娠中及び出産後1年以内の女性のことをいいます。

次の(1)〜(4)の措置が必要です(※=労基法、△=均等法)。

(1) 産前産後休業の決まり※(労基法65条)

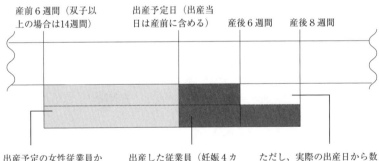

257

(2) 妊産婦の健康管理措置※（労基法64条の２、64条の３）

妊産婦＝妊婦または出産後１年を経過しない女性

必須	・重い荷物を取り扱う業務や、有毒なガスが発散する場所で働かせない※。妊婦の坑内業務も同じ。 ・母子保健法の規定による保健指導、健康診査を受ける時間を確保する△。 ・保健指導等に基づく指示を守れるよう、勤務時間の短縮・変更、業務の軽減等を行う△。
本人からの請求による	・軽易な業務に変える※。 ・時間外・休日・深夜・変形制、坑内の労働に就かせてはならない※。

(3) 育児時間の付与※（労基法67条）

(4) 生理休暇の付与※（労基法68条）

3 違反すれば罰則がある

　産前産後休業の決まりや妊産婦の勤務、育児時間・生理休暇の付与の規定に違反した場合、使用者は６カ月以下の懲役または30万円以下の罰則に処せられます（労基法119条）。

　妊産婦の通院時間の付与などの健康管理措置をとらなかった場合には、各都道府県労働局の雇用環境・均等部（室）から強力な是正指導を受けます（均等法）。

さらに、従業員が裁判所に訴えれば、会社側が敗訴し、損害賠償を支払うことになります。

図表5　妊産婦等の健康管理措置は、金銭面での会社の負担は少ない

1　上記2の(1)～(4)の休業・休暇中、会社に賃金支払義務はない。
2　出産手当金の支給は健康保険から
　　健康保険法により、下に示す休業期間中、出産手当金（1日につき標準報酬日額の3分の2）が支給される。1児につき42万円の出産育児一時金も支払われる。

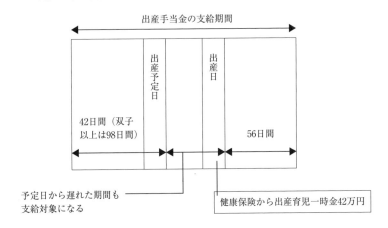

第6章　安全衛生、妊産婦等の健康管理、仕事と育児・介護の両立支援制度

３ 仕事と育児・介護の両立支援制度

１　育児・介護のための休業・休暇とは

これらとしては、**図表６**のものが設けられています（育児・介護休業法）。

図表６　育児・介護のための休業・休暇

名　称	対象者の性別	法律による賃金支払義務	付与日数等
①　育児休業	男女	無	最長１年６カ月（子が満１歳６カ月になる前日まで）
②　介護休業	男女	無	最長93日
③　子の看護休暇	男女	無	１年度につき５日
④　介護休暇	男女	無	１年度につき５日

図表６の休業・休暇については、休暇期間中の労働者に対する賃金支払いは義務づけられていません。

ただし、就業規則または労働契約等により賃金支払いを定めている場合、または、これまで労働慣行として支払われてきた場合には、そのとおり賃金を支払わなければなりません。

この点は、パート、契約社員についても同様です。

２　平成28年改正育児・介護休業法の内容は

標記改正法は、平成29年１月１日に施行されました。

改正の主な柱は、育児休業の対象となる子の範囲の拡大、有期契約労働者の育児休業（介護休業）の取得要件の緩和、介護休業の分割取得、介護のための所定外労働の制限制度の新設、介護休業の対象となる家族の範囲の拡大などとなっています。

これらのうち、仕事と育児の両立支援制度の改正内容は、**図表７**のとおりとなっています。

3　仕事と育児・介護の両立支援制度

図表7　仕事と育児の両立支援制度の改正内容

改正の趣旨

○　非正規雇用労働者の育児休業の取得促進や妊娠・出産・育児休業・介護休業等を理由とする不利益取扱い等の防止を図ることが必要。

改正内容【多様な家族形態・雇用形態に対応した育児期の両立支援制度等の整備】

	改正内容	改正前	改正後
1	子の看護休暇（年5日）の取得単位の柔軟化	1日単位での取得	半日（所定労働時間の二分の一）単位の取得を可能とする。 ※所定労働時間が4時間以下の労働者については適用除外とし、1日単位。 ※業務の性質や業務の実施体制に照らして、半日を単位として取得することが困難と認められる労働者は、労使協定により除外できる。 ※労使協定により、所定労働時間の二分の一以外の「半日」とすることができる。（例：午前3時間、午後5時間など）
2	有期契約労働者の育児休業の取得要件の緩和	①その事業主に引き続き雇用された期間が1年以上であること、②1歳以降も雇用継続の見込みがあること、③2歳までの間に契約更新されないことが明らかである者を除く	①その事業主に引き続き雇用された期間が過去1年以上であること、 ②子が1歳6カ月になるまでの間に、その労働契約（労働契約が更新される場合にあっては、更新後のもの）が満了することが明らかでないものとし、取得要件を緩和する。
3	育児休業等の対象となる子の範囲	法律上の親子関係である実子・養子	特別養子縁組の監護期間中の子、養子縁組里親に委託されている子といった法律上の親子関係に準じると言えるような関係にある子については育児休業制度等の対象に追加する。 ※法律上の親子関係に準ずる子については、省令で規定

　このうち同図表の「2　有期契約労働者の育児休業の取得要件の緩和については、**図表8**のとおりです。

261

図表8　非正規労働者の育児休業の取得条件

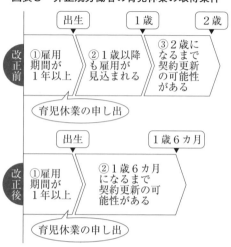

　また、仕事と介護の両立支援制度の改正内容については、**図表9**のとおりとなりました。

　なお、平成28年の改正法においては、雇用保険法改正により、介護休業給付の給付率の引上げ（賃金の40％→67％）も行われており、これについては平成28年8月1日から施行されています。

3 仕事と育児・介護の両立支援制度

図表9 仕事と介護の両立支援制度の改正内容

改正の趣旨

○ 介護が必要な家族を抱える労働者が介護サービス等を十分に活用できるようにするため、介護休業や柔軟な働き方の制度を様々に組み合わせて対応できるような制度の構築が必要。

改正内容【介護離職を防止し、仕事と介護の両立を可能とするための制度の整備】

	改正内容	改正前	改正後
1	介護休業（93日：介護の体制構築のための休業）の分割取得	原則1回に限り、93日まで取得可能	取得回数の実績を踏まえ、介護の始期、終期、その間の期間にそれぞれ対応するという観点から、対象家族1人につき通算93日まで、3回を上限として、介護休業の分割取得を可能とする。
2	介護休暇（年5日）の取得単位の柔軟化	1日単位での取得	半日（所定労働時間の二分の一）単位の取得を可能とする。〈日常的な介護ニーズに対応〉子の看護休暇と同様の制度
3	介護のための所定労働時間の短縮措置等（選択的措置義務）	介護休業と通算して93日の範囲内で取得可能	介護休業とは別に、利用開始から3年の間で2回以上の利用を可能とする。〈日常的な介護ニーズに対応〉事業主は以下のうちいずれかの措置を選択して講じなければならない。（措置内容は現行と同じ）①所定労働時間の短縮措置（短時間勤務）②フレックスタイム制度③始業・終業時刻の繰上げ・繰下げ ④労働者が利用する介護サービス費用の助成その他これに準じる制度
4	介護のための所定外労働の免除（新設）	なし	介護終了までの期間について請求することのできる権利として新設する。〈日常的な介護ニーズに対応〉・その事業主に引き続き雇用された期間が1年未満の労働者等は、労使協定により除外できる。・1回の請求につき1月以上1年以内の期間で請求でき、事業の正常な運営を妨げる場合には事業主は請求を拒否できる。
5	有期契約労働者の介護休業の取得要件の緩和	①その事業主に引き続き雇用された期間が過去1年以上であること、②休業開始予定日から93日を経過する日以降も雇用継続の見込みがあること、③93日経過日から1年経過する日までの間に更新されないことが明らかである者を除く	①当該事業主に引き続き雇用された期間が過去1年以上であること、③93日経過日から6カ月を経過する日までの間に、その労働契約（労働契約が更新される場合にあっては、更新後のもの）が満了することが明らかでない者とし、取得要件を緩和する。

介護休業等の対象家族の範囲の拡大【省令事項】
同居・扶養していない祖父母、兄弟姉妹及び孫も追加。（改正前：配偶者、父母、子、配偶者の父母、同居かつ扶養している祖父母、兄弟姉妹及び孫）

263

第6章　安全衛生、妊産婦等の健康管理、仕事と育児・介護の両立支援制度

4 不利益取扱いの禁止と防止措置

―妊娠・出産・育児休業・介護休業等を理由とする不利
益取扱いの禁止と防止措置義務とは―

1 問題点は

　近年、妊娠・出産・育児休業・介護休業をしながら継続就業しよう
とする男女労働者の就業環境の整備については、事業主による妊娠・
出産・育児休業・介護休業等を理由とする不利益取扱いのみならず、
上司・同僚による嫌がらせ等（いわゆる「マタハラ（マタニティハラ
スメント）」など）が大きな問題となっています。

2 従来の法規定は事業主の不利益取扱いを禁止

　従来から、法規定により、事業主は、妊娠・出産・育児休業、介護
休業等を理由として、解雇その他不利益取扱い（就業環境を害する行
為を含む。）をしてはならないと定められていました（均等法9条3
項、育介法10条等）

　具体的な内容は、**図表10**のとおりです。

4 不利益取扱いの禁止と防止措置

図表10　事業主の妊娠・出産・育児休業・介護休業等を理由とする不利益取扱いの禁止義務

次のような事由を理由として	次の不利益取扱いを行うことは違法
妊娠中・出産後の女性労働者の ・　妊娠、出産 ・　妊婦検診などの母性健康管理措置 ・　産前・産後休業 ・　軽易な業務への転換 ・　つわり、切迫流産などで仕事ができない、労働能率が低下した ・　育児時間 ・　時間外労働、休日労働、深夜残業をしない **子どもを持つ労働者・介護をしている労働者の** ・　育児休業、介護休業 ・　育児のための所定労働時間の短縮措置（短時間勤務）、介護のための所定労働時間の短縮措置等 ・　子の看護休暇、介護休暇 ・　時間外労働、深夜残業をしない ※上記は主なもの	・　解雇 ・　雇止め（契約不更新） ・　契約更新回数の引き下げ ・　退職や正社員を非正規社員とするような契約内容変更の強要 ・　降格 ・　減給 ・　賞与等における不利益な算定 ・　不利益な配置変更 ・　不利益な自宅待機命令 ・　昇進・昇格の人事考課で不利益な評価を行う ・　仕事をさせない、もっぱら雑務をさせるなど就業環境を害する行為をする

3　平成28年法改正により事業主のマタハラ防止措置義務を追加規定

　平成28年の法改正（平成29年1月施行）では、事業主に対して、上司・同僚などが職場において、妊娠・出産・育児休業・介護休業等を理由とする就業環境を害する**図表10**の行為をすることがないよう防止措置（※）を講じなければならないことが追加規定されました（**図表11**）。

※　防止措置の内容は、労働者への周知・啓発、相談体制の整備等です。

265

第6章　安全衛生、妊産婦等の健康管理、仕事と育児・介護の両立支援制度

図表11　妊娠・出産・育児休業・介護休業等を理由とする不利益取扱いの禁止・防止
　　　　措置

従来の不利益取扱い禁止と防止措置の関係		法改正後
	不利益取扱い禁止 （均等法第9条3項、育介法第10条等）	左記に加えて防止措置義務を新規に追加
禁止・義務の対象	事業主	事業主
内容	妊娠・出産・育児休業・介護休業等を理由とする不利益取扱いをしてはならない。 ※就業環境を害する行為を含む	上司・同僚などが職場において、妊娠・出産・育児休業・介護休業等を理由とする就業環境を害する行為をすることがないよう防止措置（※）を講じなければならない。 ※　労働者への周知・啓発、相談体制の整備等の内容を想定。指針で規定。

4　妊娠を理由とする不利益取扱いの禁止とは

（1）質問事案は

　妊娠4カ月のパートタイム労働者がいます。つわりがひどく、欠勤しがちです。このような場合は雇止め（契約不更新）してよいですか。

（2）ポイントは

　雇止めは不利益取扱いにあたり禁止される

（3）妊娠を理由とする不利益扱いの禁止の内容は

　男女雇用機会均等法第9条により、妊娠を理由とする不利益取扱いは禁止されています。ここでいう「不利益取扱い」には、期間を定めて雇用される者につき、契約の更新をしないことも含まれます。

　また、妊娠中の解雇は「妊娠を理由とする解雇でないこと」を事業主が証明しない限り無効となります。雇止めであっても、契約の更新を繰り返し、事実上期間を定めない労働契約と同じような状況になっている場合には、解雇と同様に扱われます。

1 社会・労働保険

第7章

社会・労働保険、税金

1 社会・労働保険

〔1〕 社会・労働保険の加入義務は

1 必ず加入するのは労災保険のみ

使用者（会社）が、どんな形であれ労働者を雇用した場合には、社会・労働保険の取扱いが問題になってきます。

まず、契約社員やパートタイマーの社会保険の取扱いについては、その事業所の正社員との比較で加入できるかどうかが決まります（**図表1**）。

図表1　社会・労働保険の加入要件

	保険の種類	加入要件	保険料負担
社会保険	健康保険	①社長、役員、②通常の労働者、③契約社員・パート（a 2カ月以上継続雇用されており、b 労働時間が、同じ事業所において同種の業務に従事する通常労働者の所定労働時間および所定労働日数のおおむね4分の3以上である者：週30時間以上、平成28年10月1日から一定の条件を満たすと週20時間以上となりました。）	会社、労働者で半額ずつ負担
	介護保険		
	厚生年金保険		
労働保険	労災保険	労働者であればすべて加入	全額会社の負担
	雇用保険	以下の2要件をすべて満たす者 ①31日以上雇用される見込み ②所定労働時間が週20時間以上	会社だけでなく、労働者も収入に応じて負担する

267

第7章　社会・労働保険、税金

　また、会社は労災保険については全労働者を必ず加入させなければなりません。これに対して、雇用保険への加入は、一定の要件を満たす者に限られます。

2　扶養家族のままで働きたい人の取扱いは

　パート等労働者の年収が一定以下であれば、配偶者の扶養家族として税の面で有利に扱われ、社会保険料も本人が支払わなくてもすみます。

　ただし、扶養家族の範囲は、所得税・住民税と、社会保険で異なります。パートタイマー等から、「扶養家族の範囲内で働きたい」という希望が出された場合には、どちらの範囲におさめたいのか確認し、働き方について相談しましょう。

　以上の具体的取扱いについては、283頁以降で説明します。

〔2〕　健康保険・厚生年金保険の加入は

1　ポイントは

　契約社員、パート等が、①2カ月以上継続雇用されており、②労働時間と労働日数がその事業所の同種業務に従事する通常労働者（フルタイマー）の4分の3以上であれば、健康保険と厚生年金保険に加入させなければなりません。

2　契約社員、パートの健康保険加入は

　契約社員、パートの健康保険加入については、まず2カ月以上継続雇用されていることが条件となります。同時に、労働時間（1日の勤務時間）と労働日数（1カ月間の勤務日数）の双方が、その事業所で同種の業務に従事する通常の労働者の、原則として、おおむね4分の3以上であることが必要です。

　派遣社員（登録型を含みます）については、人材派遣会社（雇用主）のもとでの通算した労働時間と労働日数で判断されます。

　2カ月以上継続雇用されていても、労働時間と労働日数のいずれ

か、あるいは双方ともが、4分の3未満の場合の加入資格の確認は、年金事務所の判断を待つことになります。

　健康保険の加入資格がないパートについては、本人の収入額と配偶者の社会保険加入とのかねあいで、**図表2**のように取り扱われます。

図表2　パートの収入別の健康保険加入手続き

収入額	加入する保険
①　本人の年収が、130万円未満で、配偶者が健康保険に加入している場合	配偶者の被扶養配偶者になる（年金は国民年金の第3号被保険者）
②　本人の年収が130万円未満で、配偶者が健康保険に加入していない場合	国民健康保険に加入する
③　本人の年収が130万円以上である場合	国民健康保険に加入する

3　契約社員、パート本人の希望を確かめたうえで健康保険に加入するかどうかを判断する

　女性の場合、配偶者として健康保険の扶養家族になっているために本人が別に社会保険に加入することを希望しなかったり、継続して勤務することがむずかしい事情がある場合もあります。

　会社の人事担当者としては、採用後数カ月程度経過したあとで、本人の希望を確かめたうえで健康保険に加入させるかどうかを判断するのがよいでしょう。

4　健康保険の給付の種類は

　健康保険に加入していると、加入している人（被保険者）とその家族（被扶養者）が、業務災害や通勤災害以外の理由により、病気、ケガ、死亡、出産の場合に、費用や手当が支給されます（**図表3**）。例えば、カゼで通院した場合、病院に支払ったお金のうち7割は健康保険から支払われ、3割のみが自己負担となります。

　なお、業務上や通勤途中のケガや病気（労働災害）については、労

第7章　社会・労働保険、税金

災保険から費用や手当が支給されます。

図表3　健康保険の主な給付

こんな場合は	被保険者に対する給付	被扶養者に対する給付
①　病気やケガで通院した	療養の給付	家族療養費
②　在宅で看護を受けた	訪問看護療養費	家族訪問看護療養費
③　病気、ケガで会社を休んだ	傷病手当金	
④　出産した	出産育児一時金 出産手当金	配偶者出産育児一時金
⑤　死亡した	埋葬料 埋葬費	家族埋葬料

5　健康保険の傷病手当金とは

　傷病手当金は、ⓐ健康保険に1年以上加入している被保険者がⓑ業務外の病気やケガの療養のために仕事を休み、かつ、ⓒ給料の支払いがなくなり、さらにⓓ連続して4日以上休んだ場合、4日目から支給される手当金です。支給額は、標準報酬日額の6割とされ、最長で1年半の間支給されます。なお、その病気やケガが業務上あるいは通勤途上のものである場合は、労災保険から給付され、傷病手当金は支給されません。

　なお、従業員が私傷病で休職し、その間に傷病手当金の支給がはじまり、その後退職した場合には、退職後も含め通算して最長1年半の間支給されます。

6　契約社員、パートの厚生年金加入は

　契約社員、パートは、労働時間と労働日数の双方が、その事業所で同種の業務に従事する正社員のおおむね4分の3以上である場合、原則として、厚生年金保険の加入対象になります。

　厚生年金保険の加入対象とならないパートは、本人の収入額と配偶者の保険加入とのかねあいで、**図表4**のように取り扱われます。

1　社会・労働保険

図表4　契約社員、パートの厚生年金加入の取扱い

収入額	加入する保険
①　本人の年収が130万円未満で、配偶者が厚生年金に加入している場合	国民年金の第3号被保険者になる
②　本人の年収が130万円未満で、配偶者が厚生年金に加入していない場合	国民年金（第1号被保険者）に加入する
③　本人の年収が130万円以上である場合	国民年金（第1号被保険者）に加入する

7　短時間労働者に対する社会保険の適用拡大（平成28年10月施行）とは

(1)　適用拡大の考え方は

被用者（雇用労働者）でありながら被用者保険の恩恵を受けられない非正規労働者に社会保険を適用し、セーフティネットを強化することで、社会保険における「格差」を是正し、制度における働かないほうが有利になるような仕組みを除去することで、特に女性の就業意欲を促進して、今後の人口減少社会に備えることです。

(2)　適用拡大の具体的内容は

現行制度では、労働時間が週30時間以上のパートタイム労働者が社会保険の強制加入対象者となっています。これが、労働時間が週30時間未満であっても、次の①～⑤のすべての要件を満たす場合には社会保険の加入対象となるように改正されました。

改正法が平成28年10月1日から施行されました。

①週の労働時間が20時間以上であること。

②月額賃金が8万8000円以上（年収106万円以上）であること。

③勤務期間が1年以上であること。

④昼間部の学生でないこと。

⑤従業員501人以上の企業に雇用されていること。

(3)　影響緩和措置とは

271

第7章　社会・労働保険、税金

　短時間労働者など賃金が低い加入者が多く、その保険料負担が重い医療保険者（事業主）に対し、その負担を軽減する観点から、賃金が低い加入者の後期支援金・介護納付金の負担について、被用者保険間で広く分かち合う特例措置を導入し、適用拡大によって生じる保険者の負担を緩和することとしています。

〔3〕　労災保険の加入・給付は

1　ポイントは

　契約社員、パートとして会社等に雇用されて働き、業務または通勤により・ケガ、病気、障害、死亡となった場合には、労災給付を受けられます。

2　労災保険に加入できるのは

　実態からみて雇用労働者であれば、パート、学生アルバイト、契約社員（期間雇用者）、派遣労働者（登録型＝スタッフを含みます）等も、雇用労働に従事している間は、すべて自動的・強制的に労災保険が適用されます。

　従業員を使用して事業を始めれば、事業主が保険加入手続きをしなくても、事業主とすべての従業員に自動的に労災保険が強制適用されます。

　そして、業務災害または通勤災害により、ケガ・病気・障害・死亡となった場合には、被災労働者（死亡した場合は、その遺族）が労基署に請求すれば、労災給付を受けられます。

3　労災保険の給付内容は

　労災保険の給付内容は、**図表5**のとおりです。

4　契約社員・パートのうちの派遣社員の適用事業主は

　契約社員・パートのうち派遣社員（登録型を含みます）である者については、労働者派遣法で、労働災害補償責任は派遣元事業主（雇用主）が負うとされていますので、派遣元が適用事業主とみなされ、そ

1 社会・労働保険

図表5 労災保険給付一覧

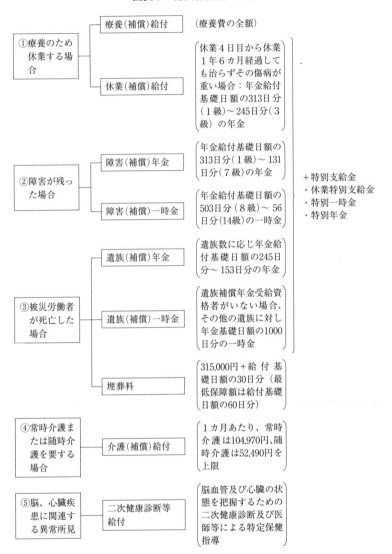

注：給付基礎日額とは、原則として被災直前3か月間の賃金総額をその期間の暦日数で除いた額です。
注：年金給付および長期（1年6カ月経過）療養者の休業補償給付に関わる基礎日額については、年齢階層ごとに最低・最高限度額が設定されています。

第7章　社会・労働保険、税金

こから労災保険料が徴収されます。

〔4〕　65歳以上の者への雇用保険の適用拡大【平成29年1月1日施行】とは

　平成28年12月末までは、65歳に達した日以後に雇用される者については、雇用保険法は適用除外とされていました。

　これが、平成29年1月1日から、標記のように適用拡大されました（**図表6**）。

図表6　雇用保険の適用拡大（雇用保険法、徴収法関係）

```
┌─────────────────────────────────────────────────────┐
│ ┌改正の趣旨┐                                          │
│   生涯現役社会の実現の観点から、雇用者数、求職者数が増加傾向にある65歳以上の高年齢  │
│ 者の雇用が一層推進されるよう、雇用保険を適用する。                 │
│                                                       │
│ ┌従来の内容┐                                          │
│ ● 65歳以降に雇用された者は雇用保険の適用除外。                  │
│ ● 同一の事業主の適用事業に65歳以前から引き続いて雇用されている者（高年齢継続被保   │
│   険者）のみ、適用となり、離職して求職活動をする場合に高年齢求職者給付金（賃金の50  │
│   ～80％の最大50日分）が1度だけ支給。                       │
│ ● 64歳以上の者については、雇用保険料の徴収を免除。               │
│                                                       │
│                    65歳                               │
│   ┌─────────┬────────────┐  65歳に達する以前より引き続き │
│   │一般被保険者 │高年齢継続被保険者│→ 同一の事業主の適用事業に雇用 │
│   └─────────┴────────────┘                          │
│                                                       │
│ ┌改正の内容【平成29年1月1日施行】┐                      │
│ ● 65歳以降に雇用された者についても、雇用保険を適用し、離職して求職活動する場合に   │
│   は、その都度、高年齢求職者給付金を支給（支給要件・内容は従来のものと同様。年金と   │
│   併給可。）。                                           │
│ ● さらに、介護休業給付、教育訓練給付等についても、新たに65歳以上の者も対象とす    │
│   る。                                                 │
│ ● 雇用保険料の徴収免除を廃止して原則どおり徴収し、平成31年度分までの経過措置を設   │
│   ける。                                               │
│   ※　別途、事業主が高齢者を一定割合以上雇用した場合の助成措置等を導入。          │
└─────────────────────────────────────────────────────┘
```

（資料出所）　労働調査会、労働基準広報2016.7.1 P 13

〔5〕　雇用保険の加入義務・被保険者区分は

　改正雇用保険法の施行（平成29年1月1日）により、以下のようになりました。

274

1　雇用保険に加入できるのは

　契約社員、パートのうち、①1週間の所定労働時間が20時間以上で、かつ、②31日以上の継続雇用が見込まれる人は、雇用保険の被保険者となれます。つまり、事業主は、雇用保険に加入させる義務があります（強制加入）。

　派遣社員（登録型を含みます）については、雇用主は人材派遣会社（派遣元）ですから、そこでの労働時間、雇用期間により判断されます。

2　雇用保険料負担は

　雇用保険料は、事業主と従業員の双方で負担します。

3　被保険者資格というのは

　労働者は、会社に雇用され、雇用保険に加入する時点で、年齢、週所定労働時間、継続雇用期間の見込みにより、**図表7**のうちのいずれかの被保険者資格に決定されます。

　どの被保険者資格になるかによって、その被保険者が失業した場合にもらえる雇用保険の給付内容が異なります。

4　一般被保険者（図表7の1欄）というのは

　一般被保険者とは、①65歳未満であり、②1週間の所定労働時間が20時間以上で、③31日以上の継続雇用見込みの被保険者です。なお、65歳を過ぎると、新たに一般被保険者にはなれません。

　一般被保険者が会社を辞めて失業状態になると「基本手当」が支給されます。その手当の日額は、退職前の6カ月間にもらっていた賃金の45～80％です。

　所定給付日数は、会社を辞めた理由、雇用保険に加入していた期間（被保険者期間）の長さに応じて、90日～360日分です。

　基本手当をもらっている人が公共職業安定所長の指示により、公共職業訓練等を受講すると、当初の所定給付日数分をもらい終わった後も、訓練修了まで基本手当をもらい続けることができます。

5 高年齢被保険者（図表7の2欄）というのは

高年齢被保険者には、次のA〜Cの者が該当します。

A　65歳に達した日（65歳の誕生日の前日）の前日から引き続き、雇用されている被保険者（高年齢継続被保険者）のケース

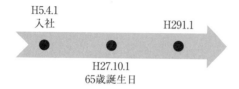

B　平成28年12月31日以前に65歳以上で入社し、現在も雇用されているケース

C　平成29年1月1日以降に65歳以上の者を新たに採用するケース

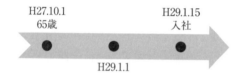

Aは法改正前から、高年齢継続被保険者として対象になっている人で、BとCは雇用保険法の改正により、平成29年1月1日から新たに対象になった人です。

これらの人が失業した場合には、高齢であり職業を引退する過程にあることを考慮し、「高年齢求職者給付金」（一時金）のみが支給されます。

支給額は、被保険者であった期間が1年未満の者は基本手当の30日分、1年以上の者は50日分に相当する額です。

1　社会・労働保険

6　短期雇用特例被保険者（図表７の３欄）というのは

短期雇用特例被保険者とは、季節的に雇用される人、または短期の雇用に就くことを常態とする人のことをいいます。

これらの人が、同一の事業主に引き続き１年以上雇用されるようになったときは、その日から一般被保険者または高年齢継続被保険者となります。

短期雇用特例被保険者が失業した場合には、季節的に就業、不就業を繰り返すなどの生活実態を考慮して、基本手当の30日分に相当する「特例一時金」のみが支給されます。

7　日雇労働被保険者（図表７の４欄）というのは

日雇労働被保険者というのは、日々雇い入れられる人や、30日以内の期間を定めて雇い入れられる人のことです。

これらの人が失業した場合には、失業した日ごとに「日雇労働求職者給付金」が支給されます。

図表７　雇用保険法の被保険者資格の種類と給付内容（平成29年１月１日〜）

被保険者の種類	要　　　件	給付内容
1　一般被保険者	①65歳未満で、②１週間の所定労働時間が20時間以上で、③31日以上の継続雇用見込みのある人（下記２〜４以外の人）	基本手当 （日額：前職賃金の45〜80％ 所定給付日数：90日〜360日）
2　高年齢被保険者	①65歳以上で、②週所定労働時間が20時間以上で、③31日以上の継続雇用見込みの人（下記の３と４の人を除く）	高年齢求職者給付金（一時金のみ） （被保険者期間１年未満の者：基本手当の30日分 １年以上の者：50日分）
3　短期雇用特例被保険者	①季節的に雇用される人、または②短期の雇用に就くことを常態とする人	特例一時金のみ支給 （基本手当の30日分相当額）
4　日雇労働被保険者	①日々雇用される人、または②30日以内の期間を定めて雇用される人	日雇労働求職者給付金 （失業日ごとに支給）

277

第7章　社会・労働保険、税金

〔6〕　一般被保険者の雇用保険給付の受給資格要件は

1　ポイントは

　雇用保険の一般被保険者で（在職労働者）は、一定期間勤務し、雇用保険料を支払っていると、失業した場合に、基本手当をもらえます。

　その労働者の離職理由（特定受給資格者であるか否か）により、基本手当をもらうために必要な被保険者期間が異なっています（**図表8の②**）。

2　雇用保険給付（基本手当等）の受給要件は

　一般被保険者が基本手当等をもらうためには、**図表8のⅠ～Ⅲの要件を満たすことが必要です。**

1 社会・労働保険

図表8 基本手当の受給要件

受給要件	説　明
Ⅰ　離職の日以前の一定期間に、一定の「被保険者期間があること」	①　離職理由が企業倒産・解雇等である者（特定受給資格者）：離職の以前1年間に、雇用保険に加入していた期間が6カ月以上であること ②　「①特定受給資格者」以外の者：離職の日以前2年間に、雇用保険に加入していた期間が12カ月以上であること。（①、②について1カ月に賃金支払いの基礎となる日が11日以上である期間を1カ月として計算します）
Ⅱ　「失業」の状態にあること	「失業」とは、「積極的に就職しようとする気持ち」と「いつでも就職できる能力（環境・健康状態）」があり、「積極的に求職活動を行っているにもかかわらず就職できない状態」にあることをいいます。 　したがって、次のような場合は、基本手当はもらえません。 (イ)　病気、ケガ、妊娠、出産、育児、親族の看護専念等によりすぐに働けないとき (ロ)　定年等で退職してしばらく休養するとき (ハ)　結婚をして家事に専念するとき (ニ)　自営業（準備を含みます）を始めたとき (ホ)　新しい仕事に就いたとき（パート、アルバイトなども含み、収入の有無を問わない） (ヘ)　会社の役員に就任したとき（事業活動及び収入が無い場合は、職安窓口に相談のこと） (ト)　学業に専念するとき (チ)　就職することがほとんど困難な職業や労働条件（賃金、勤務時間等）にこだわり続けるとき (リ)　雇用保険の被保険者とならないような短時間就労のみを希望するとき
Ⅲ　被保険者であった者が、住所地を管轄するハローワークに離職票を提出するとともに、求職の申込みをすること	

3　受給資格を決定してもらう手続は

　失業者が雇用保険の受給資格を決定してもらうには、その失業者の住所地を管轄するハローワーク（公共職業安定所）に**図表9**の書類を提出し、求職の申込みをすることが必要です。

279

第7章　社会・労働保険、税金

図表9　受給資格決定手続に必要な書類

① 雇用保険被保険者離職票1・2
② 雇用保険被保険者証
③ 印鑑
④ 住民票または運転免許証(その他住所と年齢を確認できる官公署発行の書類)
⑤ 写真1枚（3cm×2.5cm程度の正面上半身のもの）
⑥ 本人名義の普通預金通帳（外資系金融機関以外のもの）

4　基本手当をもらう手順は

　基本手当をもらう手順は、①会社を離職する、②会社から離職票が届く、③ハローワークに行って受給資格決定手続をする、④待機期間（7日間）をすごす、⑤ハローワークの雇用保険受給説明会に出席する、⑥第1回失業認定日にハローワークに行って失業認定を受ける、⑦基本手当が指定した金融機関の口座に振込まれる、ということになります。

5　雇用保険の基本手当の給付額・給付日数は

　雇用保険の一般被保険者（労働者）が失業した場合には、離職前6カ月間の賃金の45〜80％の基本手当を90日〜360日間、ハローワークから支給されます。その日数は、**図表10**のとおりに決まっています。

280

1　社会・労働保険

図表10　雇用保険の基本手当の所定給付日数＝一般被保険者

① 倒産・解雇などによる離職者（③の者を除く）：特定受給資格者、特定理由資格者

区分＼被保険者であった期間	1年未満	1年以上5年未満	5年以上10年未満	10年以上20年未満	20年以上
30歳未満	90日	90日	120日	180日	－
30歳以上35歳未満			180日	210日	240日
35歳以上45歳未満				240日	270日
45歳以上60歳未満		180日	240日	270日	330日
60歳以上65歳未満		150日	180日	210日	240日

② 自己都合・定年退職などによる離職者（③の者を除く）：一般離職者

区分＼被保険者であった期間	1年未満	1年以上5年未満	5年以上10年未満	10年以上20年未満	20年以上
全年齢		90日		120日	150日

③ 就職困難者（身体・知的・精神障害者、就職困難者）

区分＼被保険者であった期間	1年未満	1年以上5年未満	5年以上10年未満	10年以上20年未満	20年以上
45歳未満	150日	300日			
45歳以上65歳未満		360日			

〔7〕　雇用保険の特定受給資格者とは

　雇用保険の特定受給資格者とは、一般被保険者であった離職者のうち、倒産・解雇その他会社側の対応により再就職の準備をする時間的余裕がなく離職を余儀なくされた受給資格者（具体的には、**図表11**の「特定受給資格者の判断基準」に該当する者）のことをいいます。

　特定受給資格者に該当するか否かで、基本手当をもらうために必要とされる被保険者期間（勤務期間）が**図表8**のⅠのように異なります。

281

第7章　社会・労働保険、税金

図表11　特定受給資格者の判断基準に該当する者

① 「倒産」等により離職した者

① 倒産（破産、民事再生、会社更生等の各倒産手続の申立または手形取引の停止）に伴い離職した者

② 事業所において大量雇用変動の届出が出されたため離職した者及びその事業主に雇用される雇用保険被保険者の3分の1を超える者が離職したため離職した者

③ 事業所の廃止に伴い離職した者

④ 事業所の移転により、通勤することが困難となったため離職した者

② 「解雇」等により離職した者

① 解雇（重責解雇、すなわち、自己の責に帰すべき重大な理由による解雇を除く）により離職した者

② 労働契約の締結に際し明示された労働条件が事実と著しく相違したことにより離職した者

③ 賃金（退職手当を除く）の額を3で除して得た額を上回る額が支払期日までに支払われなかった月が引き続き2カ月以上となったこと等により離職した者

④ 賃金が、その労働者に支払われていた賃金に比べて85％未満に低下した（または低下することとなった）ため離職した者（その労働者が低下の事実について予見し得なかった場合に限る）

⑤ 離職直前3カ月間に、労働基準法に基づき定める基準に規定する時間（各月45時間）を超える時間外労働が行われたため、または事業主が危険もしくは健康障害の生ずるおそれがある旨を行政機関から指摘されたにもかかわらず、その危険もしくは健康障害を防止するために必要な措置を講じなかったため離職した者

⑥ 事業所が労働者の職種転換等に際して、その労働者の職業生活の継続のために必要な配慮を行っていないため離職した者

⑦ 期間の定めのある労働契約（その労働契約の期間が1年以内のものに限る）の更新により3年以上引き続き雇用されるに至った場合においてその労働契約が更新されないこととなったことにより離職した者

⑧ 上司、同僚等からの故意の排せき、または著しい冷遇もしくは嫌がらせ、セクハラを受けたことによって離職した者

⑨ 事業主から直接もしくは間接に退職するように勧奨を受けたことにより離職した者（従来から設けられている「早期退職優遇制度」等に応募して離職した場合はこれに該当しない）

⑩ 事業所において使用者の責に帰すべき事由により行われた休業が引き続き3カ月以上となったことにより離職した者

⑪ 事業所の業務が法令に違反したため離職した者

2 パートの税金、社会保険の取扱い

〔1〕 現在の取扱い

　パートタイム労働者などその労働者の年収が一定金額以下であれば、配偶者の扶養家族として課税の面で有利に取り扱われるとともに、社会保険料も本人が支払わなくてもすむことになります。ただし、扶養家族の範囲は、所得税・住民税と、社会保険では異なります。(図表12～14)。パートタイム労働者等から、「扶養家族として取り扱われる範囲内で働きたい」という希望が出された場合には、税と社会保険のどちらの範囲におさめたいのかを確認し、そのパートの所定労働時間数など働き方について相談しましょう。

図表12　扶養の範囲は税と社会保険とで異なる（平成29年2月時点）

税の面では 年収103万円以下	パートタイム労働者等の給与が一定金額を超えると、配偶者控除や配偶者特別控除は受けられなくなると同時に、社会保険料をパート本人が自分で支払わなければならなくなり、手取収入の逆転現象（本人の給与は増えても世帯全体の手取りが減少する現象）が生じることがある。	社会保険では 年収130万円未満
パートタイム労働者等は給与所得者として、その年収に応じて課税されるが、103万円以下であれば所得税の課税はなく、その配偶者について配偶者控除が認められる。		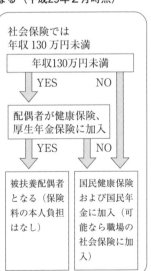

第7章　社会・労働保険、税金

図表13　パートタイム労働者の社会保険の取り扱い（平成29年2月時点）

	週所定労働時間が30時間未満	週所定労働時間が30時間以上
年収130万円未満	被扶養配偶者 （保険料の本人の負担なし）	職場の社会保険に加入 （保険料は労使折半で負担）
年収130万円以上	国民健康保険と国民年金に加入 （保険料は本人が負担）	職場の社会保険に加入 （保険料は労使折半で負担）

図表14　パートタイム労働者への課税と配偶者控除（平成29年2月時点）

パートタイム労働者の年収	本人が課税対象になるかどうか		配偶者が確定申告、年末調整で控除が認められるかどうか	
	所得税	住民税	配偶者控除	配偶者特別控除
100万円以下	×	×	○	×
100万円を超え、103万円以下	×	○	○	×
103万円を超え、141万円以下	○	○	×	○
141万円以上	○	○	×	×

所得税の配偶者控除、配偶者特別控除は最高38万円（住民税は各33万円）、パートタイム
労働者の年収額に応じて段階的に控除額が減る。

〔2〕　平成29年度からの配偶者控除の取扱い（予定）

　—年収150万円超9段階で縮小—

　今後、関係税法の改正法案が可決成立し、以下のようになる予定です。

　配偶者控除は、パートで働く主婦らの年収の上限を「103万円以下」から「150万円以下」に引き上げられます。

　一方で、世帯主の所得に新たに制限を設けて適用世帯を狭め、税収減を避けることとします。

　世帯主の所得制限は控除額を3段階で縮小します。高所得世帯の税負担を急激に増やさないためです。給与年収が1,120万円を超えると

2 パートの税金、社会保険の取扱い

38万円の控除額が26万円に縮小。1,220万円超でゼロになります。

　地方税の住民税の控除額も、所得制限の年収区分で減少されます。控除の満額は33万円ですが、22万円、11万円、ゼロになります。

　配偶者の控除額は年収が150万円を超えた場合、201万円まで9段階で縮小されます。

　世帯主の給与年収が500万円の世帯で年52,000円、年収1,000万円では年109,000円の負担が減ります。年収1,500万円の場合は年158,000円の負担増となります。

図表15　平成29年度以降の配偶者控除の金額（予定）

世帯主の年収

		1,120万円以下	1,170万円以下	1,220万円以下
配偶者の年収	201万円超	0円	0円	0円
	201万円以下	3万円	2万円	1万円
	197万円以下	6万円	4万円	2万円
	190万円以下	11万円	8万円	4万円
	183万円以下	16万円	11万円	6万円
	175万円以下	21万円	14万円	7万円
	167万円以下	26万円	18万円	9万円
	160万円以下	31万円	21万円	11万円
	155万円以下	36万円	24万円	12万円
	150万円以下	38万円	26万円	13万円

※上記の控除金額に所得税率をかけた額が世帯主に還付される

第8章　社員の活性化・戦力化

第8章

社員の活性化・戦力化

〔1〕　パート・契約社員にやる気をもたせるには

1　ポイントは

パート・契約社員（以下「パート」と略す。）にやる気をもたせるには、次の2点が大切です。

① パート自身に、会社の重要なメンバーであるという意識をもってもらう。

② 管理者とパートのコミュニケーションについて工夫する。

2　会社への帰属意識をもってもらいイキイキ働いてもらうには

パートに、組織への帰属意識をもってもらい、イキイキ働いてもらうには、どうしたらよいかを考えてみましょう。

常日頃、パートに対して、いま、会社の経営はどういう状態にあるか、自分の仕事は会社にどのように役立っているのかなどを知らせないでおいて、「うちのパートは会社への帰属意識がない！」と嘆いてみても仕方ありません。

パートに限らず、部下従業員に、目的にかなった仕事をしてもらうためには、**図表1**のような工夫が必要です。

例えば、①朝礼のときにはパートを含む全従業員に集合してもらう、②パートにも必要な会議に出席してもらう、③回覧文書は、正社員だけに回す分と、正社員とパートの双方に回す分の2種類に分けて作成するなど、あらゆる機会をとらえて、パートにこまめに会社と業務についての情報伝達・働きかけを行うようにしましょう。

286

図表1　パートに会社への帰属意識をもってもらうための工夫

> ①　きめ細かに会社・業務の動きについての情報を提供する
> ②　全体の仕事の流れをつかませる
> ③　目標をもたせるには、日頃・こまめに上記①・②についての必要な情報を提供しておくことが不可欠。そのことがやる気を起こさせ、職場の人間関係をよくすることにもつながる。

3　全体の仕事の流れをつかませるポイントは

　いま、パートに頼んでいる仕事は、会社業務の全体の流れにおいてどの部分なのか、最終的に、どのような目的のために、いつまでに完成させるのかといった全体像を教えないでおきながら、「忙しいのだから、細かいことはいちいち質問せずに、自分なりに工夫して完成させてほしいのに……」とボヤいてみてもはじまりません。

　パートに仕事を頼む際にも、全体の仕事の流れをまず知らせ、やってもらう仕事は全体の流れのどの部分なのかを伝え、その後、忙しがらずに質問に詳しく応答することが、仕事の指示者と指示された人の共通認識をつくり、目的にかなった仕上がりを実現することにつながります。

　また、仕事の指示の仕方も、その場で細切れに指示するというのではなく、早め早めに全体像を知らせておき、パートが、朝、自分のその日の仕事の計画をもって会社に来られるような仕事の頼み方が必要です。

4　仕事の目標をもたせるポイントは

　正社員の場合は、1つ上のクラスへの昇進、人事異動の後に新しい仕事をマスターする、仕事に関連した資格を取るなど、働くうえでの目標はいろいろあります。

　これに反して、パートのほとんどは、自分の担当する仕事をスムーズにできるようになると、あとは働くうえでの目標がまったくありません。これではマンネリになります。

第8章　社員の活性化・戦力化

　人間はだれしも、与えられた、あるいは自分で決めた目標に向って進むことで、仕事に関心をもち、日々向上しようと努めます。そして、目標を達成したときの喜びが次の工夫、努力、前進、向上につながります。ぜひパートの人たちに仕事の目標をもたせてください。

　1つは、作業班、チームとしての目標設定があります。これは、生産目標、販売目標といったものです。また、小集団活動としての改善提案、作業マニュアルの作成といった方法もあります。これらの目標は努力すれば達成できるものでなければなりません。

　パートにとって荷の重いものでは、かえってやる気をなくしたり、辞める原因ともなります。また、目標を達成したらどうなるか、会社に対する貢献度、あるいは報酬などをはっきりさせておきます。そして、成果は、賞与や昇給に反映させる、普段は利用したことのないホテルや高級レストランで表彰式と昼食会を行うなど、ギブ・アンド・テイクの精神でいくことが不可欠です。

　もう1つは、パート各個人を、チームリーダーに昇格させる、正社員、限定正社員に登用するなど、昇進、昇格の面で目標を与えるというものです。

　パートを多数雇用している企業ではこのような制度をどんどん導入しています。

〔2〕　管理監督者がパートと意思疎通を図るポイントは

1　ポイントは

　管理監督者としてパート・契約社員（以下「パート」と略す）とのコミュニケーションについて、工夫・配慮することが必要です。

　監督者とは、パートを直接指揮、命令する係長、班長、グループリーダーなどのことです。管理者とは、監督者を指揮、命令、管理する課長、課長代理等のことです。

　とくに、管理者はパートのグループの、いわゆるインフォーマル・

リーダーとのコミュニケーションが大切になります。

2 パートとのコミュニケーションの大切さは

管理監督者としてパートとのコミュニケーションについて、**図表2**の点に配慮することが必要です。

図表2 管理監督者のパートとのコミュニケーションについての工夫

① 管理監督者は、「どうせパートだから……」という考えを捨てる
② 管理監督者は、各パートに公平に接する
③ 催し物などにパートもいっしょに参加するように誘う
④ 管理監督者はパートのインフォーマル・リーダーを活用する

3 管理監督者は、「どうせパートだから……」という考えを捨てる

管理監督者の中には、「パートだから補助業務をやらせればよい」「辞めても仕方がない」という気持ちの人もいます。この気持ちが心の底にあると、たとえ口に出さなくとも、パートの人たちにピーンと伝わります。

いまや、パートは基幹要員であり、なくてはならない存在です。正社員に比べ勤務時間が短かかったり、雇用期間が限定されているだけで、役割は限りなく正社員に近づいてきています。

最初からパートすべてを、ある固定観念だけでとらえてしまうと、パートのほうでも、それだけの反応しか返さなくなります。もちろん、パートそれぞれに、やる気や状況は違いますが、上司のほうから積極的に働きかけなければ、パートの人たちにイキイキと働いてもらうことはできません。

4 管理監督者は、各パートに公平に接する

上司のほうから、「おはよう」「お疲れさま」と声をかけることです。それも、まんべんなく、公平に声をかけることです。ともすると明るく、積極的な人に多く声をかけることになりがちです。静かな人や消極的な人に、意識的な声をかけるように心がけることです。

289

第8章　社員の活性化・戦力化

　また、ただ「おはよう」というのではなく、「沢口さん、おはよう」「三田さん、お疲れさま」といったように、相手の名前を呼んでみてはどうでしょうか。働いている人はだれしも、上司が自分のことに注目し、よくやったときは評価してほしいと思っているものです。

　そのほか、どんな小さなことでも公平に接することです。

5　催し物などにパートも一緒に参加するように誘う

　パートには、入社してきた最初にその会社の人事システムを明確に提示し、正社員、限定正社員との違いを本人にもはっきり示しておくことが必要です。

　また、正社員や短時間正社員への登用制度などを設けておき、あとで本人が正社員登用への応募について判断できるように、きちんと伝えておくことはいうまでもありません。

　パートの側からすると、細かな点についての待遇の差が後日わかり、淋しい思いをするということがしばしばあります。

　その一方で、例えば、誕生日パーティーや忘年会など職場の行事には必ずパートにも声をかけ、参加してもらうようにしましょう。気軽に参加できるよう、昼食会にするといった配慮も必要です。

　こうしたことで、パートにも「同じ仕事をする職場の一員だ」という自覚が生まれてくるものではないでしょうか。

　また、パートの人が辞めるときも、ささやかでも送別会をします。

　こうして、いなくなることが残念であり、できればいてほしかったことを素直に表すことで、辞めていく本人も、働いてきたかいがあるでしょうし、また、残って働きつづけるパートの人たちへの好影響があることは明らかです。

6　管理監督者はパートのインフォーマル・リーダーとのコミュニケーションが大切

　大勢の主婦パートがいる職場ですと、パート同士がグループ化する傾向があります。管理監督者はそのグループの、いわゆるインフォー

290

マル・リーダーとのコミュニケーションが大切になります。

例えば、パート同士の人間関係のトラブルの解決については、そのリーダーに相談し、知恵を借りるとよいでしょう。

また、若い正社員、監督者が年上のパートに遠慮して業務指示ができなくなることや、パートからはじかれることがあります。

一方、年長のパートの側からすると、「長年いると、新人パートとたいした時給差はないのに、まとめ役や指導などの責任を負わされる」という不満があります。

そこで、グループリーダー制度を設け、パート同士の仲間意識を利用し、パートの取りまとめはパートのリーダーに行わせるとともに、年長のパートをきちんと処遇するのも有効です。

〔3〕 パート・契約社員をより一層戦力化する方策は

1 ポイントは

パート・契約社員（以下「パート」と略す）の能力を十二分に発揮させ、企業の有力な戦力として活用するためには、処遇・賃金制度を改善するなどし、モラルを高めていくことが必要です。

2 パート戦力化の方策は

近年、パートを多数雇用し、マンパワーの中核としている企業では、さまざまな活性化、戦力化の試みを行っています。これらを**図表3**にまとめてみました。

パートのAさんは、レストランで働く45歳の主婦です。今春はじめてグループリーダーに任命され、新人パートの指導にあたっています。「他人をまとめていくことがいかに大変なことであるかを日々痛感し、中間管理者である夫の苦労の一端が理解できるようになった」と、毎日張り切って働いています。

今後、パートをいかに活性化し、戦力アップするかが企業の人事管理上、ますます重要な課題となってきています。この場合、他社のシ

第8章　社員の活性化・戦力化

ステムの外形をただまねるのではなく、自社の実態にマッチする方策を創意工夫することが必要です。

図表3　さまざまパート・契約社員の活性化・戦力化の方策

制度名	内容、目的
❶　登用・昇格・昇給 　①　正社員登用制度	・正社員を採用するときに、現在、パートとして働いている人を他の応募者より有利に取り扱ったり、優秀なパートを積極的に登用するもの。正社員になりたい人の希望に添うと同時に正社員に少ない募集コストで即戦力を確保できる。
②　短時間正社員制度	・勤務時間は、正社員よりも短いが、時間あたりの実質的な給与等は正社員と同等にするもの。本人が希望すれば、いつでもフルタイマーの正社員になれる。
③　職能資格制度	・能力や経験年数に応じて、パート・契約社員をいくつかの資格等級に分け、それに応じて時間給等の処遇に差を設けるもの。
❷　有能なパートへの管理・監督権限の付与 　①　管理職への任用制度	・接客能力、売り方などに優れた能力をもち、しかも数人の部下を指揮して販売活動にあたることのできるパートを、ショップマスター、チーフマネージャー、店長、販売責任者、係長などの役職などとして起用し、一定の売り場や店舗の営業活動を任せるもの。意欲的なベテランパートを活性化するうえで、きわめて有効。
❸　専門分野での活用 　①　セールス、渉外	・セールスのセンスのある人をパートとして採用し、セールス活動に従事させるもの。
②　専門職任用制度	・特定の職種・分野について専門的技能・知識をもっているパートを「専門職」として評価し、処遇するもの。例えば、女性パートの専門職としては、次のものなどがある。 ・会計経理・労務・社会保険・広報活動等のスペシャリスト ・OAインストラクター（ユーザーの教育やOA機器のショールームで、コンパニオンとして機器の説明にあたる） ・ファッション・アドバイザー（ファッションのスペシャリスト） ・スポーツ・インストラクター

❹ パートの配置、評価、教育のシステム化・改善 ① コース選択制度、自由勤務制度	・1日の勤務時間数・勤務時間帯、1週間の勤務日数・曜日、勤務時間帯などについて、いくつかのコースを用意し、パート希望者に自由に選択させるもの。
② 人事考課システム	・パートに対して、能力、業績等について人事考課を行い、その結果を、昇給、賞与、昇格、配置、能力開発等に反映させるもの。
③ 昇格試験制度	・パートが下位からより上位の等級に昇格するにあたって、筆記試験、面接試験を行うもの。難関を設けることにより、パート・契約社員にチャレンジの目標を与え、全員に人事考課の客観性を印象づける。
④ 教育訓練システム	・パートに対する教育訓練を体系化することにより、早期戦力化と活性化を図ろうとするもの。
⑤ 「小集団活動」への参加	・「小集団活動」は、社員が自主的にグループをつくり、勤務時間中あるいは時間外に、品質管理、販売方法、消費者サービス、生産性向上などのうちの特定のテーマについて、アイデアを出し合ったり、問題解決の方法を話し合い、それを実行に移していく一連の活動。パートにもこのメンバーに参加してもらうことにより、仕事に対する取組み姿勢を変え、活性化させるもの。 　なお昼休み時間や勤務時間外に、業務として打合せなどを行う場合には、残業代を支払わないと労基法違反になるので、要注意。

第9章　退職・解雇、雇止め（契約不更新）

第9章
退職・解雇、雇止め（契約不更新）

1 基本ルール

〔1〕 労働契約終了（退職・解雇、雇止め）のルール

1 ポイントは

　労働契約の終了（退職・解雇、雇止め（契約不更新）とは、いずれも使用者（会社）と従業員との間の労働契約にもとづく雇用関係が終了し、従業員がその身分と仕事を失うことです。

2 退職・解雇、雇止め（契約不更新）というのは

　退職・解雇、雇止め（契約不更新）は、いずれも使用者（会社）と従業員との間の労働契約にもとづく雇用関係が終了し、従業員がその身分と仕事を失うことです。

　これらのうち退職とは、解雇以外の雇用関係の終了事由・形態の全体を指しています。

　また、解雇とは、使用者が、契約期間の中途で、一方的に（労働者の同意を得ずに）労働者との労働契約を解約することです。解雇については、きわめて厳格な法規制が設けられています。

3 労働契約（雇用関係）の終了事由・形態は

　労働契約（雇用関係）の終了する事由・形態は、**図表1**のとおりです。
　事由というのは、直接、理由または原因となっている事実のことです。

294

1 基本ルール

図表1　労働契約（雇用関係）の終了事由・形態

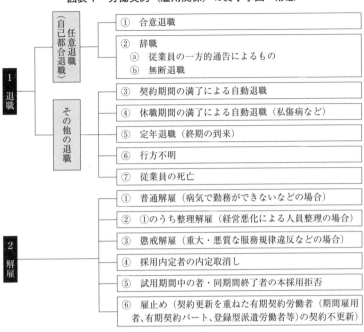

4　合意退職とは

　合意退職とは、従業員と会社との合意による労働契約の解約のことです。依願退職といわれているものの多くがこれにあたります。労使双方の合意による解約ですから、労基法の解雇規制や労契法16条の解雇権濫用の無効規定は適用されません。

　民法の法律行為（意思表示）その他の規定により、その有効・無効等が判断されます。

　従業員が「退職願い」を提出したのが合意退職の申入れの趣旨であれば、会社（人事部長等の人事権者）の承諾があってはじめて退職になります。

　退職の時点は、原則として、会社（人事部長等の人事権者）の承諾があった時点です。ただし、双方で別の日を退職日と決めれば、その

日となります。

　合意退職の申入れである「退職願い」は、会社の承諾がなされる前であれば、従業員は、原則として、自由に撤回できます（昭和自動車事件・昭和53年8月9日福岡高判　労働判例318号61頁）。

　ただし、次のいずれかの場合には、撤回できません。

① 従業員からの合意退職の申入れがあり、これを会社が承認した場合

② 従業員からの辞職通告が会社の人事権者（人事部長等）に到達した場合

5　辞職とは

　辞職とは、従業員から使用者（会社）への一方的な通告による労働契約の解約のことです。

　期間の定めのない労働契約（正社員、無期契約パート等）の場合、従業員からの解約通告ののち2週間を経過することによって自動的に労働契約は解約（雇用関係は終了）されます（民法627条1項）。

　従業員側の事由は問いません。会社の同意も必要ありません。ただし、毎月1回払いの完全月給制の場合は、解約は翌月末以降についてのみ行うことができ、しかも、当月の前半にその通告をしなければなりません（同条2項）。

　なお、就業規則で、退職の効力発生日を、2週間より短い期間、例えば1週間と決めていれば、1週間後退職になります。

　また、「辞職願い」に2週間より長い期間、例えば「1カ月後の○月○日をもって辞職する」と記載してあれば、その日になります。

6　契約期間満了による自動退職とは

　「契約期間の定め」があるときは、その期間の満了によって労働契約は自動的に終了します。

　しかし、有期契約労働者（期間雇用者、有期契約パート、登録型派遣労働者等）の場合に、労働契約が反復更新されたときは、雇止め

（やといどめ：契約更新をしないこと）は改正労働契約法18条（無期転換申込権規定）、19条（有期労働契約のみなし更新等）、判例法理により強い法規制を受けることになります（第1部参照）。

〔2〕 解雇の有効要件は

1 解雇の有効要件というのは

解雇の有効要件は、**図表2**のとおりです。解雇の種類により要件は異なります。

いずれの種類の解雇であっても、その有効性が民事訴訟で争われる場合には、判断は使用者にとって非常に厳しく、ほとんどのケースが

図表2　解雇の有効要件の比較

① 普通解雇	② ①のうち整理解雇	③ 懲戒解雇
(1) 法定の解雇禁止・制限事由（297頁図表5）に違反しないこと	(1) 同左	(1) 同左
(2) 30日以上前に解雇予告すること（または30日分の解雇予告手当（平均賃金）の支払い）	(2) 同左	(2) 同左。ただし、労基署長の認定による即時解雇も可能
(3) 労働協約・就業規則・労働契約の解雇関係規定を守ること	(3) 同左	(3)、(4) 次の①〜⑥のすべてを守ること ① 懲戒処分の合理性・相当性の原則（非違行為が悪質・重大なこと） ② 就業規則の根拠規定とその厳守
(4) 解雇理由に合理性・相当性があること	(4) 次の4要件が必要 ① 経営上の必要性 ② 使用者の整理解雇を避ける努力 ③ 被解雇者の選定の妥当性 ④ 労働組合・従業員と協議を尽くす	③ 不遡及（ふそきゅう）の原則（過去にさかのぼっての処分の禁止） ④ 一事不再理の原則（二重処分の禁止） ⑤ 就業規則の規定どおりの手続き ⑥ 従業員本人に弁明（説明・言いわけ）の機会を与えること

第9章　退職・解雇、雇止め（契約不更新）

「解雇事由に合理性・相当性がない」などの理由で無効と判断されています。

2　労働契約法で定められている解雇のルールは

解雇について労働契約法に定められているルールは、**図表3**の2つです。なお、権利の濫用とは、その権利を、与えられている目的、範囲をはずれて用いることをいいます。

図表3　解雇についての労契法のルール

①　懲戒（懲戒解雇を含む）についての権利の濫用は無効とするルール（労契法15条）

　　使用者が労働者を懲戒することができる場合において、その懲戒が、労働者の行為の性質及び態様その他の事情に照らして、客観的に合理的な理由を欠き、社会通念上相当であると認められない場合は、その権利を濫用したものとして、懲戒は無効とされます。

②　解雇についての権利の濫用は無効とするルール（労契法16条）

　　解雇は、客観的に合理的な理由を欠き、社会通念上相当と認められない場合は、その権利を濫用したものとして、無効とされます。

〔3〕　普通解雇のルール（有効要件）は

1　ポイントは

普通解雇を有効に行うためには、①法律の解雇禁止・制限事由に違反しない、②解雇予告を行う、③労働協約・就業規則・労働契約の解雇関連規定を守る、④解雇理由に合理性・相当性がある、の4つのルールをすべて守ることが必要です（**図表2**の①欄）。

2　普通解雇の4つのルールというのは

労働契約の一方の当事者である労働者の意思に反して、もう一方の使用者の側から、労働者の病気、職業能力不足等の理由で、労働契約を解約することを普通解雇といいます。

普通解雇には、整理解雇（事業縮小などによる解雇）も含まれます。

解雇され、仕事がなくなると労働者は賃金収入がなくなり、生活に

298

1　基本ルール

困ります。

　このため、普通解雇については、**図表4**のとおり、法令や判例上の厳格な規制があります。

　特に、同表④について厳しく判断され、多くのケースが民事訴訟で「解雇は無効」と判断されています。

図表4　普通解雇の4つのルール

①　法律の解雇禁止・制限事由（**図表5**）に違反しないこと。 ②　30日以上前に解雇予告を行うか、または30日分の解雇予告手当を支払うこと。 ③　労働協約、就業規則、労働契約の解雇関連規定（解雇の要件、手続きなど）を守ること。 ④　解雇理由に合理性・相当性があること。

3　ルール①／法律の解雇禁止・制限事由に違反しないこと

　まず最初に、すべての種類の解雇（普通解雇、整理解雇、懲戒解雇）について法律で禁じている、あるいは制限を加えている事由を**図表5**でみてみましょう。

　なお、**図表5**の④のイについては、均等法により、妊娠中の女性労働者及び出産後1年を経過しない女性労働者（妊産婦）に対してなされた解雇は、原則として、無効とされます。

　ただし、妊娠、出産、産前産後休業の取得その他が解雇理由でないことを、事業主が証明したときは、この限りではありません（均等法9条4項）。

4　業務上の負傷・疾病による休業にかかわる解雇の制限は

　使用者は、労働者が業務上負傷し、または疾病にかかり、療養のために休業する期間及びその後30日間はその者を解雇することができません（**図表5**①、労基法19条）。ただし、**図表6**のいずれかの場合は、解雇が認められます。

5　産前産後の女性労働者の休業にかかわる解雇の制限は

　産前産後の女性労働者が休業する期間と、その後30日間は解雇する

299

第9章 退職・解雇、雇止め（契約不更新）

ことは禁止されています（**図表5**②、労基法19条）。

ただし、天災事変その他やむをえない事由で事業の継続が不可能となったことを労基署長が認定した場合は、解雇できます。

図表5　労働法等による主な解雇禁止・制限事由

①　業務上の負傷・疾病による休業期間、その後の30日間（労基法19条）
②　産前産後の休業期間、その後の30日間（労基法19条）
③　定年・退職・解雇に関する男女労働者に対する取扱いが性別による差別取扱いである場合（均等法6条）
④　解雇の実質的な理由が以下の事実に該当する場合
　イ　女性労働者の婚姻、妊娠、出産等を理由とする解雇の禁止等（均等法9条）
　ロ　男女労働者が育児・介護休業、子の看護休暇・介護休暇等を申し出たり、取得したこと（育介法10条、16条等）
　ハ　男女労働者が都道府県労働局長に紛争解決援助を申し出たり、調停の申請をしたこと（均等法17条2項、18条2項）
　ニ　労働組合活動（結成、加入、正当な日常活動）をしたこと（労組法7条）
　ホ　事業場の労基法、労働安全衛生法（安衛法）違反の事実を労働基準監督署等へ申告したこと（労基法104条2項、安衛法97条2項等）
　ヘ　労働者の国籍、信条、社会的身分を根拠としたこと（労基法3条）
⑤　公益通報（内部告発をしたことを理由とする解雇は、無効とする（公益通報者保護法3条））

図表6　業務災害による休業期間中にかかわらず解雇が認められる場合

①　事業主が打切補償を支払う場合―療養開始後3年を経過しても回復できない場合に、平均賃金の1,200日分を支払ってその後の補償を打ち切る場合。
②　労働者が労災保険法による長期療養給付を受けるようになった場合。
③　天災事変その他やむをえない事由で事業の継続が不可能となったことを労基監督署長が認定した場合。

6　ルール②／解雇予告を行うこと

解雇する場合は、普通解雇、整理解雇、または懲戒解雇のいずれであっても、a）少なくとも30日前に労働者に対して解雇予告をするか、b）あるいはそれに代えて解雇予告手当として30日分以上の平均賃金を支払わなければなりません（**図表7**）。

予告期間が30日に満たない場合には、その不足日数分の解雇予告手

1　基本ルール

図表7　解雇予告の要否・しかた

```
①　解雇の予告（30日以上前）
②　解雇予告手当の支払い（30日分の平均賃金）
③　即時解雇（解雇予告も解雇予告手当の支払いも必要なし）
　(1)　次のいずれかに該当し、労基署長の解雇予告除外認定を受けた場合
　　イ　天災事変その他により事業継続ができない場合
　　ロ　労働者の帰責事由による解雇の場合
　(2)　次のいずれかの臨時労働者を解雇する場合
　　イ　日々雇い入れられる者（1カ月を超えて引き続き使用された場合を除
　　　く。）
　　ロ　2カ月以内の期間を定めて使用される者（当初の期間を超えて継続雇用
　　　された場合を除く。）
　　ハ　季節的業務に4カ月以内の期間を定めて使用される者（当初の期間を超
　　　えて継続雇用された場合を除く。）
　　ニ　試用期間中の者（14日を超えて雇用された場合を除く。）
```

　当を日割計算して支払うことが認められています。例えば、解雇予告
が15日前になってしまった場合には、残り15日分の解雇予告手当を支
払えばよいです。予告手当を支払った日数分だけ予告日数を短縮する
ことができるわけです（労基法20条）。

　解雇予告は、30日以上前であれば、何日前でもかまいません。解雇
の日にちがその労働者に明確にわかるように、日にちを特定して予告
しなければなりません。

　したがって、例えば「今日から40日以上たったら」とか「何月何日
までに元請から仕事の発注がなかったら」というような条件付きの予
告は、解雇予告とはみなされないのです。

　また「工事終了時」という表現も、実際の解雇の日が早くなったり
遅くなったりするおそれがありますので、日にちを特定したことにな
りません。

　解雇予告手当は、解雇と同時に、事業場で、直接労働者に支払わな
ければなりません。

301

第9章　退職・解雇、雇止め（契約不更新）

7　解雇予告も予告手当も必要がない場合とは

　普通解雇、整理解雇、または懲戒解雇のいずれであっても、図表7の③のいずれかに該当する場合には、解雇予告も解雇予告手当の支払いも必要ありません。

　図表7の③(1)ロの労基署長が即時解雇をしてもよいと認定されるケースは、**図表8**のとおりです。会社が、懲戒解雇として解雇予告手当なしの即時解雇を行うためには、対象従業員本人に解雇の通告を行う前に、あらかじめ、解雇予告除外認定を得ておかなければなりません。会社がこの認定を受けるためには、事実を裏づける書類・資料等を添付して労基署長に申請することが必要です。

　労基署長は、会社からの申請書提出後2週間程度で認定するとしています。

　しかし現実には、申請しても認定されないケースや認定に1カ月以上を要するケースも多々あります。

図表8　労基署長が即時解雇をしてもよいと認定するケース

① 事業場内で盗み、横領、傷害等、刑法犯に該当する行為をした場合
② ①の行為が事業場外で行われたとしても、それが著しく事業場の名誉・信用を失わせたり、取引関係に悪影響を与えたり、労使間の信頼関係を失わせたりするものである場合
③ 賭博、風紀びん乱等により職場規律を乱し、他の労働者に悪影響を及ぼす場合
④ ③の行為が事業場の外で行われたとしても、著しく事業場の名誉・信用を失墜させたり、取引関係に悪影響を与えたり、労使間の信頼関係を失わせたりするものである場合
⑤ 雇入れの際の採用条件の要素となるような経歴を詐称した場合
⑥ 雇入れの際、使用者の行う調査に対し、不採用の原因となるような経歴を詐称した場合
⑦ 他の事業に転職した場合
⑧ 原則として2週間以上正当な理由なく無断欠勤し、出勤の督促に応じない場合
⑨ 出勤不良または出勤と欠勤の状態を繰り返して安定せず、数回にわたって注意を受けても改めない場合

会社としては、**図表8**のケースに該当すると思われる場合は、まず労基署に①認定申請の必要書類・証拠を持参して、②労基署長の認定の有無の見通しを相談したうえで、認定申請するか否かを決めてください。また、就業規則に**図表9**のような規定を設けておき、30日前の解雇予告を行い、懲戒解雇までの間、無給の自宅待機にする方法もあります。ただし二重処罰となる可能性があり、懲戒解雇が無効となることがありますので注意する必要があります（一事不再理）。

図表9　無給の自宅待機の規定例

> 第○○条　就業規則の服務規律・企業秩序遵守の規定に重大・悪質な違反をした者については、懲戒処分を決定するまでの間、及び懲戒解雇が決定した場合の解雇予告日から解雇日までの間、必要に応じて、自宅待機を命ずる。
> 2　前項の自宅待機期間の賃金は、平均賃金の6割とする。ただし、自宅待機命令が、証拠隠滅、不正行為・暴力行為等の再発防止、他の社員・取引先等への悪影響の防止等のためである場合は、無給とする。

8　ルール③／労働協約・就業規則・労働契約の解雇関連規定を守ること

解雇に関する規定の記載は就業規則の絶対的必要記載事項（必ず記載しなければならない事項）です。したがって、常時使用する労働者10人以上の事業場では、必ず解雇の事由、手続きなどについて、あらかじめ、就業規則に規定しておかなければなりません（労基法89条1項3号）。

常時使用する労働者9人までの事業場には、労基法上就業規則の作成義務はありません。しかし、解雇をめぐる労使間のトラブルを防ぐために、あらかじめ、就業規則または労働契約書（労働条件通知書）の中に解雇事由、手続きなどを明確に規定しておいてください。

また、労働組合がある会社で、組合と労働協約を結んでいて、そのなかで解雇の要件・手続きなどを規定している場合は、それに従う必要があります。

第9章　退職・解雇、雇止め（契約不更新）

　しかし、就業規則、労働契約や労働協約に解雇に関する規定がなくても、その解雇に明確な合理性・相当性があれば、その解雇は有効とみなされるケースもあります。

9　ルール④／解雇理由に合理性・相当性があること

　「解雇の合理的な理由」とは、誰が考えてもその労働者が解雇されるのはやむをえないという理由があることです。また、「相当性」とは、解雇の理由となった事実と解雇という重大な処分のバランスがとれているということです。例えば、数回の遅刻や早退を理由とした解雇はバランスがとれているとはいえません。労働者の行為に比べて処分が著しく重すぎるからです。

　従来からの判例の積み重ねにより「解雇権濫用の法理」が確立されていて、それに照らして合理的な事由のない解雇、相当性を欠く解雇は、無効とされます（労契法16条）。

10　合理性が認められる解雇理由というのは

　「解雇権濫用の法理」でいう解雇の合理的理由、つまり、その解雇はやむをえないと認められるものは、おおむね**図表10**のように整理できます。

図表10　合理性が認められる解雇理由

---

　①　労働者が働けない、あるいは適格性を欠くとき。
　　⑴　本人の身体または精神に障害があり、まったく業務に耐えられない。
　　⑵　勤務成績、勤務態度が著しく不良で就業に適さない。
　　⑶　技能・能率が著しく劣り、就業に適さない。
　　⑷　著しく協調性を欠く。
　　⑸　重要な経歴の詐称により会社と労働者の間の信頼関係が損なわれた。
　②　経営不振、合理化により職種がなくなり、他職種への配転もできないなどの理由により、人員整理が経営上十分な必要性があるとき。（これは「整理解雇」と呼ばれる解雇。）
　③　服務規律・企業秩序に違反する重大な行為があったとき。
　　（これは本来なら懲戒に該当する行為があった場合に、代わりに普通解雇とするケース。）

---

2 有期契約労働者の退職・解雇・雇止め

〔1〕 有期契約労働者の期間途中の辞職は

1 質問事例は

　当社の有期契約労働者の1人が、近くの他社の方が時間給が高いので、当社を期間途中で辞めて、他社に勤めるといっています。
契約期間途中の自己都合退職は認められるものでしょうか。

2 有期契約労働者の期間途中の辞職は、原則として認められない

　期間の定めのある労働契約（有期契約パート、契約社員、登録型派遣労働者等）の場合、契約期間中は、原則、労働者の都合で辞めることはできません。

　本人の病気、けがなど「やむを得ない理由」があれば即時に労働契約の解除ができます。ただし、その理由が従業員の過失による場合、使用者に対して損害賠償支払いの責任を負うことになっています（民法628条）。このように、民法で、労働者の自己都合で辞めることへの制限があるため、足止め期間が長すぎないように労基法で「労働契約期間は原則として、最長3年まで」とされているのです（労基法14条1項）。

〔2〕 有期契約労働者の契約期間途中の解雇は

　労契法17条1項に「使用者は、期間の定めのある契約について、やむを得ない事由がある場合でなければ、その契約期間が満了するまでの間において、労働者を解雇することができない」と定められています。

　使用者は、有期労働契約（雇用期間の定めのある労働契約）期間中は、有期契約労働者〔有期契約パート（雇用期間の定めのあるパート

第9章 退職・解雇、雇止め（契約不更新）

タイム労働者・契約社員（期間雇用者））、登録型派遣労働者等〕を、原則として、解雇（契約の解除）することができません（労契法17条1項）。

ただし、「やむを得ない事由」、つまり**図表11**の場合に限って解雇することが認められます。

解雇が使用者の過失による場合は、労働者に残余期間分の賃金を支払わなければなりません。労働者の過失、あるいは労使当事者の不可抗力による場合には、残余期間分の賃金支払いは不要です（民法628条）。

また、使用者が破産手続開始の決定を受けたときは、解雇できます（民法631条）。

有期契約期間中に有期契約労働者（契約社員、有期パート等）を解雇する場合、解雇予告については、当初の契約期間が2カ月以内であっても、契約更新等により当初の契約期間を超えて雇用されていれば、労基法の解雇予告の規定が適用されます（労基法21条）。

したがって、解雇の際には、30日以上前の解雇予告、または30日分以上の解雇予告手当（平均賃金）の支払いが必要です（労基法20条）。

契約社員・有期契約パート等の解雇の前に確認しておくべきことを**図表12**に示します。

図表11　契約社員・有期パート等を契約期間中に解雇できる場合

① 天災事変による事業の著しい損害の発生
② 使用者または労働者の事故、重病
③ 労働者の著しい企業秩序・服務規律違反、勤務状況の劣悪　等
④ 使用者の著しい事業不振　等

2 有期契約労働者の退職・解雇・雇止め

図表12 契約社員・有期パートの解雇の前に確認しておくべきこと

CHECK　解雇の前にここを確認

□以下の解雇禁止の事由にあたらないか
　●業務上の傷病による休業期間と、その後30日間
　●産前6週間、産後8週間の休業期間と、その後30日間
➡以上の期間中でも、天災事変等のやむを得ない理由によって事業の継続が不可能となったときは解雇できる
　●女性の婚姻、妊娠・産前産後休業等を退職、解雇の実質的な理由とすること

□労働協約、就業規則や労働契約書（兼労働条件通知書）に解雇理由の定めはあるか
➡定めていれば、それ以外の理由では解雇できない

□30日以上前の解雇予告、または解雇予告手当の支払いをしたか

□以下のような正当な解雇理由があるか
　●事業の休廃止、縮小、再編成その他事業の運営上、やむを得ない
　●休業、休職していた正社員の職場復帰、受注の減少等により人手があまる
　●本人の身体や精神の故障等により、業務に耐えられないか、十分にできない
　●勤務成績が不良で就業に適さない
　●たび重なる無断欠勤・遅刻・早退・犯罪行為、重大な企業秩序・服務規律違反・経歴詐称等
➡正社員ほど厳格ではないが、パート等の解雇も正当な理由が必要。これを欠く場合、裁判で解雇権の濫用と判断され、解雇は無効になる（使用者に対して、パート等の職場復帰と、それまでの間の賃金支払い等が命じられる）

---

〔3〕　有期労働契約の更新とは

　労働契約が更新されると、更新後の労働契約にもとづく契約期間、契約内容によって新たな雇用関係がはじまります。

　他方、有期労働契約の期間満了の後、とくに契約更新手続きをすることなく、双方異議なく事実上雇用関係が続いた場合は、労働契約は前の契約と同一条件で更新されたものとして取り扱われます（民法629条）。

　この契約更新後の雇用継続期間中、従業員は期間の定めのない契約と同じように、いつでも解約（辞職）通告をすることができます。

307

第9章　退職・解雇、雇止め（契約不更新）

〔4〕　有期労働契約の締結・更新・雇止めに関する基準告示とは

1　有期労働契約の締結・更新・雇止めに関する基準告示とは

　厚生労働大臣は、有期労働契約の締結時や契約期間の満了時における労使間のトラブルを防止するために、使用者が講ずべき措置について、**図表13**の①〜③に示すルールを定めています（労基法14条1項、平成20年厚生労働省告示第12号）。

　有期労働契約とは、有期契約パート、期間雇用者、登録型派遣労働者等のように雇用期間を、例えば1年、6カ月、1カ月と限定した契約のことです。

　雇止めとは、有期の労働契約で雇っている労働者について、当初の契約期間満了後、使用者が契約を更新せずに雇用関係を終わらせること（契約更新拒否）をいいます。

　労働基準監督署長は、この基準について、使用者に対して必要な助言や指導を行うことができます（労基法14条2項、3項）。

　ただし、この基準の違反使用者に対する罰則規定は設けられていません。

図表13　有期労働契約の締結・更新・雇止めに関する基準

①　雇止め（契約更新拒否）の予告義務（告示1条） ②　雇止め（契約更新拒否）の理由の明示義務（告示2条） ③　契約期間をできるだけ長くする努力義務（告示3条）

2　「①雇止め（契約更新拒否）の予告義務」とは

　使用者は、有期労働契約（雇入れの日から起算して1年を超えて継続勤務している者にかかる契約などに限ります。）を更新しないこととしようとする場合には、その有期契約労働者（有期契約パート、期

308

間雇用者、登録型派遣労働者等）に対して、少なくともその契約の期間の終了する日の30日前までに、契約更新をしないことの予告をしなければなりません（告示１条）。

ここでの対象となる有期労働契約は、**図表14**の場合です。

ただし、使用者がその有期契約労働者に対して、あらかじめ、契約更新しないことを言い渡してあるときには、雇止めの予告は必要ありません。

このうち、**図表14**の③とは、例えば、**図表15**の者が対象となります。

3 「②雇止め（契約更新拒否）の理由の明示義務」とは

雇止め（契約更新拒否）の予告を行った場合において、使用者は、労働者から更新しないこととする理由について証明書を請求されたときは、遅滞なく、これを交付しなければなりません（告示２条１項）。

証明書に記載する雇止めの理由例としては、**図表16**のことがあげられます。

また、有期労働契約が更新されなかった場合において、労働者が更新しなかった理由について証明書を請求したときは、使用者は、遅滞なくこれを交付しなければなりません（告示２条２項）。

4 「③契約期間を長くする努力義務」とは

使用者は、有期労働契約（ⓐその契約を１回以上更新し、かつ、ⓑ雇入れの日から起算して１年を超えて継続勤務している者にかかる契約などに限ります）を更新しようとする場合においては、その契約の実態およびその労働者の希望に応じて、契約期間をできる限り長くするように努めなければなりません（告示３条）

図表14　雇止め（契約更新拒否）予告義務の対象となる有期労働契約

①　１年以下の契約期間の労働契約が更新、または反復更新され、最初に労働契約を締結してから継続して通算１年を超える場合
②　当初から１年を超える契約期間の労働契約を締結している場合
③　継続勤務期間と関係なく、３回以上労働契約が更新されている場合

第9章　退職・解雇、雇止め（契約不更新）

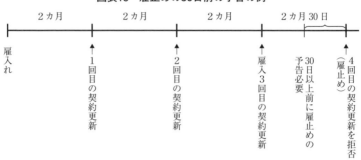

図表15　雇止めの30日前の予告の例

図表16　有期契約労働者に明示すべき雇止めの理由例

① 前回の更新時に、本契約を更新しないことが合意されていたため
② 契約締結当初から、更新回数の上限を設けており、本契約はその上限にかかるものであるため
③ 担当していた業務が終了し、または中止したため
④ 事業縮小のため
⑤ その有期契約労働者の業務を遂行する能力が十分でないと認められるため
⑥ その有期契約労働者が職務命令に対する違反行為を行ったこと、無断欠勤をしたことなど勤務不良のため

〔5〕　有期契約労働者に対する雇止め予告通知書の文例は

　前記〔4〕の2で説明したように、継続雇用期間が1年を超えるなど**図表14**のいずれかに該当する有期契約労働者（有期契約パート、期間雇用者、登録型派遣労働者等）を雇止め（契約更新拒否）する場合には、30日以上前に雇止めの予告を行うことが義務づけられています。

　この雇止めの予告は、口頭、文書のいずれの方法で行っても有効です。

　しかし、後日の労使間のトラブルを防止するために、**図表17**のような「雇止め予告通知書」を渡して行うことをおすすめします。

2　有期契約労働者の退職・解雇・雇止め

図表17　雇止め予告通知書の文例

平成○○年○月○○日

○○○○様

株式会社○○○○
人事課長○○○○㊞

雇止め予告通知書

　このたび、貴殿との労働契約が終了することに伴い、下記のとおり契約の更新は行わないことといたしましたので、ここに30日前の予告をいたします。

記

1．労働契約期間終了日
　　平成○○年○月○○日
2．契約を更新しない理由
　　委託元会社倒産により、貴殿の担当していた業務が終了するため。
　　なお、当社からの貸与品等につきましては、平成○○年○月○○日までにご返却くださいますようお願いいたします。
　　退職に関する諸手続き等につきましては、別途ご案内いたします。

以上

　不明な点などがございましたら、ご遠慮なく人事課までお問い合わせください。
（担当者○○○○）

〔6〕　労働契約の更新・雇用形態の変更についての男女差別の禁止とは

1　ポイントは

　労働契約の更新、および雇用形態の変更における男女差別は禁止されています。

2　労働契約の更新で男女差別として禁止されている取扱いは

　事業主は、労働契約の更新について、労働者の性別を理由として、

差別的取扱いをしてはなりません（均等法6条4号）。均等法でいう
「労働契約の更新」とは、期間の定めのある労働契約（有期契約パー
ト・契約社員登録型派遣労働者など）について、期間の満了に際し
て、従前の契約と基本的な内容が同一である労働契約を締結すること
をいいます。

労働契約の更新について、1つの雇用管理区分（事務職、技能職
等）で、**図表18**のような措置を講ずることは禁止されています。

3　雇用形態の変更で男女差別として禁止されている取り扱いは

事業主は、労働者の雇用形態の変更について、性別を理由として、
差別的取扱いをしてはなりません（均等法6条3号）。

図表18　労働契約の更新で男女差別として禁止されている措置例

禁止措置	禁止されている措置例
①　労働契約の更新にあたって、対象から男女のいずれかを排除する	（排除している例） 　経営の合理化に際して、男性労働者のみを、労働契約の更新の対象とし、女性労働者については、労働契約の更新をしない（いわゆる「雇止め」をする）。
②　労働契約の更新にあたっての条件を男女で異なるものとする	（異なるものとしている例） ①　経営の合理化に際して、既婚の女性労働者についてのみ、労働契約の更新をしない。 ②　女性労働者についてのみ、子を有していることを理由として、労働契約の更新をしない。 ③　男女のいずれかについてのみ、労働契約の更新回数の上限を設ける。
③　労働契約の更新にあたって、能力及び資質の有無等を判断する場合に、方法や基準について男女で異なる取扱いをする	（異なる取扱いをしている例） 　労働契約の更新にあたって、男性労働者については平均的な営業成績である場合には労働契約の更新の対象とするが、女性労働者については、特に営業成績が良い場合にのみその対象とする。
④　労働契約の更新にあたって、男女のいずれかを優先する	労働契約の更新基準を満たす労働者の中から、男女のいずれかを優先して労働契約の更新の対象とする。

2 有期契約労働者の退職・解雇・雇止め

　ここでいう「雇用形態」とは、労働契約の期間の定めの有無、所定労働時間の長さ等により分類されるものであり、いわゆる正社員、パートタイム労働者、契約社員、日雇労働者などがあります。

　雇用形態の変更とは、例えば次のようなことをいいます。

① 正社員をパートタイム労働者、契約社員、日雇労働者に変える

② パートタイム労働者、契約社員、日雇労働者を正社員にする

③ パートタイム労働者（例、6カ月契約）、週3日、1日4時間勤務）を、契約社員（1年契約、週5日、1日8時間勤務）に変える

　このような雇用形態の変更にあたって、1つの雇用管理区分（雇用形態の変更によって雇用管理区分が異なることとなる場合には、変更前の1つの雇用管理区分をいいます）のなかで、**図表19**の措置を講ずることは、禁止されています。

　ただし、ポジティブ・アクション（改善のための措置）を講ずる場合については、この限りではありません。

第9章　退職・解雇、雇止め（契約不更新）

図表19　雇用形態の変更で男女差別として禁止されている措置例

禁止措置	禁止されている措置例
❶　雇用形態の変更にあたって、対象から男女のいずれかを排除する	（排除している例） ①　有期契約労働者から正社員への登用の対象を男性労働者のみとする。 ②　パート労働者から正社員への雇用形態の変更のための試験について、その受験資格を男女のいずれかに対してのみ与える。
❷　雇用形態の変更にあたっての条件を男女で異なるものとする	（異なるものとする例） ①　女性労働者についてのみ、婚姻または子を有していることを理由として、有期契約労働者から正社員への登用の対象から排除する。 ②　有期契約労働者から正社員への登用について、男女で異なる勤続年数を条件とする。 ③　パート労働者から正社員への雇用形態の変更について、男女のいずれかについてのみ、一定の国家資格の取得や研修の実績を条件とする。 ④　パート労働者から正社員への雇用形態の変更のための試験について、女性労働者についてのみ上司の推薦を受けることを受験の条件とする。
❸　一定の雇用形態への変更にあたって、能力及び資質の有無等を判断する場合に、方法や基準について男女で異なる取扱いをする	（異なる取扱い例） ①　有期契約労働者から正社員への雇用契約の変更のための試験の合格基準を男女で異なるものとする。 ②　期間雇用者から正社員への雇用形態の変更について、男性労働者については、人事考課で平均的な評価がなされている場合には変更の対象とするが、女性労働者については、特に優秀という評価がなされている場合にのみ、その対象とする。 ③　パート労働者から正社員への雇用形態の変更のための試験の受験について、男女のいずれかに対してのみ奨励する。 ④　有期契約労働者から正社員への雇用形態の変更のための試験の受験について、男女のいずれかについてのみその一部を免除する。
❹　雇用形態の変更にあたって、男女のいずれかを優先する	（優先している例） 　パート労働者から正社員への雇用形態の変更の基準を満たす労働者の中から、男女いずれかを優先して雇用形態の変更の対象とする。
❺　雇用形態の変更について、男女で異なる取扱いをする	（異なる取扱い例） ①　経営の合理化に際して、女性労働者のみを、正社員から賃金その他の労働条件が劣る有期契約労働者への雇用形態の変更の勧奨の対象とする。 ②　女性労働者についてのみ、一定の年齢に達したこと、婚姻または子を有していることを理由として、正社員から賃金その他の労働条件が劣るパート労働者への雇用形態の変更の勧奨の対象とする。 ③　経営の合理化にあたり、正社員の一部をパート労働者とする場合において、正社員である男性労働者は、正社員としてとどまるか、またはパート労働者に雇用形態を変更するかについて選択できることとするが、正社員である女性労働者については、一律にパート労働者に雇用形態の変更を強要する。

〔参考文献〕

① 「契約法・派遣法・高年法の改正点と実務対応」労働調査会出版
　部編著
② 「改訂版実務に生かす労働契約法」労働調査会編著
③ 「労働契約法早わかり」木村貴弘著、経団連出版
④ 労働基準広報別冊「労契法の無期転換ルールの例外」労働調査会
⑤ 「改訂版パートタイム労働法Q&A」労働調査会出版部編
⑥ 「知って得する非正規社員の労務管理」
⑦ 「均等法と育児・介護休業法で会社は変わる」
⑧ 「Q&A 退職・解雇・雇止めの実務」
　⑥～⑧は拙著、労働調査会

著者略歴

布施　直春（ふせ　なおはる）

2016年11月3日、瑞宝小綬章授章。

1944年生まれ。1965年、国家公務員上級職（行政甲）試験に独学で合格。

1966年労働本省（現在の厚生労働省）に採用。その後、勤務のかたわら新潟大学商業短期大学部、明治大学法学部（いずれも夜間部）を卒業。元長野・沖縄労働基準局長。〔前〕港湾労災防止協会常務理事、新潟大学経済学部修士課程非常勤講師。清水建設（株）本社常勤顧問。関東学園大学非常勤講師（労働法、公務員法）葛西看護・福祉専門学校非常勤講師（障害者福祉、公的扶助、社会保障、法学等）

〔現在〕羽田タートルサービス（株）本社審議役、労務コンサルタント、知的障害児施設理事・評議員ほか。

労働法、社会保障法、人事労務管理に関する著書126冊。主な著書に「企業の労基署対応の実務」、『雇用多様化時代の労務管理』経営書院『Q&A 退職・解雇・雇止めの実務－知っておきたいトラブル回避法－』『Q&A 改正派遣法と適法で効果的な業務委託・請負の進め方－従業員雇用・派遣社員をやめて委託・請負にしよう！』『モメナイ就業規則・労使協定はこう作れ！－改正高年法・労働契約法完全対応－』『その割増賃金必要ですか？－誰でもわかる労働時間管理のツボ』（以上労働調査会）、『雇用延長制度のしくみと導入の実務』（日本実業出版社）『平成27年改訂版 Q&A 労働者派遣の実務』（セルバ出版）、『改訂新版わかる！使える！労働基準法』（PHP ビジネス新書）（類書を含み累計20万部）、労働法実務全書（約900頁の労働法実務事典）、「外国人就労者の入国手続・労務管理」（中央経済社）などがある。

無期転換申込権への対応実務と労務管理

2017 年 4 月 17 日　第 1 版　第 1 刷発行　　　定価はカバーに表示してあります。

著　者　布施　直春

発行者　平　　盛之

発行所　　㈱産労総合研究所
　　　　出版部　経営書院

〒112－0011
東京都文京区千石 4 －17－10　産労文京ビル
電話03(5319)3620　振替00180-0-11361

落丁・乱丁本はお取り替えいたします。　　　印刷・製本　中和印刷株式会社
本書の一部または全部を著作権法で定める範囲を超えて，無断で複写，複製，転載すること，および磁気媒体等に入力することを禁じます。

ISBN978-4-86326-237-9